岳麓書社

读名著　选岳麓

古 典 名 著 普 及 文 库

吕氏春秋

杨红伟　导读 注译

岳麓書社 · 长沙

出版说明

中国古典名著是中华优秀传统文化的重要载体，今天人们要学习传统文化，如果说有所谓捷径可寻，那恐怕就是直接阅读古典名著了。长期以来，为大众读者出版古典名著的普及读物一直是本社的重要使命。约三十年前，我们便出版了“古典名著普及文库”，收书五十余种，七十余册，蔚为大观。这套书命名为“普及”，首先是因为采用了简体字横排的排版方式。当时的古典名著图书，以未经整理的影印本和繁体竖排本居多，大众读者阅读有障碍，故本文库的推出，确有普及之效。其次，我们提出要让读者“以最少的钱买最好的书”，定价远低于当时同类型品种。基于此，这套“普及文库”迅速流向读者的书架，销量极大，功在普及不浅。

当年这套书，所收各书都是文言文全本，无注释，不翻译，对于今天的大众读者来说，已经很难起到普及作用了。而且，读者如果仅仅出于品鉴、入门的需要，也无须通读大部头的全本古籍。因而，我们推出这套全新的“古典名著普及文库”，在选目上广泛听取国内名校学者们的建议，收录经、史、子、集四部之中第一流的名著一百余种，邀请学有专攻的学者精心注释、翻译，并加以导读。篇幅大的经典，精选菁华，篇幅适中的出版全本，个别篇幅小的，则将主题相近的品种合刊为一册。

我们希望有更多的人能够买得起、读得懂中国的古典名著，接受中华优秀传统文化的滋养。这一套轻松好读又严谨可靠的普及文库，便是我们努力实践这一理念的结果。

前言

《吕氏春秋》是秦国名相吕不韦主持编撰的一部重要典籍。吕不韦是战国后期阳翟的富商，早年往来于韩、赵之间，贩贱卖贵，家累千金。在赵国的首府邯郸，他偶遇秦国公子子楚。当时，秦赵两国交恶，子楚作为人质羁留于赵国，处境颇为困窘。吕不韦以其钱财资助子楚，并亲自携巨资赴秦国为其游说，终使子楚被立为太子。公元前 249 年，子楚即位，是为秦庄襄王。庄襄王“以吕不韦为丞相，封为文信侯，食河南洛阳十万户”。

在吕不韦所处的时代，各诸侯国为了在相互竞争中取胜，普遍重视客卿谋士的作用。这一方面提升了当时士人的社会地位，另一方面也客观上促进了思想文化的繁荣。当时，魏国有信陵君，楚国有春申君，赵国有平原君，齐国有孟尝君，他们都礼贤下士，网罗天下英才。正是在这样的背景下，吕不韦试图以主持编撰《吕氏春秋》为契机，争取天下士人前来为秦国所用。关于《吕氏春秋》的编撰过程，《史记》是这样描述的：“吕不韦以秦之强，羞不如，亦招致士，厚遇之，至食客三千人。是时诸侯多辩士，如荀卿之徒，著书布天下。吕不韦乃使其客人人著所闻，集论以为八览、六论、十二纪，二十余万言。以为备天地万物古今之事，号曰《吕氏春秋》。”《吕氏春秋》编撰完成后，吕不韦颇为自负，悬挂此书于城门之上，宣称有能增损一字者赏予千金。

《吕氏春秋》的编撰在当时是前无古人的文化盛事，给后世留下了一部记载先秦思想学术珍贵资料的典籍。其内容庞杂，主题丰富，融合了诸子百家各种流派的学说，成为先秦时期哲学、政治、军事、音乐、农学等诸多领域发展成果的一部汇集性著作。因此，阅读和研究《吕氏春秋》，对于我们了解先秦时期思想文化发展状况，继承民族文化遗产，具有十分重要的意义。

《吕氏春秋》既是一部记载思想学术的著作，又是一部探讨统治者如何治理国家的施政纲要。全书共160篇，分为“十二纪”“八览”和“六论”三个部分。这三个部分紧紧围绕君主如何通过效法天地、无为而治而成就天下一统的伟业来展开。“十二纪”描述的是一个由天地人构成的天人合一的系统，这一系统又具体体现在每纪首篇的月令中。月令主要是关于时令物候之观察和君主之居处、饮食、车马、政令及禁忌等事项。十二月以四时为序，象征性地形成春生、夏长、秋收、冬藏四大主题，分言君主政事之要务。“八览”集中于考察历史典故，总结以往统治兴衰的经验教训以告诫后世的君主。“六论”则主要论人事和君臣的自我修养，阐明立身、行事、从道、事君的道理。

《吕氏春秋》全书所论之事，大到天文地理、国家政治，小到个人修养乃至社会逸闻等，包罗万象，不一而足，涉及哲学、政治、宗教、伦理、军事、教育、音乐、名学、语言、心理、农业、医学等各领域的问题。《吕氏春秋》对先秦的各种思想学术能够持有较少的偏见，对儒、道、墨、名、法、兵、阴阳家的学说做到了兼容并蓄。

《吕氏春秋》本身内容庞杂，版本繁多，历代对《吕氏春秋》的研究也纷繁驳杂。本书在选编和译注的过程中，以岳麓书社出版的杨坚点校本《吕氏春秋》（岳麓书社，2015）为底本，参考了陈奇猷先生的《吕氏春秋新校释》（上海古籍出版社，2002），张双棣等先生的《吕氏春秋译注》（北京大学出版社，2009），关贤柱等先生的《吕氏春秋全译》（贵州人民出版社，1997）等著作。

《吕氏春秋》原著篇幅庞大，而且由于时代的原因，其中的许多内容对当代读者并不适合。因而，我们决定从原著中精选出一些篇目汇编成册，每一篇冠以解读性的导言并附以注释和译文，从而方便现代读者的阅读。本选本由于篇幅限制，从原著160篇中精选出75篇。希望读者通过这个选本能够领略体会《吕氏春秋》的精华。本选本的翻译部分以直译为主，辅以意译。对于现代读者可能存在疑惑费解的地方，也尽量作出较详细的说明。由于译者学识尚浅、功力有限，虽然费心劳形、庶竭驽钝，也不可避免存在不当甚或谬误之处，尚希请方家及读者不吝指正。

译者 2018年春

于上海大学社会学院

目录

纪

览

论

吕氏春秋

纪

本　生

导读

“本生”即以保全生命为根本。有德之人，首先要能够保全自己的生命。一个人如果自身的生命都不能保全，还妄谈什么治国？要保全生命，关键在于对待外物的态度，要以不妨害天性为原则，“利于性则取之，害于性则舍之”。不妨害天性的生活方式体现为节制，不去过分追求外物的享受。外物本来是服务于人的需要的，但人们不加节制地追求外物，就会危害生命本身。以无节制的方式行事，就是“不知轻重”，其结果是“无幸必亡”。所以，外物本来是滋养生命的，世人不应该拿生命去追求它。

然而，世上多少糊涂的人，都拿生命去追求外物。这在作者看来，是“以性养物”，颠倒轻重。当今的社会，也有很多不知轻重的人。不知轻重就会贪婪无度，最终反受其害。以对待财富的态度为例，很多人明明已经很富有了，却仍然无节制地追求财富，或者不择手段、铤而走险，最终身陷囹圄，甚至身死名辱。每天不知道有多少这样的悲剧在上演。因此，为人不可不悟轻重之道。

原文

始生之者，天也；养成之者，人也。能养天之所生而勿撄之谓天子[1]。天子之动也，以全天为故者也，此官之所自立也。立

译文

最初创造生命的是天，养成生命的是人。能够养育上天创造的生命，而又不去伤害它，这样的人称作天子。天子的行动以保全生命为要务，这是设立职官的原因。设立职官正是用来保全生命

官者以全生也。今世之惑主，多官而反以害生，则失所为立之矣。譬之若修兵者，以备寇也，今修兵而反以自攻，则亦失所为修之矣。

夫水之性清，土者扫之[2]，故不得清。人之性寿，物者扫之，故不得寿。物也者，所以养性也，非所以性养也。今世之人，惑者多以性养物，则不知轻重也。不知轻重，则重者为轻，轻者为重矣。若此，则每动无不败。以此为君，悖；以此为臣，乱；以此为子，狂。三者国有一焉，无幸必亡。

的。当今世上的糊涂君主，设立了太多的职官，却反而因此伤害生命，这就失去了设立职官的本意。譬如训练军队是为了防备敌寇，可是如今训练军队却反而用以自相攻伐，那就丧失了训练军队的初衷了。

水原本是清澈的，用泥土来搅浑它，就无法保持清澈。人本来是长寿的，用外物来扰乱他，就无法得以长寿。外物本来是滋养生命的，不应该拿生命去追求它。当今世上多少糊涂的人，都拿生命去追求外物，这就是不知轻重。不知轻重，就会把重的视为轻的，把轻的视为重的。如此，每有行动，无不失败。如果以这种态度做君主，就会成为妄悖之君；做臣子，就会成为乱纲之臣；做儿子，就会成为狂放之子。这三种情况，国家只要遭遇其中一种，就无可幸免，注定灭亡。

注释

1 **撄**(yīng)：伤害、扰乱。

2 **扫**(gǔ)：搅浑。

原文

今有声于此，耳听之必慊已[1]，听之则使人聋，必弗听。有色于此，目视之必慊已，视之则使人盲，

译文

假如有一种声音，耳朵听了必定感到满足，但听到后会使人耳聋，人们一定不会去听。假如有一种颜色，眼睛看了必定感到满足，但看到后会使人目盲，人

必弗视。有味于此，口食之必慊已，食之则使人瘖[2]，必弗食。是故圣人之于声色滋味也，利于性则取之，害于性则舍之，此全性之道也。世之贵富者，其于声色滋味也多惑者，日夜求，幸而得之则遁焉。遁焉，性恶得不伤？

万人操弓，共射一招，招无不中[3]。万物章章[4]，以害一生，生无不伤；以便一生，生无不长。故圣人之制万物也，以全其天也。天全，则神和矣，目明矣，耳聪矣，鼻臭矣，口敏矣，三百六十节皆通利矣。若此人者，不言而信，不谋而当，不虑而得；精通乎天地，神覆乎宇宙；其于物无不受也，无不裹也，若天地然；上为天子而不骄，下为匹夫而不惛[5]。此之谓全德之人。

们一定不会去看。假如有一种食物，嘴巴吃了肯定感到满意，但吃了后会使人口哑，人们一定不会去吃。因此，对于声音、颜色和滋味，圣人的态度是对生命有利的就取用，对生命有害的就放弃，这就是保全生命的真理。世上的富贵者，对声音、颜色和滋味的认识大多是糊涂的，他们日夜追求，一旦有幸得到就沉迷其中。沉迷其中，生命怎么能不受到伤害？

一万人拿着弓箭，共同射向一个箭靶，箭靶不会不被射中。万物繁茂，如果用以伤害一个生命，这个生命不会不被伤害；如果用以养育一个生命，这个生命一定长寿。所以圣人节制万物，是用以保全自己生命的。生命保全了，就会精神和谐，眼睛明亮，耳朵灵敏，嗅觉敏锐，口齿伶俐，全身的三百六十个关节都会通畅舒展。像这样的人，不用说话就有信义，不用谋划就会得当，不用思虑就有所得；他们的精神通达天地，遍及宇宙；对于外物，他们无不接受，无不包容，就像天地一样；他们上为天子而不骄，下为百姓而无忧。像这样的人，可称为德行完备的人。

注释

1 **慊**(qiè)：满足。

2 **喑**(yīn)：哑。

3 **招**：箭靶。

4 **章章**：繁茂的样子。

5 **惛**(mèn)：忧愁、烦恼。

原文

贵富而不知道，适足以为患，不如贫贱。贫贱之致物也难，虽欲过之奚由？出则以车，入则以辇[1]，务以自佚[2]，命之曰招蹷之机[3]。肥肉厚酒，务以自强，命之曰烂肠之食。靡曼皓齿，郑卫之音，务以自乐，命之曰伐性之斧。三患者，贵富之所致也。故古之人有不肯贵富者矣，由重生故也，非夸以名也，为其实也。则此论之不可不察也。

译文

富贵但不懂得人生的大道，足以成为生命的祸患，这样还不如贫贱。贫贱的人获得东西很难，即便想要过度地沉迷于物质享受，又从哪儿去弄到呢？出门乘车，进门坐辇，一定要追求安逸舒适，这种车辇应称为招致足病的工具。肥肉和醇酒，如果极力勉强自己吃喝，就应该称为腐烂肠子的食物。迷恋女色，沉迷于靡靡之音，极尽欢愉，这种美色、音乐应称为砍伐生命的刀斧。这三种祸患都是富贵所招致的。所以古人就有不肯富贵的了，这是因为他们重视生命的缘故，并非是用轻视富贵来博取虚名，而是为保全生命。既然如此，那么上述这些养生的道理是不可不明察的。

注释

1 **辇**(niǎn)：由人拉挽的车。

2 **佚**(yì)：安乐。

3 **蹷**(jué)：足病名，指脚不能行走。

重　己

导读

本篇的要旨是劝说君主重视自己的生命，阐明了养生和长生的理念。作者认为养生的关键在于顺应生命的本性，不可逆性而行。大凡长寿都是顺应生命的天性的结果。使生命不顺的是欲望，所以圣人必定会首先节制自己的欲望，衣食住行都要有所节制。有的人虽然对生命慎重，然而事实上却在伤害它，因为他们并不知晓天性和生命的缘由。

任何事物都有一定的限度，过犹不及，例如饮食方面，过于追求滋味，就会伤害肠胃，危害生命。当今社会，随着经济发展和人们物质生活的丰富，所谓的"富贵病"蔓延开来，不但给个人带来痛苦，对社会经济也是沉重的负担。究其原因，与现代人生活中的不节制有关。有节制的生活，是任何医药都不能替代的天然有效而经济实用的长寿秘诀。

原文

倕[1]，至巧也。人不爱倕之指，而爱己之指，有之利故也。人不爱昆山之玉，江汉之珠，而爱己一苍璧小玑[2]，有之利故也。今吾生之为我有，而利我亦大矣。论其贵贱，爵为天子，不足以比

译文

倕是天下最灵巧的人。但是人们不爱他的手指，却爱自己的手指，这是由于对自己有利的缘故。人们不喜爱昆山的美玉、江汉的明珠，却喜爱自己的含有杂质的玉石和不圆的小珍珠，这也是由于它们对自己有利的缘故。如今我的生命为我所有，拥有生命对我是极其有利的。以贵贱而论，即使贵为天子，也不足以与其

焉;论其轻重,富有天下,不可以易之;论其安危,一曙失之,终身不复得。此三者,有道者之所慎也。有慎之而反害之者,不达乎性命之情也。不达乎性命之情,慎之何益?是师者之爱子也。不免乎枕之以糠;是聋者之养婴儿也,方雷而窥之于堂:有殊弗知慎者。夫弗知慎者,是死生存亡可不可未始有别也。未始有别者,其所谓是未尝是,其所谓非未尝非,是其所谓非,非其所谓是,此之谓大惑。若此人者,天之所祸也。以此治身,必死必殃;以此治国,必残必亡。夫死殃残亡,非自至也,惑召之也。寿长至常亦然。故有道者不察所召,而察其召之者,则其至不可禁矣。此论不可不熟。

相比;以轻重而论,即使富有天下,也不会与它交换;以安危而论,一旦失去它,就终身不可复得。正是由于这三个方面,使得有道之人对生命特别谨慎。有的人虽然对生命谨慎,然而事实上却在伤害它,因为他们并不知晓天性和生命的缘由。不知晓天性和生命的缘由,即使对生命小心谨慎,又有何益?这正如盲人爱儿子,却不免要使他睡在谷糠里;又如聋子养育婴儿,正当天空打雷的时候却抱着他在堂上张望:这些做法比不知小心谨慎更严重。不知道谨慎的人,对死生、存亡、可与不可从来没有分辨。不进行分辨的人,他们认为正确的未尝就是正确,他们认为错误的未尝就是错误,他们把错误当作正确,把正确当作错误,这就是所说的“大惑”。像这样的人,上天会降祸给他们。以这种态度修身,必定死亡,注定遭祸;以这种态度治国,国家必定破败,注定灭亡。死亡、灾祸、破败、灭亡,这些东西都不是自己来的,而是由迷惑招致而来的。长寿的获得也是这样。所以有道者不去考察所招致的结果,而去考察招致这些结果的原因,那样就会发现这些结果的到来是不可制止的。这个道理不可不深知。

注释

1 **倕**(chuí):传说中尧时的工匠。

2 **玑**(jī):不圆的珍珠。

原文

使乌获疾引牛尾[1],尾绝力勯[2],而牛不可行,逆也。使五尺竖子引其棬[3],而牛恣所以之,顺也。世之人主贵人,无贤不肖,莫不欲长生久视,而日逆其生,欲之何益?凡生之长也,顺之也;使生不顺者,欲也。故圣人必先适欲。

室大则多阴,台高则多阳,多阴则蹷,多阳则痿,[4]此阴阳不适之患也。是故先王不处大室,不为高台,味不众珍,衣不燀热[5]。燀热则理塞,理塞则气不达;味众珍则胃充,胃充则中大鞔[6];中大鞔而气不达,以此长生可得乎?昔先圣王之为苑囿园池也[7],足以观望劳形而已矣;其为宫室台榭也,足以辟燥湿而已矣;其为舆马衣

译文

如果让大力士乌获用力牵引牛尾,即便他耗尽力气,拽断牛尾,也不能让牛跟着走,这是由于力量逆反的缘故。如果叫一个身高五尺的孩童牵着牛鼻环,牛就会顺从地跟着走,这是由于力量一致的缘故。世上的君主和贵人,不论是否贤明,没有不想长寿的,但是他们却每天都在违背生命的天性,欲求长寿又有什么益处呢?大凡长寿都是顺应生命的天性的缘故;使生命不顺的是欲望,所以圣人必定首先节制自己的欲望。

房屋大了阴气就重,台高了阳气就盛。阴气重就会患上寒蹷之疾,阳气盛就会患肢体虚弱的疾病,这是阴阳不适度带来的祸患。因此,先王不住大房,不筑高台,不吃丰盛的珍味,衣服不求过厚。热气过盛会使得身体的血脉闭结,气息就会不通畅。吃过于丰盛的珍味,胃就会过满,胸腹就会闷胀,气息就会不通畅,这样求长生能办到吗?从前,先王建造苑囿园池,只要能供人眺望、活动就行了;他们修筑宫室台榭,只要足以避免

裘也，足以逸身暖骸而已矣；其为饮食酏醴也[8]，足以适味充虚而已矣；其为声色音乐也，足以安性自娱而已矣。五者，圣王之所以养性也，非好俭而恶费也，节乎性也。

干燥和潮湿就行了；他们制作车马衣裘，只要足以安身暖体就行了；他们置备食物美酒，只要合口味，填饱肚子就行了；他们创作音乐歌舞，只要是使自己性情安乐就行了。这五个方面，是圣王用来安养天性的，并不是他们喜好节俭，厌恶靡费，而是为了顺应有节制的天性而已。

注释

1 **乌获**：人名，战国时秦国勇士，能举千钧重物。

2 **勯**(dān)：尽，绝。

3 **棬**(juàn)：牛的鼻环。

4 **蹷**(jué)：指寒蹷，是一种因阴气重而导致的手足逆冷的病症。 **痿**：肢体虚弱无力的病症。

5 **燀**(dǎn)：热气盛。

6 **鞔**(mèn)：通"懑"，腹胀。

7 **苑囿**(yuàn yòu)：畜养禽兽供人游乐的园林。大的叫苑，小的叫囿。

8 **酏**(yí)：酿酒所用的薄粥。 **醴**(lǐ)：甜酒。

贵　公

导读

本篇强调君主治国"必先公"，天下太平是来自于公正。君主取得天下是由于公正，丧失天下必定是由于偏颇不公。文章指出天下不是一个人的天下，而是天下人的天下。因此，作为万民之主的君主，应“不阿一人”，即不追求一己之私利，而是以天下人的利益为重。这种民本思想与儒家宣扬的民贵君轻、大道至公的主张是一致的。文中指出人如果聪明而用其偏私，不如愚昧而行其公正，这与道家无为而不用奇巧的思想又有相似之处。

原文

昔先圣王之治天下也，必先公，公则天下平矣。平得于公。尝试观于上志，有得天下者众矣，其得之以公，其失之必以偏。凡主之立也，生于公。故《鸿范》曰[1]：“无偏无党，王道荡荡；无偏无颇，遵王之义；无或作好，遵王之道；无或作恶，遵王之路。”

天下非一人之天下也，天下之天下也。阴阳之和，不长一类；甘露时雨，不私一物；万民之主，不阿一人。伯禽将行，请所以治鲁，周公曰：“利而勿利也。”荆人有遗弓者而不肯索，曰：“荆人遗之，荆人得之，又何索焉？”孔子闻之曰：“去其‘荆’而可矣。”老聃闻之曰：“去其

译文

从前，先王治理天下，必定首先做到公正，这样天下就太平了。天下太平是来自于公正。试看古代的记载，许多人曾经取得天下，他们取得天下是由于公正，他们丧失天下必定是由于偏私。大凡确立君主的本意，都是出于公正的考虑。所以《鸿范》中说：“不要结党营私，王道多么平坦宽广；不要偏私偏颇，遵循先王的道义；不要滥逞私好，遵循先王的正道；不要有个人恶习，遵循先王的大道。”

天下不是一个人的天下，而是天下人的天下。阴阳相和，不只养育一种物类；甘露时雨，不只滋润一种东西；万民的君主，也不应偏爱一个人。伯禽去鲁国之前，请示治理鲁国的方法，周公说：“利于人民而不要谋取私利。”有个楚国人丢了弓，但不肯去寻找，他说：“楚国人丢了它，最终会被楚国人获得，又何必寻找呢？”孔子听到后说：“去掉那个‘楚国’就好了。”老聃听到以后说：“再去掉那个‘人’字就更好了。”所以，老聃已经达到

'人'而可矣。"故老聃则至公矣。天地大矣,生而弗子,成而弗有,万物皆被其泽[2]、得其利,而莫知其所由始,此三皇五帝之德也。

公的至高境界。天地如此伟大,生育人民而不将其视为自己的子孙,成就万物而不为自己私有,万物都蒙受天地的恩泽和好处,然而并不知道这些是从哪里来的,这也正是三皇五帝所拥有的品德。

注释

1《鸿范》:《尚书·周书》中的一篇。鸿,大。范,法。

2 **被**:蒙受。 **泽**:恩泽。

原文

管仲有病,桓公往问之,曰:"仲父之病矣,渍甚,国人弗讳,寡人将谁属国?[1]"管仲对曰:"昔者臣尽力竭智,犹未足以知之也,今病在于朝夕之中,臣奚能言?"桓公曰:"此大事也,愿仲父之教寡人也。"管仲敬诺,曰:"公谁欲相?"公曰:"鲍叔牙可乎?"管仲对曰:"不可。夷吾善鲍叔牙,鲍叔牙之为人也,清廉洁直,视不己若者,不比于人;一闻人之过,终身不忘。""勿已,则隰朋其可乎[2]?""隰朋之为人也,上志而下求,丑不

译文

管仲有病,桓公去探望他,说:"叔父您病得很重、很急,国人已不避讳谈论您的生死,我将把国家托付给谁呢?"管仲回答道:"过去我竭尽心智,也未能了解到有这样的人。如今病重,危在旦夕,又能说出个什么?"桓公说:"这是大事,希望您能教导我。"管仲恭敬地允诺了,说:"您想用谁为相?"桓公说:"鲍叔牙可以吗?"管仲说:"不可。我与鲍叔牙友善,鲍叔牙的为人清白廉正,不能平等看待不如自己的人;如果听到别人的过失,就终生不忘。""如果不得已的话,隰朋勉强可以吧?""隰朋的为人,既能仿效先贤,又能不耻下问,自愧德行不如黄帝,又怜惜不如自己的人;对于国家事务,不该他管的他就不去过问;对于事情,他不需要知道的就不去了解;对于别人,无关

若黄帝，而哀不已若者；其于国也，有不闻也；其于物也，有不知也；其于人也，有不见也。勿已乎，则隰朋可也。”夫相，大官也。处大官者，不欲小察，不欲小智，故曰：大匠不斫[3]，大庖不豆[4]，大勇不斗，大兵不寇。桓公行公去私恶，用管子而为五伯长[5]；行私阿所爱，用竖刁而虫出于户[6]。

人之少也愚，其长也智。故智而用私，不若愚而用公。日醉而饰服[7]，私利而立公，贪戾而求王[8]，舜弗能为。

大节的，他就视而不见。实在不行的话，就隰朋吧。”国相是很高的职位。居于高位的人，不应该苛求细节，不应该要弄小聪明。所以说：技艺高超的木匠，不去亲自动手砍削；技艺高超的厨师，不会亲自去摆放食物；大勇之人，不会亲自去格斗厮杀；有真本领的士兵，不会去劫掠别人。桓公行公正，抛却私恨，重用管子而成为五霸之首；后来他行偏私，庇护所爱，任用竖刁而导致国家大乱，死后不得殡殓，尸虫流出门外。

人在年轻的时候是愚昧的，岁数大了就会聪明。如果聪明而用其偏私，不如愚昧而行其公正。天天醉醺醺的却想衣着整齐，自私自利却妄图树立公正，贪婪残暴却想要成为天下的君王，即便是舜，也办不到。

注释

1 **仲父**：叔父（排行仅次于父亲）。 **渍**：谓病重。 **属**(zhǔ)：通“嘱”，托付。

2 **隰(xí)朋**：春秋时齐国大夫。

3 **斫**(zhuó)：砍、削。

4 **庖**：厨师。 **豆**：古代盛食物的器皿。

5 **五伯**：春秋五霸，即齐桓公、晋文公、宋襄公、楚庄王、秦穆公。

6 **竖刁**(diāo)：人名，齐桓公的近侍。

7 **饰**(chì)：通“饬”，整饬，整治。

8 **戾**(lì)：残暴。 **王**(wàng)：称王。

贵生

导读

本篇的主旨是论述贵生、全生的道理。作者认为贵生的关键是保全生命,即所谓的“全生为上”,而不能“危身弃生以徇物”。即便是帝王的功业,对圣人而言也不过是细枝末节的事,并不是用以全身养生的方法,圣人“不以天下害其生”。与此同时,作者也指出珍惜生命,不是说连苟且偷生也要珍惜。全生不同于苟活,为义而死比不义苟活要好。因而,作者说的贵生、全生,并非纯粹的无原则的利己主义。

作者这种重视生命的观点,对当代社会仍然具有启发意义。现代人处于物质社会的大潮之中,各方面的生活压力巨大,然而在追求事业、上进的同时,也应反思生命中的轻重问题。我们经常会听说有年轻人为了工作拼命,乃至于“猝死”,实在令人扼腕叹息。工作是为了更好的生活,人的健康甚至生命都没有了,事业或金钱又有何用?这都是不知道全生、贵生的道理所导致的生活的“异化”,现代人不可不加以反思。

原文

圣人深虑天下,莫贵于生。夫耳目鼻口,生之役也。耳虽欲声,目虽欲色,鼻虽欲芬香,口虽欲滋味,害于生则止。在四官者不欲,利于生者则弗

译文

圣人深思熟虑天下之事,认为没有比生命更珍贵的东西。耳、目、鼻、口都是生命的仆役,受生命本身的支配。耳朵虽然想听美好的声音,眼睛虽然想看悦目的彩色,鼻子虽然想嗅怡人的芳香,嘴巴虽然想尝诱人的美味,但如果这些对生命是有

为。由此观之，耳目鼻口，不得擅行，必有所制。譬之若官职，不得擅为，必有所制。此贵生之术也。

尧以天下让于子州支父[1]，子州支父对曰："以我为天子犹可也。虽然，我适有幽忧之病，方将治之，未暇在天下也。"天下，重物也，而不以害其生，又况于他物乎？惟不以天下害其生者也，可以托天下。

越人三世杀其君，王子搜患之，逃乎丹穴。[2]越国无君，求王子搜而不得，从之丹穴。王子搜不肯出。越人薰之以艾，乘之以王舆。王子搜援绥登车[3]，仰天而呼曰："君乎，独不可以舍我乎！"王子搜非恶为君也，恶为君之患也。若王子搜者，可谓不以国伤其生矣，此固越人之所欲得而为君也。

害的，就应当被禁止。对于耳、目、鼻、口这四种器官来说，即使是本身不想要的，但只要有利于生命就应当去做。由此看来，耳、目、鼻、口不能擅自行动，必须有所节制。这就像各种职官，不得独断专行，必须要有所制约。这就是贵生的方法。

尧把天下让给子州支父，子州支父回答道："您让我做天子还是可以的，虽是如此，我现在害着严重的忧劳之病，正要治疗，没有闲暇顾及天下。"天下是最重要的，可是圣人不因天下而危害自己的生命，又何况别的事物呢？也只有不因天下而危害自己生命的人，才可以将天下托付给他。

越国人连着杀了他们的三代国君，王子搜深为恐惧，于是逃身于山洞之中。越国没有国君，到处找不到王子搜，一直追寻到他藏身的山洞。王子搜不肯出来。越国人就用燃着的艾叶把他熏出来，让他乘坐王车回去。王子搜拉着挽绳登上车，仰望上天大声疾呼道："国君啊，为什么这个职位非我不可呢！"王子搜并非厌恶做国君，而是厌恶做国君可能招致的祸患。像王子搜这样的人，可以说是不肯因国家伤害自己生命的人，而这也正是越国人希望他做国君的原因。

注释

1 **子州支父**：传说中的古代贤人，帝尧的老师。

2 **王子搜**：即越王翳之子无颛(zhuān)。 **丹穴**：采丹砂的山洞。

3 **援**：拉。 **绥**：车上用来挽手的绳子。

原文

鲁君闻颜阖得道之人也[1]，使人以币先焉。颜阖守闾，鹿布之衣，而自饭牛。[2]鲁君之使者至，颜阖自对之。使者曰："此颜阖之家邪？"颜阖对曰："此阖之家也。"使者致币，颜阖对曰："恐听缪而遗使者罪[3]，不若审之。"使者还反审之，复来求之，则不得已。故若颜阖者，非恶富贵也，由重生恶之也。世之人主，多以富贵骄得道之人，其不相知，岂不悲哉！

故曰：道之真以持身，其绪余[4]以为国家，其土苴[5]以治天下。由此观之，帝王之功，圣人之余事也，非所以完身养生之道也。今世俗之君子，危身弃生以徇物，彼且奚以此之也？

译文

鲁国的国君听说颜阖是个有道德的人，就先行派人带着币帛等礼物去聘用他。颜阖住在简陋的巷子里，穿着粗布衣裳正在喂牛。鲁国国君的使者来了，颜阖亲自接待他。使者问："这就是颜阖的家吗？"颜阖回答道："这就是我的家。"使者献上币帛，颜阖说："我担心您听错了名字，这会给您带来处罚，您不如先回去弄清楚。"使者回去查问清楚了，又来找颜阖，却找不到了。像颜阖这样的人，并非是厌恶富贵，而是由于珍视生命才厌恶它。世上的君主，大多凭借富贵傲视得道之人，他们并不了解得道之人的思想，这难道不可悲吗？

所以说：道的本质用来持身，它的末节用来治国，它的糟粕用来治理天下。由此看来，帝王的功业，对圣人而言是细枝末节的事，并不是用以全身养生的方法。如今世俗所谓的君子，危害身体舍弃生命来以身殉物，他们这样做是为了什么呢？他们这样做是为了什么呢？

彼且奚以此为也？

凡圣人之动作也，必察其所以之，与其所以为。今有人于此，以随侯之珠弹千仞之雀[6]，世必笑之，是何也？所用重，所要轻也。夫生岂特随侯珠之重也哉？

大凡圣人有所行动，必定要思考其所要达到的目的，还要清楚这样做的理由。如果有这样一个人，他用随侯之珠去弹射千仞高的飞雀，世上的人必定要嘲笑他。这是为什么呢？因为他所使用的东西太过贵重，而所追求的东西却太轻微。生命的价值又岂止像随侯之珠那样珍贵？

注释

1 **颜阖**(hé)：战国时鲁国的隐士。

2 **闾**(lǘ)：里巷的大门，此处指住所。 **鹿布**：粗布。 **饭**：此处作动词，喂食。

3 **遗**(wèi)：带来，给予。

4 **绪余**：残余，指不必重视的末节。

5 **土苴**(zhǎ)：渣滓，糟粕。比喻微贱之物。

6 **随侯之珠**：传说中大蛇为报随侯的救命之恩，送给他一颗珍贵的珠宝。

原文

子华子曰[1]："全生为上，亏生次之，死次之，迫生为下。[2]"故所谓尊生者，全生之谓。所谓全生者，六欲皆得其宜也。所谓亏生者，六欲分得其宜也。亏生则于其尊之者薄矣。其亏弥甚者也，其尊弥薄。所谓死者，无有所以知，复其未生也。所

译文

子华子说："保全生命是最重要的，使生命受到损伤就次一等，死亡又次一等，苟且偷生是最低下的。"因此，所说的尊生，就是全生的意思。所谓全生，是指六欲都能得到恰当的满足。所谓亏生，是指六欲只有部分得到满足。生命受到损害，生命的天性就会削弱。生命损害得越厉害，其天性也就削弱得越厉害。所谓死，是指没有知觉，也没有办法知道六欲，相当于又回到它未生时的状态。所谓迫生，是指六欲

谓迫生者，六欲莫得其宜也，皆获其所甚恶者，服是也，辱是也。辱莫大于不义，故不义，迫生也，而迫生非独不义也，故曰迫生不若死。奚以知其然也？耳闻所恶，不若无闻；目见所恶，不若无见。故雷则掩耳，电则掩目，此其比也。凡六欲者，皆知其所甚恶，而必不得免，不若无有所以知。无有所以知者，死之谓也，故迫生不若死。嗜肉者，非腐鼠之谓也；嗜酒者，非败酒之谓也[3]；尊生者，非迫生之谓也。

都没有得到适当的满足，得到的都是它们十分厌恶的东西，屈服属于这一类情形，耻辱也属于这一类情形。耻辱中没有比不合道义更大的了，所以，做不合道义的事就是迫生。但是，迫生并非只是不义，所以说，迫生不如死。依据什么知道是这样呢？比如，耳朵听到讨厌的声音，就不如什么也没听到；眼睛看到讨厌的东西，就不如什么也没看到。因而打雷的时候人们就会捂住耳朵，有闪电的时候人们就会遮住眼睛，这和迫生都是属于同一类现象。六欲都知道自己所厌恶的东西，如果一定避免不了这些东西，那就不如根本没有知觉，没有知觉就是死，因此，迫生不如死。喜好吃肉，不是连腐臭的老鼠也要吃；喜好饮酒，不是连变质的酒也要喝；珍惜生命，不是说连苟且偷生也要珍惜。

注释

1 **子华子**：春秋时期晋国人，古代有名的道士。

2 **全生**：保全生命。　**亏生**：生命受到损伤。　**迫生**：苟且偷生，生命受到压抑。

3 **败酒**：腐败变质的酒。

情　欲

导读

本篇阐明养生的核心在于节制欲望。文章开篇就指出人天生就贪心，贪心就会有欲望。而有贤德的圣人之所以与常人不同，是由于他们能够节制欲望。世俗君主总是妄想不能得到的东西，追求不可满足的贪欲，最终导致天怒人怨，国亡身死。文中以黄帝、尧、舜和桀、纣作为正、反面的例子，指出即便像黄帝、尧、舜这样的圣人，同样也有欲望，但他们能够控制自己的欲望，因而成为圣王。而桀、纣不能很好地控制自己的欲望，为欲望所奴役，多行不义之举，最终身丧国灭，成为天下笑柄。

当今社会又何尝不是这样呢？一位落马贪官在忏悔中说道："总结自己的人生历程，可谓是欲望变化的'四部曲'——功名欲望使我奋斗成才，权力欲望使我步入辉煌，物质欲望使我意乱神迷，奢侈欲望使我坠入犯罪深渊。"司马光在《训俭示康》中说："君子多欲则贪慕富贵，枉道速祸；小人多欲则多求妄用，败家丧身，是以居官必贿，居乡必盗。"无节制的欲望是魔鬼。人一旦欲望横流，行为就会越过边界，灾祸就会很快找上门来。

原文

天生人而使有贪有欲，欲有情[1]，情有节，圣人修节以止欲，故不过行其情也。故耳之欲五声，目之欲五色，口之欲五

译文

人一出生就贪心而有欲望，欲望会产生感情，感情具有节度，圣人整饬节度以克制欲望，所以不会过分放纵自己的感情。耳朵想听五声的乐音，眼睛想看斑斓的色彩，嘴巴想吃丰盛的美味，这些都是人的感

味，情也。此三者，贵贱、愚智、贤不肖欲之若一，虽神农、黄帝，其与桀、纣同[2]。圣人之所以异者，得其情也[3]。由贵生动则得其情矣，不由贵生动则失其情矣。此二者，死生存亡之本也。

情。这三方面，无论人们是富贵的还是卑贱的，愚钝的还是聪明的，贤明的还是不肖的，都是一样的，即使是神农、黄帝，他们的感情也与夏桀、商纣相同。圣人之所以与常人不同，是由于他们能适度地节制自己的感情。人重视生命，就会具备适度的感情；不重视生命，就会失掉适度的感情。这两方面，是决定死生存亡的根本。

注释

1 **情**：人的感情，如喜、怒、哀、乐。

2 **桀、纣**：都是古代暴君的名字。

3 **情**：此处指适度的感情。

原文

俗主亏情，故每动为亡败。耳不可赡[1]，目不可厌，口不可满；身尽府种[2]，筋骨沉滞，血脉壅塞，九窍寥寥[3]，曲失其宜，虽有彭祖，犹不能为也。其于物也，不可得之为欲，不可足之为求，大失生本。民人怨谤，又树大仇；意气易动，蹻然不固[4]；矜势好智，胸中欺诈；德义之缓，邪利之

译文

世俗的君主不能节制感情，所以一有行动就会招致灭亡。他们耳朵的欲望不能得到满足，眼睛的欲望不能得到满足，嘴巴的欲望不能得到满足，以至于全身浮肿，筋骨沉滞，血脉阻塞，九窍空虚，全都丧失了正常的机能，这样，即使像彭祖一样的得道之人也没有办法维持生命。世俗的君主对于外物，总是妄想不能得到的东西，追求不可满足的贪欲，这样必然严重丧失生命的本性。这会招致百姓的怨恨指责，会给自己树起仇敌。他们的意志和感情容易动摇，变化迅速而不坚定；夸耀权势，耍弄聪明，胸怀欺诈之心；缓行道德正义，急行邪恶私利。结果使得自己陷入穷

急。身以困穷，虽后悔之，尚将奚及？巧佞之近，端直之远，国家大危，悔前之过，犹不可反。闻言而惊，不得所由。百病怒起，乱难时至。以此君人，为身大忧。耳不乐声，目不乐色，口不甘味，与死无择。

困的境地，即使后悔了，又怎么来得及？他们亲近机巧奸诈的人，疏远端正忠直的人，致使国家陷入严重的危险之中，这时即使后悔以前的过错，也已经无可挽回。知道自己即将灭亡才惊恐不已，却仍然不知这种后果的由来。各种疾病突然出现，反叛内乱不断爆发。靠这种方法治理百姓，最终给自身带来极大的忧患。耳朵听到音乐也不感到快乐，眼睛看着五色也不觉得美丽，嘴里吃着美味也不觉得甜美，这简直与死没有不同。

注释

1 **赡**(shàn)：满足。

2 **府种**：即“浮肿”。

3 **九窍**：指人身上的耳、目、口、鼻及大小便处。 **寥寥**：空虚的样子。

4 **𡳭**(juē)**然**：流行急速且不牢固的样子。

原文

古人得道者，生以寿长，声色滋味能久乐之，奚故？论早定也。论早定则知早啬，知早啬则精不竭[1]。秋早寒则冬必暖矣，春多雨则夏必旱矣，天地不能两，而况于人类乎？人与天地也同，万物之形虽异，其情一体也。故古之治身与天下者，必法天地也。

译文

古代得道的人，都活得很长寿，能长久地享受乐音、彩色、美味，这是什么原因呢？这是由于很早就树立了重视生命的信念。很早就树立爱惜生命的信念，就会知道爱惜生命，这样精神就不会衰竭。秋天早寒，冬天就必定温暖；春天多雨，夏天就必定干旱，天地都不能两全，又何况我们人类呢？人与天地具有同样的道理，万物虽然形状各异，但它们的情形是一样的。所以，古代修身与治理天

尊[2]，酌者众则速尽。万物之酌大贵之生者众矣，故大贵之生常速尽，非徒万物酌之也，又损其生以资天下之人，而终不自知。功虽成乎外，而生亏乎内。耳不可以听，目不可以视，口不可以食，胸中大扰，妄言想见[3]，临死之上，颠倒惊惧，不知所为。用心如此，岂不悲哉？

世人之事君者，皆以孙叔敖之遇荆庄王为幸。自有道者论之则不然，此荆国之幸。荆庄王好周游田猎[4]，驰骋弋射，欢乐无遗，尽传其境内之劳与诸侯之忧于孙叔敖。孙叔敖日夜不息，不得以便生为故，故使庄王功迹著乎竹帛[5]，传乎后世。

下的人都要效法天地。

酒樽中的酒，饮的人多了，很快就会没有。君主的生命被天下万物消耗得太多了，因而常常很短暂，不仅万物消耗它，君主为天下人操劳也是自己在损耗生命，他却始终弄不明白。虽然有了身外的功业，可是却已经损耗了内在的生命。结果有耳而不能听，有眼而不能看，有口而不能食，内心困扰而胡言乱语，精神谵妄而幻觉频现。临死之际，错乱惶恐，不知该怎么办。耗费心力到这样地步，难道不可悲吗？

世上为君主奔劳的人，都认为孙叔敖遇到楚庄王是件幸运的事。但是有道之人却不这样看，他们认为这是楚国的幸运。楚庄王喜好四处游玩打猎，骑马射箭，享尽人间欢乐，而把治理国家的辛苦、做诸侯的忧劳都推给了孙叔敖。这样，孙叔敖日夜不能休息，无法顾及养生之事，正因为如此，才使楚庄王的功绩载入竹帛，流传后世。

注释

1 **啬**(sè)：爱惜。

2 **尊**：古代盛酒器，是用作祭祀或宴享的礼器。

3 **想见**：这里指因病而妄想的各种幻象。

4 **田**：同“畋”，打猎。

5 **竹帛**：竹简和白绢。泛指书籍。

当　染

导读

本篇主要论述环境对人的影响。文中列举历史上许多事例,指出君主和臣子是相互影响的。如果影响是正面的,国家就会兴旺;反之,如果影响是负面的,就会使国家走向衰微甚至灭亡。国家的兴盛,需要明君和贤臣,二者相辅相成,缺一不可。本篇主旨与《墨子·所染》大体相同,可以认为是墨家弟子所作。

古语说"不知其人,观其友",又说"物以类聚,人以群分""近墨者黑,近朱者赤",都是在强调环境对人的重要影响。社会学中有一种"习得理论",认为人的行为很大程度上是其与环境长期互动的结果。因此,日常生活中与人来往,结交朋友,只有建立在志同道合的基础上,彼此才能形成良性互动。

原文

墨子见染素丝者而叹曰[1]:"染于苍则苍,染于黄则黄,所以入者变,其色亦变,五入而以为五色矣。"故染不可不慎也。

非独染丝然也,国亦有染。舜染于许由、伯阳,禹染于皋陶、伯益,汤染于

译文

墨子曾看到染素丝的人而感叹说:"素丝染上青色就变成了青色,染上黄色就变成了黄色,放入的染料变了,素丝的颜色也随之变化,如果染五次,就会变出五种颜色。"所以,染色不可不慎重啊。

不仅仅染丝是这样,国家也有与染丝相类似的情形。舜受到许由、伯阳的影响,禹受到皋陶、伯益的影响,商汤受到伊

伊尹、仲虺，[2] 武王染于太公望、周公旦[3]：此四王者，所染当，故王天下，立为天子，功名蔽天地。举天下之仁义显人，必称此四王者。夏桀染于干辛、歧踵戎[4]，殷纣染于崇侯、恶来[5]，周厉王染于虢公长父、荣夷终[6]，幽王染于虢公鼓、祭公敦[7]：此四王者，所染不当，故国残身死，为天下僇[8]。举天下之不义辱人，必称此四王者。齐桓公染于管仲、鲍叔，晋文公染于咎犯、郄偃[9]，荆庄王染于孙叔敖、沈尹蒸，吴王阖庐染于伍员、文之仪，[10] 越王句践染于范蠡、大夫种[11]：此五君者所染当，故霸诸侯，功名传于后世。范吉射染于张柳朔、王生[12]，中行寅染于黄藉秦、高彊[13]，吴王夫差染于王孙雄、太宰嚭[14]，智伯瑶染于智国、张武，中山尚染于魏义、椻长，[15] 宋康王染于唐鞅、田不禋[16]：此六君

尹、仲虺的影响，武王受到太公望、周公旦的影响：这四位帝王，因为所亲近的人适宜得当，所以能够统治天下，被立为天子，功名彰显于天地之间。凡列举天下仁义、显达的人，一定都会提到这四位帝王。夏桀受到干辛、歧踵戎的影响，殷纣受到崇侯、恶来的影响，周厉王受到虢公长父、荣夷终的影响，周幽王受到虢公鼓、祭公敦的影响：这四位君主，因为亲近不良的人，受到不当的影响，结果国亡身死，为天下人所耻笑。凡列举天下不义而可耻的人，一定都会提到这四位君主。齐桓公受到管仲、鲍叔牙的影响，晋文公受到咎犯、郄偃的影响，楚庄王受到孙叔敖、沈尹蒸的影响，吴王阖庐受到伍员、文之仪的影响，越王句践受到范蠡、文种的影响：这五位君主所受的影响适宜得当，所以称霸于诸侯，功名流传于后世。范吉射受到张柳朔、王生的影响，中行寅受到黄藉秦、高彊的影响，吴王夫差受到王孙雄、太宰嚭的影响，智伯瑶受到智国、张武的影响，中山尚受到魏义、椻长的影响，宋康王受到唐鞅、田不禋的影响：这六位君主，因为受到不适当的影响，国家灭亡，有的被杀死，有的受到凌辱，宗庙不能再得到祭祀，子孙断绝，君臣离散，人民流亡。凡列举天下贪婪残暴的人，一定都会提到这六位君主。

者所染不当，故国皆残亡，身或死辱，宗庙不血食，绝其后类，君臣离散，民人流亡，举天下贪暴可羞人，必称此六君者。凡为君，非为君而因荣也，非为君而因安也，以为行理也。行理生于当染，故古之善为君者，劳于论人，而佚于官事[17]，得其经也。不能为君者，伤形费神，愁心劳耳目，国愈危，身愈辱，不知要故也。不知要故则所染不当，所染不当，理奚由至？六君者是已。六君者，非不重其国，爱其身也，所染不当也。存亡故不独是也，帝王亦然。

大凡君主，不因为他身为君主就能获得荣耀，也不因为他身为君主就能获得安逸，而是因为君主能实施义理。义理的实施缘于所受的影响得当。所以古代善于做君主的，都把精力花费在选贤任能上，而轻忽于具体的官署事务，这便是掌握了做君主的义理。不善于当好君主的，劳累身体，损耗精神，心中愁苦，耳目困顿而国家却越来越危险，自身也遭受越来越多的耻辱，这是因为他们不能认识到当好君主的要旨的缘故。不知道做君主的要旨，就不会受到适当的影响。所受的影响不适当，义理又从哪里来？上面的六个君主就是这样，他们并非不看重自己的国家，也不是不爱惜自身，而是由于他们受到了不当的影响。因此，所受的影响适当与否关系到存亡，不但上述六位诸侯如此，帝王也是这样。

注释

1 **墨子见染素丝者**：墨子，名翟，战国时鲁国人，创立了墨家学派。染，把东西放在颜料里使着色，引申为接触、熏陶。

2 **许由**：古史传说中的得道隐士。　**伯阳**：古代贤士，相传为舜的七友之一。　**皋陶**：传说中东夷部族首领之一。　**伯益**：舜时东夷部落的首领，相传伯益助禹治水有功，为嬴姓各族的祖先。　**汤**：商朝开国君主，又称商汤或成汤。　**伊尹**：商汤辅臣。　**仲虺**(huī)：汤的左相。

3 **武王**：即姬发，西周的建立者。　**太公望**：即姜尚，字望，又称姜子牙，辅佐武王灭商，建立周王朝。

4 **干辛、歧踵戎**:夏桀的两个臣子。

5 **崇侯**:即崇侯虎。崇,国名。侯,爵位。名虎。 **恶来**:嬴姓,飞廉之子。此二人都是商纣的臣子。

6 **周厉王**:西周国王,贪狠好利,宠信奸臣,横征暴敛,激起国人暴动,被放逐而死。 **虢(guō)公长父、荣夷终**:都是周厉王卿士。

7 **幽王**:即姬宫涅,西周国王,宣王之子,西周的亡国之君。 **虢公鼓、祭公敦**:皆为周幽王的卿士。

8 **僇(lù)**:侮辱。

9 **晋文公**:即姬重耳,春秋时晋国国君。 **咎犯**:即狐偃,春秋时晋国卿士,公子重耳的舅父,字子犯,又称舅犯。 **郄偃**:晋文公的大夫。

10 **沈尹蒸**:春秋时楚国大夫。 **阖庐**:又作阖闾,即姬光,春秋末期吴国国君。 **伍员**:即伍子胥,吴国大夫。 **文之仪**:吴国大夫。

11 **句践**:春秋末越国国君,越王允常之子。 **范蠡、大夫种**:皆为越国大夫。二人曾辅助越王句践发奋图强,一举灭掉吴国。

12 **范吉射**:春秋时晋卿,名吉射。 **张柳朔、王生**:范吉射的两个家臣。

13 **中行寅**:晋国大夫。 **黄藉秦、高彊**:二人都是中行寅的家臣。

14 **吴王夫差**:即姬夫差,春秋末吴国国君,吴王阖庐之子。 **王孙雄、太宰嚭(pǐ)**:皆为吴国大夫。

15 **智伯瑶**:又名知瑶或知伯,春秋末期晋哀公的大臣。 **智国、张武**:智伯的两个家臣。 **中山尚**:古中山国国君。 **魏义、椻长**:中山尚的两个臣子。

16 **宋康王**:战国时宋国的末代国君。 **唐鞅、田不禋(yīn)**:宋康王的两个大臣。

17 **佚(yì)**:轻忽,遗忘。

原文

非独国有染也,〔士亦有染。〕孔子学于老聃、孟苏、夔靖叔。[1] 鲁惠公使宰

译文

并非只有国家才存在受"染"的情形,士也有这样的情形。孔子向老聃、孟苏、夔靖叔学习。鲁惠公派宰让向天子

让请郊庙之礼于天子[2]，桓王使史角往[3]，惠公止之，其后在于鲁，墨子学焉。此二士者，无爵位以显人，无赏禄以利人，举天下之显荣者必称此二士也。皆死久矣，从属弥众，弟子弥丰，充满天下，王公大人从而显之，有爱子弟者随而学焉，无时乏绝。子贡、子夏、曾子学于孔子[4]，田子方学于子贡，段干木学于子夏，吴起学于曾子。[5]禽滑釐学于墨子，许犯学于禽滑釐，田系学于许犯。[6]孔、墨之后学显荣于天下者众矣，不可胜数，皆所染者得当也。

请示郊祭、庙祭的礼仪，桓王派遣叫角的史官前往鲁国求教，惠公把他留了下来，他的后代在鲁国，墨子向他的后代学习。孔子、墨子这两位贤士，不能授人爵位来使别人显赫，没有赏赐俸禄来给别人带来利益，但是，凡列举天下显赫荣耀之人，一定都会提到这两位贤士。他们都死了很久了，可是追随者却越来越多，弟子也越来越多，遍及天下，王公贵族因而宣扬他们，有爱子弟的人，让他们的子弟追随孔、墨的学生学习，这种情形不曾中断过。子贡、子夏、曾子向孔子学习，田子方向子贡学习，段干木向子夏学习，吴起向曾子学习，禽滑釐向墨子学习，许犯向禽滑釐学习，田系向许犯学习。孔、墨的后世弟子显贵荣宠于天下的太多了，简直不可胜数，这都是由于他们所受的影响得当啊。

注释

1 **孟苏、夔靖叔**：孔子同时代的有道之人。

2 **鲁惠公**：鲁国国君，鲁隐公之父。　**宰让**：鲁国大夫。　**郊**：祭天称郊。周代于冬至日祭天于南郊。　**庙**：祭祖。

3 **史角**：名叫角的史官。

4 **子贡**：即端木赐，字子贡，春秋末期卫国人，有才干，长于经商。　**子夏**：春秋末期晋国人，以文学见称。　**曾子**：即曾参(shēn)，字子舆，春秋末期鲁国人。此三人皆为孔子得意门生。

5 **田子方**：战国时魏国人。　**段干木**：魏国隐士，学于子夏。　**吴起**：战国时卫国人，军事家。

6 **禽滑釐、许犯、田系**：都是墨家学派有成就的后学弟子。禽滑釐，应为"禽滑鳌"，又作"禽滑黎"。

尽数

导读

本篇的主旨仍然是关于养生与全生。"尽数"的意思是"毕其数"，即人能够通过养生享尽天年。凡是养生，最重要的是懂得生命的根本，懂得了根本，就能"去害"，远离疾病。具体来讲，养生分为几个方面，一是蓄养精气，人要保持内在的精、气、神；二是运动，即所谓的"流水不腐，户枢不蝼"；三是选择无害的人居环境，尤其是水源要适宜；四是饮食要清淡而有节制，"吃饭八分饱"。

这些养生的道理，作为我国古代民众在长期生活中沉淀下来的"习得智慧"，与当代保健医学的原理遥相呼应，仍然具有积极而实在的指导价值。当今世界人均预期寿命最长的国家是日本，而日本人长寿的秘诀之一就是饮食少而精。《黄帝内经》一书讲"饮食有节"，古人俗语称"饭吃八分饱，少病无烦恼"。除了饮食，人生各个方面的"度"都把握好了，人才能身体健康，尽其天年。

原文

天生阴阳寒暑燥湿，四时之化，万物之

译文

上天生出阴阳、寒冷、酷暑、干燥、潮湿，四时更替，万物变化，这些都会给人带

变，莫不为利，莫不为害。圣人察阴阳之宜，辨万物之利以便生，故精神安乎形，而年寿得长焉。长也者，非短而续之也，毕其数也[1]。毕数之务，在乎去害。何谓去害？大甘、大酸、大苦、大辛、大咸，五者充形则生害矣。大喜、大怒、大忧、大恐、大哀，五者接神则生害矣。大寒、大热、大燥、大湿、大风、大霖、大雾，七者动精则生害矣。故凡养生，莫若知本，知本则疾无由至矣。

精气之集也，必有入也。集于羽鸟，与为飞扬；集于走兽，与为流行；集于珠玉，与为精朗；集于树木，与为茂长；集于圣人，与为敻明[2]。精气之来也，因轻而扬之，因走而行之，因美而良之，因长而养之，因智而明之。

来好处，也都会对人产生危害。圣人详察阴阳变化的合宜之处，辨明万物的有利方面以有益于生命，因此，精神寓于形体之中得以安稳，年寿能够得以长久。所谓长久，并非说寿命本来是短的，人为地使它延长，而是使寿命用尽其本来的年岁。尽其天年的关键在于远离危害。什么是远离危害？太甜、太酸、太苦、太辣、太咸，这五种东西充满人的形体，那么生命就会受到危害。大喜、大怒、大忧、大恐、大哀，这五种情感和人的精神交接，生命就会受到危害。大冷、大热、大燥、大湿、大风、大雨、大雾，这七种东西摇动人的精气，生命就会受到危害。所以，凡是养生，没有比懂得生命的根本更重要的了，懂得了根本，疾病就没有理由产生了。

精气聚集，一定要有所寄托和体现。精气聚集在飞禽上体现为飞翔，聚集在走兽上体现为行走，聚集在珠玉上体现为精美，聚集在树木上体现为繁茂，聚集在圣人身上就体现为大智慧。精气到来，依附在轻盈的形体上，就能使它飞翔；依附在跑动的形体上，就能使它行走；依附在美的形体上，就能使它更加美好；依附在能生长的形体上，就能使它生长发育；依附在具有智慧的形体上，就能使它更加聪明。

注释

1 **毕**:尽。 **数**:这里指人的自然寿命。

2 **敻**(xiòng)**明**:大智慧。

原文

流水不腐,户枢不蝼[1],动也。形气亦然。形不动则精不流,精不流则气郁。郁处头则为肿为风,处耳则为挶[2]为聋,处目则为䁾[3]为盲,处鼻则为鼽[4]为窒,处腹则为张为疛[5],处足则为痿为蹷。

轻水所多秃与瘿人[6],重水所多尰与躄人[7],甘水所多好与美人,辛水所多疽与痤人[8],苦水所多尪与伛人[9]。

凡食,无强厚,无以烈味重酒,是之谓疾首。食能以时,身必无灾。凡食之道,无饥无饱,是之谓五藏之葆[10]。口必甘味,和精端容,将之以神气。百节虞欢,咸进受气。饮必小

译文

流动的水不会腐臭,转动的门轴不会被蚁蛀蚀,这是由于运动的缘故。人的形体、神气也是如此。形体不运动,体内的神气就不运行,神气不运行就会瘀滞。瘀滞在头部就形成浮肿和风疾,瘀滞在耳部就造成耳病和聋疾,瘀滞在眼部就形成眼眶红肿和盲病,瘀滞在鼻部就造成鼽疾和窒疾,瘀滞在腹部就形成肚胀和腹痛,瘀滞在脚部就造成痿病和蹷病。

水中含矿物、盐分少的地方,头上无发和颈部生肿瘤的人就会很多;水中含矿物、盐分过多的地方,脚肿和不能行走的人就会很多;水甜美的地方,美丽和善良的人就会很多;水辛辣的地方,生长疽疮和痤疮的人就会很多;水苦涩的地方,患鸡胸和驼背的人就会很多。

凡饮食,不要吃滋味厚重、浓烈的食品,不喝烈酒,它们都是招致疾病的因由。遵循规律的饮食,身体必然无灾无病。饮食的原则是不要过饥,也不要过饱,这样就能保证五脏的健康。一定要吃可口的食物,进食的时候,要精神调和,仪容端正,安养自己的精气。全身上下都能感觉舒适愉快,都能受到

咽，端直无戾。

今世上卜筮祷祠[11]，故疾病愈来。譬之若射者，射而不中，反修于招，何益于中？夫以汤止沸，沸愈不止，去其火则止矣。故巫医毒药，逐除治之，故古之人贱之也，为其末也。

精气的滋养。饮食一定细嚼慢咽，坐姿端正，不要歪斜。

如今社会上流行占卜祈祷，所以疾病反而更多了。好比射箭的人，如果射不中箭靶，只是去修正箭靶的位置，难道这会有助于射中吗？扬汤止沸，越发不能阻止沸腾，撤去下面的火，沸腾自然就止住了。巫医、药物只是用来驱鬼治病的，所以古人轻视这些东西，因为这些东西对于长寿而言，只是不重要的末节。

注释

1 **蝼**(lóu)：蝼蚁。此处代指被蚁蛀蚀。

2 **挶**(jū)：耳朵的疾病。

3 **蠛**(miè)：眼眶红肿。

4 **鼽**(qiú)：鼻子不通畅。

5 **张**：通“胀”，腹胀。 **疛**(zhǒu)：腹病。

6 **瘿**(yǐng)：颈部生囊状肿瘤。

7 **尰**(zhǒng)：脚肿病。 **躄**(bì)：不能行走。

8 **疽**(jū)：毒疮病。 **痤**(cuó)：痈。

9 **尪**(wāng)：骨骼残疾，如背部或胸部骨骼弯曲。 **伛**(yǔ)：驼背。

10 **五藏**(zàng)：人的五脏。 **葆**(bǎo)：同“保”。

11 **筮**(shì)：用筮草占卜。

论 人

导读

论人即评价人、识别人。君主评论人和识别人的方法，主要包括两个方面，其一是“反诸己”，就是遇到问题反观自身，从自身寻找问题的根源。像夏、商、周三代成功的君王，能够求于自身，所以每天勤于功业，从而成为天下的君王。反之，那些亡国君主，总是认为罪在别人，所以每天杀戮不停，以致灭亡而不能醒悟。

其二是“求诸人”，讲的是如何考验一个人。考验人，关键是要“八观六验”，即观察一个人在特定的情况下的表现，从而判断这个人的道德和品行。还要用所谓的“六戚四隐”，就是考察这个人的周围都是什么人，他的朋友、妻子、父母等是什么样的人。这些经常交往的人构成了一个人的生活环境，会使他深受影响。“不知其人，观其友”就是这个道理。总之，人在遇到问题的时候，最好是向自身寻求问题的原因，其次才是向别人寻求。这在今天的现实生活中仍有其深刻的道理。

原文

主道约，君守近，太上反诸己，其次求诸人。其索之弥远者，其推之弥疏；其求之弥强者，失之弥远。

何谓反诸己也？适耳目，节嗜欲，释智谋[1]，去巧

译文

为君之道在于简约，君主的操守在于自身，最高的原则是反求于己，其次是求之于人。越向远处寻求，离它就越远；越花力气去寻求它，就越失去它。

什么叫反求于己呢？使耳目适度满足，节制嗜好和欲望，放弃智巧计谋，离

故，而游意乎无穷之次[2]，事心乎自然之涂[3]。若此则无以害其天矣。无以害其天则知精，知精则知神，知神之谓得一[4]。凡彼万形，得一后成。故知知一，则应物变化，阔大渊深，不可测也。德行昭美，比于日月，不可息也。豪士时之，远方来宾，不可塞也。意气宣通，无所束缚，不可收也[5]。故知知一，则复归于朴[6]，嗜欲易足，取养节薄，不可得也。离世自乐，中情洁白，不可量也。威不能惧，严不能恐，不可服也。故知知一，则可动作当务[7]，与时周旋，不可极也。举错以数[8]，取与遵理，不可惑也。言无遗者，集于肌肤，不可革也。谗人困穷，贤者遂兴，不可匿也。故知知一，则若天地然，则何事之不胜？何物之不应？譬之若御者，反诸己，则车轻马利，致远复食而不倦。昔上世之亡主，

开虚伪欺诈，让思想游走于无限的空间，让心灵行走于自然的大道。像这样，就没有什么可以危害自己的天性。没有什么危害自己的天性，就能知道事物的精微，就能够懂得事理的神妙，懂得事理的神妙就是得了道。凡世间万物，得道之后才能生成。所以，懂得一贯之道，就会适应事物的变化，博大深邃，不可测度。德行的彰明美好，就会像天上的日月，永远不会熄灭。豪杰贤士就会随时归附，从远方来臣服，挡也挡不住。意气畅通，就会无所束缚，不可拘束。所以，懂得一贯之道，就会返璞归真，欲望容易满足，取养之物有所节制，什么也不能夺走它。超脱世俗而怡然自乐，内心洁白而不受污染。威武不会使其恐惧，严厉不能使他惶恐。所以，懂得道，举动就会适合时务，随着时势应酬交际而不会困窘。就会举止遵循礼数，取与遵循义理而不会迷乱。就会言语不出过错，就像肌肤对触动有所感觉那样不可改变。挑拨离间的人就会窘困，贤明的人就会兴起，不会被埋没。所以懂得一贯之道，就会像天地一样，还有什么事情不能成功？还有什么事情不能应对？这就像驾驭马车的人，反求于己，就会轻车快马，即便要跑很远的路再吃饭，也不会倦怠。古代的亡国君主，把罪

以罪为在人，故日杀僇而不止[9]，以至于亡而不悟。三代之兴王，以罪为在己，故日功而不衰，以至于王。

责归咎于别人，所以每天杀戮不停，以至于灭亡而不能醒悟。夏、商、周三代成功的君王，认为罪在自身，所以每天勤于功业，不敢稍有松懈，从而成为天下的君王。

注释

1 **释**：放弃。

2 **无穷之次**：无限的空间。

3 **涂**：通"途"。

4 **一**：道、义理。

5 **收**：约束，控制。

6 **朴**：本真。

7 **当(dàng)务**：适合时务。

8 **错**：通"措"。 **数**：礼数。

9 **僇**：通"戮"。

原文

何谓求诸人？人同类而智殊，贤不肖异，皆巧言辩辞以自防御，此不肖主之所以乱也。凡论人，通则观其所礼，贵则观其所进，富则观其所养，听则观其所行，止则观其所好，习则观其所言，穷则观其所不受，贱则观其所不为，喜之以验其守，乐之以验

译文

什么叫求之于人？所有的人都属同类，但智慧有所差异，贤与不肖有所差异，人们都用花言巧语来自我防御，这是昏庸的君主惑乱的原因。大凡评定一个人，如果他通达，就观察他礼遇的都是什么人；如果他尊贵，就观察他推荐的都是什么人；如果他富有，就观察他蓄养的都是什么人；如果他听言，就观察他的行动；如果他闲暇无事，就观察他的喜好是否有所不取；如果他学习，就观察他的言论；如果他穷困，就观察他是否有所不取；如果他贫贱，就观察他是否有所不

其僻，怒之以验其节，惧之以验其特，哀之以验其人，苦之以验其志。八观六验，此贤主之所以论人也。论人者，又必以六戚四隐[1]。何谓六戚？父、母、兄、弟、妻、子。何谓四隐？交友、故旧、邑里、门郭。内则用六戚四隐，外则用八观六验，人之情伪、贪鄙、美恶无所失矣。譬之若逃雨污，无之而非是，此圣王之所以知人也。

为。或者，可以使他高兴，以检验他的操守；使他快乐，以检验他是否心存邪念；使他发怒，以检验他的涵养；使他恐惧，以检验他是否具有特别的品质；使他悲哀，以检验他是否心存仁爱；使他困苦，以检验他的志向是否坚定。这八种观察和六项检验，是贤明的君主用来评定人的方法。评定别人，又必定要用到六戚四隐。什么叫六戚？即父、母、兄、弟、妻、子六种亲属。什么叫四隐？即朋友、熟人、乡邻、家臣这四种亲近的人。在内凭着六戚四隐，在外凭着八观六验，就能完全知晓人们的真伪、贪鄙、美恶，不会有所遗漏。这就好比是在避雨，所去之处都有雨水，就无法逃避。这是圣王之所以能够识别人的缘故。

注释

1 **四隐**：四种亲近的人。隐，私，引申为亲近。

劝 学

导读

本篇的主旨是阐明学习的重要性，提出教学的重点在于德育。学习是君子修身养性的第一要事，也是治理国家的根本。作者心中理想的政治模式是古代的圣王之治，有了圣人的治理，就会出现太平盛世，而圣人是在努力学习中产生的。努力学习的关键，在于尊重老师。而作为教师，一定要遵循事理，施行道义，然后才能受到尊敬。

古人认为教育重点应当放在对人的品质的培养方面。这种对教育的德行教化功能的论述，在今天这个强调技能教学和专业化的时代，其重要意义是不言而喻的。"不知理义，生于不学"，当今社会的种种人伦、道德缺失现象，和教与学过程中的德育缺失有直接关系。

原文

先王之教，莫荣于孝，莫显于忠。忠孝，人君人亲之所甚欲也[1]。显荣，人子人臣之所甚愿也。然而人君人亲不得其所欲，人子人臣不得其所愿，此生于不知理义。不知理义，生于不学。学者师达而有材，

译文

先王的教化中，没有什么比孝更荣耀的了，没有什么比忠更显荣的了。忠孝是君主、父母所迫切希求的。显荣是子女、臣下所迫切向往的。然而，有的君主、父母却得不到他们所希望的忠孝，有的子女、臣下却得不到他们所盼望的显荣，这是因为他们不知道理义的缘故。不知道理义，是由于不学习的缘故。学习的人，如果他的老师通达，而且自己才能又高，我没听说这样

吾未知其不为圣人。圣人之所在，则天下理焉[2]。在右则右重，在左则左重，是故古之圣王未有不尊师者也。尊师则不论其贵贱贫富矣。若此则名号显矣，德行彰矣。故师之教也，不争轻重尊卑贫富，而争于道。其人苟可，其事无不可。所求尽得，所欲尽成，此生于得圣人。圣人生于疾学。不疾学而能为魁士名人者[3]，未之尝有也。疾学在于尊师。师尊则言信矣，道论矣。故往教者不化，召师者不化，自卑者不听，卑师者不听。师操不化不听之术而以强教之，欲道之行、身之尊也，不亦远乎？学者处不化不听之势而以自行，欲名之显、身之安也，是怀腐而欲香也，是入水而恶濡也[4]。

的人不成为圣人的。有圣人在，天下就安定了。圣人在哪个地方，哪个地方就受到尊重，因此古代的圣王没有不尊重老师的。尊重老师，就不会在意他们的贵贱和贫富。能如此，就会名号显达，德行彰明。所以，老师教诲学生的时候，也不会在意学生的轻重、尊卑、贫富，而是看重他们对理义的态度。如果他们能够接受理义，就没有做不到的事情了。所追求的都能得到，所希望的都能成功，这是因为得到圣人的缘故。圣人是在努力学习中产生的。不努力学习而能成为大学者、名德之人，这种事还没有出现过。努力学习的关键，在于尊重老师。老师受到尊重，他们的言语才会被人信服，道义才会彰明。因此，应召去教的老师不可能教化他人，把老师呼来唤去的人不可能受到教化，自卑的老师不会被人听从，轻视老师的学生也不会听从教诲。老师以无法教化他人又不会被人听信的方法去施行教化，又希望道义能够得以施行，自身能够得到尊重，这不是差得太远了吗？学习的人，凡处于不可能受到教化、不会听从教诲的状态而自行其是，尽管想名声显赫，自身平安，这就像怀揣腐臭的东西却希望它芳香，跳进水中却厌恶水沾湿自己一样，又怎么可能呢？

注释

1 **人亲**:父母。

2 **理**:治,指天下太平安定。

3 **魁**(kuí)**士**:大学者。

4 **濡**(rú):湿。

原文

凡说者,兑之也,非说之也。[1]今世之说者,多弗能兑,而反说之。夫弗能兑而反说,是拯溺而硾之以石也[2],是救病而饮之以堇也[3],使世益乱;不肖主重惑者,从此生矣。故为师之务,在于胜理,在于行义。理胜义立则位尊矣,王公大人弗敢骄也,上至于天子,朝之而不惭。凡遇合也,合不可必。遗理释义,以要不可必,而欲人之尊之也,不亦难乎?故师必胜理行义然后尊。

译文

凡说教,应该使人心情愉悦,而不是生硬的说教。如今世上的说教者,大多不能使人愉悦,而只是生硬的说教。这就像拯救溺水的人却用石头使他沉下去,又像给病人治病却让他喝下毒药一样,只会适得其反,这些做法都只能让天下更加混乱,让不贤的君主越发昏庸。所以,做老师的要务在于遵循事理,在于施行道义。只要遵循事理、实行道义,老师的地位就会尊贵,王公大人对他们也不敢轻慢,乃至天子,朝拜这样的老师也不会感到惭愧。大凡师徒相遇而相投的情况,不可能一定实现。不行道义,去追求不一定实现的东西,却想要人们尊重他,这不是太难了吗?所以,老师一定要明白事理,施行道义,然后才能受到尊敬。

注释

1 **说**:说教。　**兑**:通"悦",喜悦。

2 **硾**(zhuì):使物下沉。

3 **堇**(jǐn):一种有毒的药草。

原文

曾子曰："君子行于道路，其有父者可知也，其有师者可知也。夫无父而无师者，余若夫何哉！"此言事师之犹事父也。曾点使曾参[1]，过期而不至，人皆见曾点曰："无乃畏邪[2]？"曾点曰："彼虽畏，我存，夫安敢畏？"孔子畏于匡，颜渊后，孔子曰："吾以汝为死矣。"颜渊曰："子在，回何敢死？"颜回之于孔子也，犹曾参之事父也。古之贤者与其尊师若此，故师尽智竭道以教。

译文

曾子说："君子走在道路上，其中有父亲的可以看出来，有老师的也可以看出来。对那些父亲、老师都不在的，又能怎么样呢？"这是在说要像侍奉父亲那样侍奉老师。曾点派他的儿子曾参外出，过了约定的时间，曾参却还没有回来，人们都来看望曾点说："曾参是不是遇难了？"曾点说："就算他要死，我还活着，他怎么敢死？"孔子被囚禁在匡这个地方，颜渊最后才到，孔子说："我以为你死了。"颜渊说："您还在，我怎么敢死？"颜回对待孔子，就像曾参侍奉父亲一样。古代的贤者尊重老师达到这样的程度，所以老师把全部的智慧和道理都教给他们。

注释

1 **曾点**：字皙(xī)，曾参之父。 **使**：派遣。

2 **畏**：遭遇不测而死亡。

尊 师

导读

本篇的要旨是阐明尊师重学的重要性。文章通过大量的实例，强调尊师重学能成就王业。即便是有罪之人，如果能够尊师重学，也可以转变为贤德的人，进而名扬天下。作者指出，教育是一件非常有意义的事，学习是一件需要智慧的事。所以，孔子说"学而不厌，诲人不倦"，乐在其中，不知老之将至。文中对如何学习、如何尊师也颇有见地，主张学习不可尽信书，而是要认真思考书本的内容，探求老师讲解的含义，要时时辩难解说，讨论其中的道理。

当代人对学习的理解在某些方面并不比古人高明。尤其在应试教育环境下，学习的目的非常单一，对人的全面发展有害无益。智慧的事，没有比成就身心更大的，而成就身心最重要的，没有什么能超过学习。作者的这些教诲，对当代教育也是非常有启示意义的。

原文

神农师悉诸[1]，黄帝师大挠[2]，帝颛顼师伯夷父[3]，帝喾师伯招，[4]帝尧师子州支父[5]，帝舜师许由，禹师大成贽[6]，汤师小臣[7]，文王、武王师吕望、周公旦[8]，齐桓公师管夷吾[9]，晋文公师咎犯、随会[10]，

译文

神农以悉诸为师，黄帝以大挠为师，帝颛顼以伯夷父为师，帝喾以伯招为师，帝尧以子州支父为师，帝舜以许由为师，禹以大成贽为师，汤以小臣伊尹为师，文王、武王以吕望、周公为师，齐桓公以管仲为师，晋文公以咎犯、随会为师，秦穆公以百里奚、公孙枝为

秦穆公师百里奚、公孙枝[11]，楚庄王师孙叔敖、沈尹巫，吴王阖闾师伍子胥、文之仪[12]，越王句践师范蠡、大夫种[13]。此十圣人、六贤者，未有不尊师者也。今尊不至于帝，智不至于圣，而欲无尊师，奚由至哉？此五帝之所以绝，三代之所以灭。

师，楚庄王以孙叔敖、沈尹巫为师，吴王阖闾以伍子胥、文之仪为师，越王句践以范蠡、文种为师。这十位圣人和六位贤者，没有谁不尊重老师。如今的人们，论尊贵达不到上述诸帝，论才智达不到上述诸圣，却不尊重老师，这又如何能达到帝、圣的境界呢？这正是五帝之所以后继无人、三代之所以不可重现的原因。

注释

1 **悉诸**：又称悉老。传说为神农的老师。

2 **大挠**：传说为黄帝的老师，曾创制甲子。

3 **颛顼**(zhuān xū)：传说中的古帝名，号高阳氏。

4 **帝喾**(kù)：传说中的古帝名，号高辛氏。 **伯招**：相传为帝喾之师。

5 **子州支父**：古代隐士，相传尧曾向他学习。

6 **大成贽**：相传为禹的老师。

7 **小臣**：即伊尹，商朝的开国功臣。

8 **文王**：即姬昌，建立了周朝。 **吕望**：号太公望，西周开国功臣。

9 **管夷吾**：即管仲，辅佐齐桓公称霸诸侯。

10 **随会**：即士会，字季，晋国大夫。

11 **秦穆公**：即嬴任好，春秋时秦国国君，前659—前621年在位。 **百里奚**：春秋时秦大夫。 **公孙枝**：复姓公孙，名枝，字子桑，春秋时秦国大夫。

12 **阖闾**：即姬光，春秋末吴国国君。 **伍子胥**：吴国大夫。 **文之仪**：吴国大夫。

13 **句**(gōu)**践**：春秋末越国国君，越王允常之子。 **范蠡**(lǐ)、**大夫种**：皆为越大夫，二人曾辅助越王句践灭掉吴国。

原文

且天生人也，而使其耳可以闻，不学，其闻不若聋；使其目可以见，不学，其见不若盲；使其口可以言，不学，其言不若爽[1]；使其心可以知，不学，其知不若狂。故凡学，非能益也，达天性也。能全天之所生而勿败之，是谓善学。子张[2]，鲁之鄙家也；颜涿聚[3]，梁父之大盗也[4]：学于孔子。段干木，晋国之大驵也，[5]学于子夏。高何、县子石[6]，齐国之暴者也，指于乡曲，学于子墨子。索卢参，东方之巨狡也，[7]学于禽滑黎。此六人者，刑戮死辱之人也，今非徒免于刑戮死辱也，由此为天下名士显人，以终其寿，王公大人从而礼之，此得之于学也。

译文

况且，上天造人，使人的耳朵可以听见，如果不学习，耳有所闻还不如聋子；使人的眼睛可以看见，如果不学习，目有所见还不如瞎子；使人的口可以说话，如果不学习，口有所言反不如口不能言；使人的心可以认识事物，如果不学习，心有所知还不如疯狂好。因此，凡是学习，并不是能给人增加什么，而是使人通达原本的天性。只要能够保全天赋予的人性而不伤害它，就叫作善于学习。子张原本出自鲁国的鄙俗之家，颜涿聚本是来自梁父的大盗：他们都学于孔子。段干木本是晋国市场上的市霸，求学于子夏。高何、县子石本是齐国的凶暴之徒，被乡邻所排斥，求学于墨子。索卢参本是东方的巨骗，求学于禽滑黎。这六个人本是该受到刑罚、杀戮、死于耻辱的人，最后能够免予刑罚、杀戮、耻辱，而且成为天下的知名之士、显达之人，得以善终，王公大人都听从他们，对他们以礼相待，这都是他们努力学习的结果。

注释

1 **爽**：伤败，败坏。此处指口不能言。

2 **子张**：春秋末陈国人，孔子的学生。

3 **颜涿**(zhuō)**聚**：名庚，齐大夫，孔子的弟子。

4 **梁父**:泰山下一座小山的名字。

5 **段干木**:战国时魏国的贤士。 **驵**(zǎng):古代集市贸易的经纪人。

6 **高何、县子石**:二人都是墨子的弟子。

7 **索卢参**:复性索卢,名参,墨家学派禽滑黎弟子。 **巨狡**:大骗子。

原文

凡学,必务进业,心则无营[1]。疾讽诵,谨司闻[2],观欢愉,问书意,顺耳目,不逆志,退思虑,求所谓,时辨说,以论道,不苟辨,必中法,得之无矜,失之无惭,必反其本。

生则谨养,谨养之道,养心为贵;死则敬祭,敬祭之术,时节为务。此所以尊师也。治唐圃[3],疾灌浸,务种树;织葩屦,结罝网,[4]捆蒲苇;之田野,力耕耘,事五谷;如山林,入川泽,取鱼鳖,求鸟兽。此所以尊师也。视舆马,慎驾御;适衣服,务轻暖;临饮食,必蠲洁[5];善调和,务甘肥;必恭敬;和颜色,审辞令;疾趋翔[6],必严肃。此所以尊师也。

译文

凡学习,务必要致力于增进学业,这样心中就不会疑惑。要努力背诵朗读,小心聆听教诲,看到老师愉快的时候,请教书中的要义,要顺着老师的耳目,不违背老师的心志,回来后认真思考,探求老师所说的意思,要时时辩难分析,讨论其中的道理,不苟且巧辩,务必要合乎规矩,有所得不要夸耀,有所失不要惭愧,一定要回归自己的本性。

老师活着,要慎重地奉养,以使其心情愉悦为贵;老师死了,要恭敬祭祀,恭敬祭祀的原则,以合于四时之节为要,这就是尊重老师。为老师修整果园菜圃,努力灌溉,种植树木;编织麻鞋、兽网和蒲苇;在田野里努力耕耘,种植五谷;进山林,入川泽,捕捉鱼鳖,猎取鸟兽。这些都是尊重老师的行为。为老师察看车马,谨慎驾驭;为老师置备服装,务必要合身,务求轻暖;为老师置办饮食,务必要清洁,调和五味,务求甘甜肥美;伺候老师,务必要恭恭敬敬;与老师交谈,务必要和颜悦色,言辞审慎;跟随老师时,走路快慢有节奏,务必要恭敬严肃。这些都是尊重老师的行为。

注释

1 **营**：通“瞢”，疑惑。

2 **司闻**：指主听闻的耳朵，此处指用耳朵听闻教诲。

3 **唐圃**：即场圃，是种瓜、果、蔬菜的园地。

4 **葩屦**：麻鞋。　**罝**(jū)：捕兽的网。

5 **蠲**(juān)：清洁。

6 **趋翔**(qiàng)：步行有节奏。翔，通“跄”。

原文

君子之学也，说义必称师以论道，听从必尽力以光明。听从不尽力，命之曰背；说义不称师，命之曰叛。背叛之人，贤主弗内之于朝，君子不与交友。故教也者，义之大者也；学也者，知之盛者也。义之大者，莫大于利人，利人莫大于教；知之盛者，莫大于成身，成身莫大于学。身成，则为人子弗使而孝矣，为人臣弗令而忠矣，为人君弗强而平矣，有大势可以为天下正矣。故子贡问孔子曰：“后世将何以称夫子？”孔子曰：“吾何足以称哉？勿已者，则好学而不厌，好

译文

君子学习，谈论道理必定称引老师的话来阐明道义，听从教诲必定要身体力行，发扬光大。听从教诲而不身体力行，就叫作背；阐述道理而不称引老师的话，就叫作叛。有背叛行为的人，贤明的君主不接纳他们在朝为臣，君子不与他们为友。因此，教育是一件非常有意义的事，学习是一件非常智慧的事。仁义的事，没有比给人带来利益更大的了，而对人利益最大的，没什么能超过教育。智慧的事，没有比成就身心更大的，而成就身心最重要的，没有什么能超过学习。修身完成了，做儿子的不用支使就会孝顺，做臣下的不用命令就会忠诚，做君主的不用勉强就会公正，顺着最有利的形势，就可以成为天下的君主。所以，子贡问孔子说：“后世之人将用什么话称道您呢？”孔子说：“我有什么值得称道的呢？如果一定要说的话，那就是‘学而不厌，诲人不倦’，大概也只

教而不倦，其惟此邪。”天子入太学祭先圣，则齿尝为师者弗臣，所以见敬学与尊师也。

是如此而已。”天子进入太学祭祀先代圣人，与曾经做过自己老师的人并列，不把老师当作臣子看待，这是用来表示敬重学习和尊重老师。

用 众

导读

本篇主要讲述善于学习、善于利用众人力量的重要性。文章首先指出，事物本来都有它的长处和短处，人也是这样。因此，“善学者，假人之长以补其短”。学习不能因人废言，即便桀、纣这样的暴君，也有其可以学习的地方。这种博采众长、为我所用的精神，是很有见地的。作者进而以三皇五帝大建功名为例，指出君主如果能够汇聚众人的力量和智慧，亦有超越尧、舜等圣君的可能，如此，则能在天下称王。所以，统治者只有重视招贤纳士，才能巩固统治。

原文

善学者若齐王之食鸡也，必食其跖数千而后足[1]，虽不足，犹若有跖[2]。物固莫不有长，莫不有短。人亦然。故善学者，假人之长以补其

译文

善于学习的人，就像齐王吃鸡，一定要吃上几千鸡跖才满足，即使不够，仍然像有鸡跖可供取食一样。事物本来莫不有长处，莫不有短处。人也是这样。所以，善于学习的人，依靠别人的长处来弥补自己的短处。治理国家也是如此，善于吸取

短[3]。故假人者遂有天下。无丑不能，无恶不知。丑不能，恶不知，病矣；不丑不能，不恶不知，尚矣。虽桀、纣犹有可畏可取者，而况于贤者乎？故学士曰："辩议不可不为。"辩议而苟可为，是教也。教，大议也。辩议而不可为，是被褐而出[4]，衣锦而入。

戎人生乎戎、长乎戎而戎言，不知其所受之；楚人生乎楚、长乎楚而楚言，不知其所受之。今使楚人长乎戎，戎人长乎楚，则楚人戎言，戎人楚言矣。由是观之，吾未知亡国之主不可以为贤主也，其所生长者不可耳。故所生长不可不察也。

众人长处的人，最终能够享有天下。不把无能看作耻辱，不把无知看作羞耻。把无能看作耻辱，把无知看作羞耻，就会陷入困境而不能自拔；不把无能看作羞耻，不把无知看作耻辱，这是很高的境界。即使桀、纣那样的昏庸君主，尚且有令人敬畏、可取之处，更何况贤人呢？所以有学问的人说："辨议不可不实行。"如果说辩议可以实行的话，这就是教育。教育本身就是宏大的议论。如果说求学者不使用辩议，这就像穿着破衣服出门，穿着华丽的衣服回家一样。

戎人生在戎地、长在戎地而说戎人的语言，并不知是从谁那里学来的；楚人生在楚地、长在楚地而说楚人的语言，也不知是从谁那里学来的。假如让楚人生长在戎地，让戎人生长在楚地，那么楚人就说戎语，戎人就说楚语。由此看来，我不认为亡国之君不可能成为贤明的君主，只不过是他们所生长的环境不好而已。因此，对人所生长的环境不可不考察啊。

注释

1 **跖**(zhí)：鸡爪掌。 **数千**：虚数，形容众多。

2 **犹若**：仍然。

3 **假**：凭借，依靠。

4 **被**(pī)：穿着，搭衣于肩背。

原文

天下无粹白之狐[1]，而有粹白之裘，取之众白也。夫取于众，此三皇五帝之所以大立功名也。凡君之所以立，出乎众也。立已定而舍其众，是得其末而失其本。得其末而失其本，不闻安居。故以众勇无畏乎孟贲矣[2]，以众力无畏乎乌获矣[3]，以众视无畏乎离娄矣[4]，以众知无畏乎尧、舜矣。夫以众者，此君人之大宝也。田骈谓齐王曰[5]："孟贲庶乎患术，而边境弗患。"楚、魏之王，辞言不说，而境内已修备矣，兵士已修用矣：得之众也。

译文

天下没有纯白的狐狸，而有纯白的狐裘，这是挑选许多白狐狸的皮拼制而成的。从众人中吸取长处，这正是三皇五帝大建功名的原因。凡是能成为君主的人，都是借助于众人之力。一旦被立为君主，就舍弃众人，这是得到末节而丧失了根本。得到末节而丧失了根本的君主，没听说他能够安定稳固的。所以，依靠众人的勇敢就不怕胜不过孟贲，依靠众人的力气就不怕超不过乌获，依靠众人的眼力就不怕比不上离娄，依靠众人的智慧就不怕赶不上尧、舜。依靠众人，这是统治人民的法宝。田骈对齐王说："即使勇敢的孟贲也害怕计谋，因而齐国的边境无须担忧。"楚、魏的国君不贵言辞，而国内各种备战设施已经修整完备了，兵士已经训练有素，能够打仗了：这都是得益于众人的力量啊。

注释

1 **粹**：纯粹。

2 **孟贲**：战国时的卫国勇士。

3 **乌获**：战国时的秦国大力士。

4 **离娄**：传说为黄帝时期的千里眼，视力超人。

5 **田骈**(pián)：齐国人，道家弟子。

大乐

导读

本文阐明了音乐对教化和统治的重要性，高度肯定了音乐的社会功能。文中的主张主要是针对当时墨家“非乐”的观点而阐发的。墨子的思想中含有“非乐”的观点，认为音乐代表了一种不良的社会存在，统治者靡费资财制造乐器，会使百姓穷困。民众沉迷音乐，也会耽于荒淫，荒废生产，因此要禁止音乐。而本文则不认同“非乐”的主张，而是把音乐置于很高的地位，认为音乐是宇宙秩序的载体，是教化的根本，并从发生学的角度指出，凡音乐都出自于天地和谐、阴阳调和。而且，制乐有一定的条件，社会的一切方面都和谐安适，音乐才可以制成。因此，和谐的音乐本身就是治世的体现。

原文

音乐之所由来者远矣，生于度量[1]，本于太一[2]。太一出两仪，两仪出阴阳。阴阳变化，一上一下，合而成章。浑浑沌沌，离则复合，合则复离，是谓天常[3]。天地车轮，终则复始，极则复反，莫不咸当。日月星辰，或疾或徐，日月不同，以尽

译文

音乐的由来，已经相当久远了，它产生于度量，发源于太一。太一生天地，天地生阴阳。阴阳变化，一上一下，合成形体。混沌一体，分离了又复合，复合了又分离，这就叫作天常。天地像车轮一样转动，周而复始，到达终极又会返回，全都恰到好处。日月星辰，有的运行得快，有的运行得慢。日月沿着不同的轨道，都周而复始地运行。春夏秋冬交替

其行。四时代兴，或暑或寒，或短或长，或柔或刚。万物所出，造于太一，化于阴阳。萌芽始震，凝凄以形[4]。形体有处，莫不有声。声出于和，和出于适。和适先王定乐，由此而生[5]。

出现，或热或冷，或长或短，或柔或刚，呈现出规律的变化。万物的产生，肇始于太一，生成于阴阳。万物因阳气而萌芽活动，因阴气所生之寒冻而凝结成形。万物的形体都占据一定的空间，都会发出声音。声音产生于和谐，和谐来源于安适。先王制定音乐，正是从这个原则出发的。

注释

1 **度量**：指律管的长度、大小等。

2 **太一**：即“道”，天地万物的根本。

3 **天常**：自然的永恒规律。

4 **凄**(hán)：同“寒”，寒冻。

5 **和适**：二字疑衍，不译。

原文

天下太平，万物安宁，皆化其上，乐乃可成。成乐有具，必节嗜欲。嗜欲不辟[1]，乐乃可务。务乐有术，必由平出。平出于公，公出于道。故惟得道之人，其可与言乐乎！亡国戮民，非无乐也，其乐不乐。溺者非不笑也，罪人非不歌也，狂者非不武也，乱世之乐有似于此。君臣失位，父子失处，夫妇失宜，民

译文

天下太平，万物和百姓安宁，一切都产生于安闲和适，音乐才可以制成。制乐有一定的条件，必须要节制嗜欲。人的嗜欲不邪僻，才能够致力于制乐。从事音乐有方法，必须从平和出发。平和来自于公正，公正来自于道。所以只有得道的人，才可以跟他谈论音乐吧！亡国并遭受屠戮的人民，并非没有音乐，但是他们的音乐并非源于快乐。即将淹死的人并非不会欢笑，戴罪之人并非不会唱歌，精神狂乱的人并非不会舞蹈，与此相似，乱世也并非没有音乐。君臣地位

人呻吟，其以为乐也，若之何哉？

颠倒，父子丧失本分，夫妇关系不和，人民痛苦呻吟，在这种情形下制作音乐，又会怎样呢？

凡乐，天地之和、阴阳之调也。始生人者，天也，人无事焉。天使人有欲，人弗得不求。天使人有恶，人弗得不辟。欲与恶所受于天也，人不得与焉，不可变，不可易。世之学者有非乐者矣，安由出哉？

凡音乐都出自于天地和谐、阴阳调和。最初生成人的是天，并非是人自身。天使人有欲望，人不得不追求；天使人有憎恶，人不得不邪避。人的欲望和憎恶都受之于天，人不能自己做主，不可变易。世上有的学者反对音乐，他们的理由是什么呢？

注释

1 辟：通“僻”，邪僻。

原文

大乐，君臣、父子、长少之所欢欣而说也。欢欣生于平，平生于道。道也者，视之不见，听之不闻，不可为状。有知不见之见、不闻之闻、无状之状者，则几于知之矣。道也者，至精也，不可为形，不可为名，强为之，谓之太一。故一也者制令，两也者从听。先圣择两法一[1]，是以知万物之情，故能以一听政者，乐君臣，和远近，说黔首，

译文

大乐是君臣、父子、老少都欢欣而喜悦的。欢欣产生于平和，平和产生于道。所谓道，人们看不见，听不到，也无法描绘它的形状。有谁能认识到不见中所包含着见，不闻中包含着闻，无形中包含着形，那他就差不多懂得道了。道是最精妙的东西，说不出它的形状，也无法给它命名，勉强给它起个名字，就叫作“太一”。所以“一”就是道，它制定法令和规则，“一”生出的“两”则服从法令和规则。古代圣人抛弃“两”，选择“一”，因此知道万物生成的真谛，所以，能够用“一”处理政事的，就会使君臣快乐，远近和睦，人民欢悦，兄

合宗亲。能以一治其身者，免于灾，终其寿，全其天。能以一治其国者，奸邪去，贤者至，成大化。能以一治天下者，寒暑适，风雨时，为圣人。故知一则明，明两[2]则狂。

弟和谐。能够用"一"来修身的，可以免于灾祸，终其年岁，保全天性。能够用"一"治理国家的，奸邪之徒自会远离，贤人自会归附，国家实现大治。能够用"一"治理天下的，就可以使寒暑适宜，风雨适时，此人就可以成为圣人。所以认识且选择"一"就是聪明，选择"两"就会迷惑狂乱。

注释

1 **择**：通"释"，舍弃，放弃。

2 **明两**：指尊臣以拟君，君臣无别。

适　音

导读

本篇标题又作《和乐》，阐述了儒家"和乐"的思想，讨论了音乐的社会功能。文章从音乐与人的心情的关系，谈音乐的宗旨在于和心。快乐有个适度问题，心情也有个适度问题，音乐也有是否适度的问题。"适音"，即声音大小、清浊要适中。同时，人的行为得当，心情才能舒畅。以舒畅的心情听适中的乐音，就能达到"和"的境界了。

原文

耳之情欲声，心不乐，五音在前弗听。目之情欲色，心弗乐，五色在前弗视。鼻之情欲芬香，心弗乐，芬香在前弗嗅。口之情欲滋味，心弗乐，五味在前弗食。欲之者，耳目鼻口也；乐之弗乐者，心也。心必和平然后乐。心必乐，然后耳目鼻口有以欲之。故乐之务在于和心，和心在于行适。

夫乐有适，心亦有适。人之情，欲寿而恶夭，欲安而恶危，欲荣而恶辱，欲逸而恶劳。四欲得，四恶除，则心适矣。四欲之得也，在于胜理[1]。胜理以治身，则生全以；生全则寿长矣。胜理以治国则法立，法立则天下服矣。故适心之务在于胜理。

夫音亦有适。太巨则志荡，以荡听巨则耳

译文

耳朵的本能想要听到声音，如果心里不快乐，即使耳边有音乐也不会去听。眼睛的本能想要看到色彩，如果心里不快乐，即使眼前有色彩也不会去看。鼻子的本能想要嗅到芳香，如果心里不快乐，即使身边有香气也不会去嗅。嘴巴的本能想要尝到滋味，如果心里不快乐，即使嘴边有美味也不会去吃。有欲望的是人的耳、眼、鼻、口，而决定快乐或不快乐的是人心，心情一定要平和然后才能愉快。心情一定要愉快，然后耳、眼、鼻、口才会有各种欲望。所以，快乐的要务在于使心情平和，使心情平和的关键在于行为适度。

快乐有个适度问题，心情也有个适度问题。人之常情是希望长寿而厌恶短命，希望平安而厌恶危险，希望荣誉而厌恶耻辱，希望安逸而厌恶忧劳。这四种欲望得到满足，这四种厌恶得以避免，心情就适度了。这四种愿望能够获得满足，在于遵循事物的道理。遵循道理来修身，则生命就会保全；生命保全了，就会长寿而终其天年。遵循事物的道理来治国，法度就会确立；法度确立了，天下就会服从。所以，使心情适度的要务在于遵循事物的道理。

音乐也有是否适度的问题。声音过大就会乱人心志，以混乱的心情听巨大的声

不容，不容则横塞，横塞则振；太小则志嫌[2]，以嫌听小则耳不充，不充则不詹，不詹则窕；[3]太清则志危，以危听清则耳谿极[4]，谿极则不鉴，不鉴则竭；太浊则志下，以下听浊则耳不收，不收则不抟，不抟则怒。故太巨、太小、太清、太浊皆非适也。

音，耳朵就无法容纳，无法容纳就会阻塞，这样心志就不能满足；声音过小会使人心得不到满足，以不满足的心情来听弱小的声音，耳朵就不能充实，就会感到不满足；声音过清就会使人心志高扬，以高扬的心情听清淡之音，耳朵就会感到空虚，就会听不清楚，这样心志就会衰竭；声音过于浑浊，就会使人心志低沉，以低沉的心情听太浊的声音，耳朵就不能集中，这样就专一不了，专一不了就会发怒。所以，音乐的声音过大、过小、过清、过浊都不适度。

注释

1 **胜理**：遵循事物的规律来行事。

2 **嫌**：不能满足。

3 **詹**：赡足，满足。　**窕**：不满足。

4 **谿**（xī，旧读 qī）：空虚。

原文

何谓适？衷，音之适也。何谓衷？大不出钧[1]，重不过石[2]，小大轻重之衷也。黄钟之宫[3]，音之本也，清浊之衷也。衷也者，适也，以适听适则和矣。乐无太，平和者是也。故治世之音安以乐，其政平也；乱世之音怨以怒，其政乖

译文

什么是适度？声音大小轻重合宜就叫适度。什么叫大小轻重合宜？钟音律度的高音不超过钧声，钟的重量最重不超过一百二十斤，即小大轻重适度。黄钟律的宫音是乐音的基准，也是清浊的标准。合乎基准就是适度，以适度的心情听适度的声音就是平和。音乐各方面都不要过分，平和才能适度。所以，盛世的音乐安适而快乐，是因为它的政治稳定；乱世的

也；亡国之音悲以哀，其政险也。凡音乐，通乎政而移风平俗者也。俗定而音乐化之矣。故有道之世，观其音而知其俗矣，观其俗而知其政矣，观其政而知其主矣。故先王必托于音乐以论其教。《清庙》之瑟，朱弦而疏越[4]，一唱而三叹，有进乎音者矣。大飨之礼[5]，上玄尊而俎生鱼[6]，大羹不和，有进乎味者也。故先王之制礼乐也，非特以欢耳目、极口腹之欲也，将以教民平好恶，行理义也。

音乐幽怨而愤怒，是因为它的政治乖戾；亡国的音乐悲伤而哀愁，是因为它的政治险恶。大凡音乐，都是与政治相通的，有移风平俗的功效。风俗的形成正是音乐教化的结果。所以，政治清明时，考察它的音乐就知道它的风俗，考察它的风俗就能知道它的政治，考察它的政治就能知道它的君主。因此，先王一定要借助音乐来推行他们的教化。演奏《清庙》时用的瑟，装的是朱红色的弦，底部刻着小孔，由一人领唱，三人应和，其意义已经超出音乐本身。举行大飨祭礼时，献上水酒和生鱼，大羹不调和五味，其意义已经超出滋味本身。所以，先王制定礼乐，不仅仅是用来欢愉耳目、满足口腹之欲的，而是要教导人们端正好恶，躬行理义。

注释

1 **钧**：度量钟音律度大小的器具。

2 **石**：重量单位，一百二十斤为一石。

3 **黄钟**：古乐中的基本乐调之一。

4 **疏越**(huó)：镂刻的小孔。越，瑟底部的小孔。

5 **飨**(xiǎng)：供奉鬼神。

6 **尊**：酒器。 **俎**(zǔ)：祭祀时盛祭品的礼器。

制 乐

导读

制乐即创制音乐。本篇的标题是制乐，而内容与创制音乐没有太大关系，疑为错题。开篇指出国家政治是完善还是混乱，决定了其音乐是优美还是轻慢不堪。而其余部分主要说明君主在遇到不祥的征兆时，如何正确对待，以便逢凶化吉。篇中列举成汤、周文王、宋景公等事例，用以说明天行有德而事在人为，只要推行善政，就能避开祸患。文中提出的"欲观至乐，必于至治"的论点，说明社会文艺创作的整体风貌与当时的政治现实有密切关系，这在今天也仍有一定的启示意义。

原文

欲观至乐，必于至治。其治厚者，其乐治厚；其治薄者，其乐治薄；乱世则慢以乐矣。今室闭户牖[1]，动天地，一室也。故成汤之时，有榖生于庭，昏而生，比旦而大拱。其吏请卜其故。汤退卜者，曰："吾闻祥者，福之先者也，见祥而为不善，则福不至；妖

译文

要欣赏最优美的音乐，一定要有最优良的政治生活。国家政治完善，音乐就会优美；国家政治欠完善，音乐也不会优美；国家政治混乱，音乐就会轻慢不堪。优美的音乐，即使关闭门窗，在一室之内，也可以感动天地。因此，在成汤的时候，庭中生长出一颗榖树，黄昏时出现，天亮时已经有两手合围那么大了。成汤的大臣请求占卜这其中的原因。成汤让占卜的臣子退下，说："我听说祥瑞是幸福的先兆，但是如果看到祥瑞却做不善之事，幸福就不会降临；怪异是灾祸的

者，祸之先者也，见妖而为善，则祸不至。”于是早朝晏退[2]，问疾吊丧，务镇抚百姓。三日而榖亡。故祸兮福之所倚，福兮祸之所伏。圣人所独见，众人焉知其极？

先兆，但是如果看到怪异而行善事，灾祸就不会到来。”于是他每天很早就主持朝政，很晚才退朝，慰问病人，吊唁死者，务求安抚百姓。三天以后，庭中的榖树不见了。所以说，祸中潜藏着福，福中暗含着祸。只有圣人才能体悟这个道理，一般人怎会知道事物变化的终极道理？

注释

1 **户牖**(yǒu)：门窗。户，门。牖，窗。
2 **晏**(yàn)：迟，晚。

原文

周文王立国八年，岁六月，文王寝疾五日而地动，东西南北不出国郊。百吏皆请曰：“臣闻地之动，为人主也。今王寝疾五日而地动，四面不出周郊，群臣皆恐，曰‘请移之’。”文王曰：“若何其移之也？”对曰：“兴事动众，以增国城，其可以移之乎？”文王曰：“不可。夫天之见妖也，以罚有罪也。我必有罪，故天以此罚我也。今故兴事动众，以增国城，是重吾罪也。不可。”

译文

周文王在位第八年的六月，文王卧病在床，五天后发生了地震，地震的范围，东西南北不出国都四郊。百官都请求说：“我们听说之所以有地震，是因为君主的缘故。如今大王卧病在床五天，就发生了地震，而且，地震的范围不超出国都四郊，臣子们都非常恐惧，说‘请求国王把灾祸移走’。”文王问：“如何才能移走灾祸呢？”臣子回答道：“征集民众，增筑国都的城墙，或许就可以移走灾祸。”文王说：“不可。上天显现灾异，是为了惩罚有罪的人。我一定有什么过错，所以上天借此来惩罚我。如今看到灾异，却为此而征集民众，增筑国都的城墙，这是加重我的罪过。不可以这么做。”文王

文王曰："昌也请改行重善以移之[1]，其可以免乎。"于是谨其礼秩、皮革[2]，以交诸侯；饬其辞令、币帛，以礼豪士；颁其爵列、等级、田畴，以赏群臣。无几何，疾乃止。文王即位八年而地动，已动之后四十三年，凡文王立国五十一年而终。此文王之所以止殃翦妖也。

接着说："我愿意改变自己的行为，重视优良的品德，借此来移走灾祸，或许这就可以免除灾祸吧。"于是文王慎重运用礼仪法度，同时使用贵重的皮革等物品，来结交诸侯；言谈辞令谨慎，运用币帛财物来礼贤下士；颁布爵位、等级、田地来赏赐群臣。不久，文王的病就好了。文王即位八年就发生了地震，地震后又在位四十三年，总共在位五十一年而死。以上所说，就是文王用以移除灾祸、消除怪异的方法。

注释

1 **昌**：周文王，名姬昌，此处是自称。

2 **礼秩**：礼仪法度。

原文

宋景公之时，荧惑在心[1]。公惧，召子韦而问焉，曰："荧惑在心，何也？"子韦曰："荧惑者，天罚也；心者，宋之分野也。祸当于君。虽然，可移于宰相。"公曰："宰相所与治国家也，而移死焉，不祥。"子韦曰："可移于民。"公曰："民死，寡人将谁为君乎？宁独死。"

译文

宋景公的时候，火星出现在心宿的位置。景公恐惧，召见子韦询问道："火星出现在心宿，是什么缘故呢？"子韦说："火星象征着上天的惩罚，心宿是宋国的地域。灾祸当降临在国君您的身上。尽管如此，可以把灾祸转移给宰相。"景公说："宰相是跟我共同治理国家的人，如果把死亡的灾祸转移给他，实在是不祥。"子韦说："也可以把灾祸转移给民众。"景公说："如果民众死了，我还当谁的国君呢？我宁肯独自去死。"子韦说："还可以把灾祸转移到

子韦曰："可移于岁。"公曰："岁害则民饥，民饥必死。为人君而杀其民以自活也，其谁以我为君乎？是寡人之命固尽已，子无复言矣。"子韦还走，北面载拜曰："臣敢贺君。天之处高而听卑。君有至德之言三，天必三赏君。今夕荧惑其徙三舍[2]，君延年二十一岁。"公曰："子何以知之？"对曰："有三善言，必有三赏，荧惑必三徙舍。舍行七星[3]，星一徙当一年[4]，三七二十一，臣故曰君延年二十一岁矣。臣请伏于陛下以伺候之[5]。荧惑不徙，臣请死。"公曰："可。"是夕荧惑果徙三舍。

年岁收成上。"景公说："年岁收成受到损害，百姓就会遭受饥荒，百姓遭受饥荒就一定会死亡。身为万民的国君，却杀害自己的民众而使自己活下去，那谁还会以我为国君呢？这是我的命数已尽，你不要再说了。"子韦立刻离开他站立的地方，朝着北方拜了两拜说："臣向国君祝贺。天居于高处，却可以听到下面的言语。您说出了最高尚的三句话，天一定奖赏您三次，今夜荧惑星一定会后退三舍，您可以延寿二十一年。"景公说："你怎么知道会这样？"子韦回答说："有三句美善的言词，所以必定会有三次奖赏，因此火星一定后退三舍。每后退一舍要经过七颗星，经过一颗星代表延长一年的寿命，经过二十一颗星就是延长二十一年寿命，所以我说您将延寿二十一年。臣请求守候在宫殿台阶之下观察，荧惑星如不后退，我将以死谢罪。"景公说："可以。"这天夜里，荧惑星果然后退了三舍。

注释

1 **荧惑**：指火星。　**心**：心宿，天上的二十八星宿之一。

2 **徙**：迁徙，此指退移。　**三舍**：一宿为一舍，三舍指三个星宿的位置。

3 **舍行七星**：每后退一舍要经过七颗星。

4 **星一徙当一年**：古代有移星延寿的说法，言主星移动，经过一宿即可延寿一年。

5 **陛(bì)下**：宫廷的台阶之下。陛，王宫的台阶。

明理

导读

本篇承接前篇的内容，更具体地阐述灾异、祥瑞等征兆与政治的关系。所谓明理，即人事的善恶决定了君主的祸福，这就是治国之理。作者指出，当国家处于长期的混乱之中，就会出现各种各样的灾异之象。国君如果能引以为戒，顺天应人，在政治上采取改良措施，国家就会转为太平。国家太平了，才能产生尽善尽美的音乐。

原文

五帝三王之于乐尽之矣。乱国之主未尝知乐者，是常主也。夫有天赏得为主，而未尝得主之实，此之谓大悲。是正坐于夕室也[1]，其所谓正，乃不正矣。

凡生，非一气之化也；长，非一物之任也；成，非一形之功也。故众正之所积，其福无不及也；众邪之所积，其祸无不逮也。其风雨则不适，其甘雨则不

译文

五帝三王时代的音乐达到了尽善尽美。混乱国家的君主从来不曾懂得音乐，他们都是平庸的君主。虽然他们由于上天的赏赐而成为君主，却不能得到君主之实，这是最可悲的。这就好比在方向倾斜的屋子里，虽然坐得端正，但是其所谓正，恰恰是不正。

但凡万物的诞生，不是一种气能够化育出来的；万物的生长，不是一种物能够承担的；万物的形成，不是某一形体的功劳。所以，众多正气积聚于一处，幸福就一定会降临；众多邪气积聚于一处，灾

降，其霜雪则不时，寒暑则不当，阴阳失次，四时易节，人民淫烁不固[2]，禽兽胎消不殖，草木庳小不滋[3]，五谷萎败不成。其以为乐也，若之何哉？故至乱之化，君臣相贼，长少相杀，父子相忍，弟兄相诬，知交相倒，夫妻相冒，日以相危，失人之纪，心若禽兽，长邪苟利，不知义理。

祸就一定会发生。邪气所积，风雨就不会调和，甘雨不会及时降落，霜雪会不时而至，寒暑失当，阴阳失序，四季改变次序，男女不能生育，禽兽胚胎消释而不能孕育，草木矮小不能生长，五谷枯萎而停止生长。在这种情形下制作出来的音乐，会怎么样呢？因此，在极端混乱的政治里，君臣互相残害，长少互相杀戮，父子残忍相待，弟兄互相诽谤，挚友互相背叛，夫妻互相冒犯，人们天天相互威胁，失去做人纲纪，心如禽兽，助长邪恶，苟且贪利，不知义理。

注释

1 **夕室**：方向偏斜的房间。

2 **淫烁不固**：犹言孕不坚固而脱落也。本句实意指男女淫乱不能生育。淫，此处通“孕”。烁，落。

3 **庳**(bì)：矮，低。　**滋**：长。

原文

其云状有若犬、若马、若白鹄、若众车；有其状若人，苍衣赤首，不动，其名曰天衡[1]；有其状若悬釜而赤，其名曰云旍[2]；有其状若众马以斗，其名曰滑马；有其状若众植雚以长[3]，黄上白下，其名蚩尤之旗[4]。其日有斗蚀[5]，有倍僪，有

译文

乱世中云气的形状，有的像狗、像马、像白鹄，像各种各样的车；有的像人，青衣而红头，一动不动，它的名字叫天衡；有的像悬空的红色旌旗，它的名字叫云旍；有的像许多匹马在争斗，它的名字叫滑马；有的像许多菌芝，颜色上黄下白，它的名字叫蚩尤之旗。它的太阳有时出现日食，有时有倍僪、晕珥之类的光气，有时不发光，有时发光却因散射而不产

晕珥，[6]有不光，有不及景，有众日并出，有昼盲，有霄见。其月有薄蚀，有晖珥，有偏盲，有四月并出，有二月并见，有小月承大月，有大月承小月，有月蚀星，有出而无光。其星有荧惑，有彗星，有天棓，有天欃，有天竹，有天英，有天干，有贼星，有斗星，有宾星。[7]其气有上不属天，下不属地，有丰上杀下，有若水之波，有若山之楫[8]，春则黄，夏则黑，秋则苍，冬则赤。[9]其妖孽有生如带，有鬼投其陴[10]，有菟生雉[11]，雉亦生鴳[12]，有螟集其国[13]，其音匈匈，国有游蛇西东，马牛乃言，犬彘乃连，有狼入于国，有人自天降，市有舞鸱[14]，国有行飞，马有生角，雄鸡五足，有豕生而弥[15]，鸡卵多毈，有社迁处，有豕生狗。国有此物，其主不知惊惶亟革，上帝降祸，凶灾必亟。其残亡死丧，殄绝无类[16]，流散循饥无日

生阴影，有时又会有多个太阳同时出现在空中，有时白天昏暗，有时太阳会在黑夜里出现。它的月亮，有时出现月食，有时出现晖珥之类的光圈，有时出现一面昏暗，有时同时出现四个月亮，有时同时出现两个月亮，或者小月承托着大月，或者大月承托着小月，有时月亮遮住星星，有时月出而无光。可能出现的妖星有荧惑、彗星、天棓、天欃、天竹，还有天英、天干、贼星、斗星、宾星。运行之气，有时上不接天，下不接地，有时上浓下薄，有时像水之波涛，有时像山中林木，春天是黄色，夏天是黑色，秋天是苍色，冬天是红色。它的妖孽也表现多样，有的生得像带子，有鬼跳进女墙，有兔子生出野鸡，野鸡又生出鴳雀，有螟虫聚集在都城之内，发出匈匈的声音，国中有游蛇四处乱窜，马牛竟说起人话来，狗猪互相交配，野狼闯入国都，妖人从天而降，市场上鸱鸮飞舞，国中有横行的怪兽，有马长出角，雄鸡长出五只脚，猪生下来蹄子上却无指甲，鸡卵多不能孵化，有祭祀土神的场所自己移动了地方，有猪竟然生出狗来。国中出现了这些灾异之象，君主不知惶恐，不知迅速变革，上帝就会降下灾祸，凶灾必将达到极点。其残亡死丧，无一幸免，人民流离失散、饥寒交迫的日子

矣。此皆乱国之所生也，不能胜数，尽荆、越之竹，犹不能书。故子华子曰："夫乱世之民，长短颉許[17]，百疾，民多疾疠，道多褓襁[18]，盲秃伛尪[19]，万怪皆生。"故乱世之主，乌闻至乐？不闻至乐，其乐不乐。

就要到了。这些现象都会在混乱的国家中发生，不可胜数，用尽荆、越之地的竹子，也写不完。所以，子华子说："乱世之民，节度缺失，是非错乱，百病丛生。民多疾疫，路多弃婴，瞎眼、秃头、驼背、鸡胸，万般怪状同时出现。"所以，乱世的君主，怎么会听到最完美的音乐？听不到最完美的音乐，它的音乐就不会快乐。

注释

1 **天衡**：应为"天冲"，星名。

2 **旍**(jīng)：同"旌"。古代用牦牛尾或同时用五彩羽毛装饰竿头的旗子。

3 **植藋**：当作"植雚"。植雚，属菌类，菌上有盖，下有曲柄，类似旗帜的形状，故比作蚩尤之旗。

4 **蚩尤**：传说中东方九黎族首领，其活动中心在今山东、河南、河北三省交界处。

5 **斗蚀**：指日食。古人认为日食现象是两日共斗而相食造成的。

6 **倍僪**(yù)、**晕珥**：都是指太阳周围的光气。

7 **荧惑**、**天棓**(bàng)、**天欃**(chán)、**天竹**、**天英**、**天干**、**贼星**、**斗星**、**宾星**：都是星名。古人认为都是灾异之星，它们的出现预示着灾祸的降临。

8 **楫**(jí)：林木。

9 **春则黄，夏则黑，秋则苍，冬则赤**：因气节不调而出现的异常现象。按照古人五行说，春气宜苍，夏气宜赤，秋气宜白，冬气宜黑。

10 **陴**(pí)：城墙上的女墙。

11 **菟**(tù)：通"兔"。

12 **鷃**(yàn)：指"鷃雀"，古书上说的一种小鸟。

13 **螟**(míng)：昆虫名。

14 **鸱**(chī)：即鸱鸮(xiāo)，猫头鹰一类的鸟。

15 **弥**：牲畜的蹄子上不能生长出指甲。

16 **殄**(tiǎn)**绝**：灭绝。

17 **颉啎**(jié wǔ)：错乱、混淆。

18 **裸襁**(bǎo qiǎng)：即襁褓，这里指代婴儿。

19 **伛**(yǔ)：驼背。 **尪**(wāng)：胫、背或胸部弯曲的病。

荡 兵

导读

本篇的要旨是阐述战争的缘起与性质。文章开篇就指出："兵之所自来者上矣，与始有民俱"，由此推断战争是人类的天性，从古至今战争就没有中断过，也是不能禁绝的。同时又指出，战争本身并非都是消极可恶的，战争有正义与非正义之分。即便是古代的贤主，也都赞同符合道义的战争。判断战争是否正义的标准，是看战争的目的，如诛杀作威作福的暴君、拯救受苦受难的人民的战争，就是正义的战争。

文章告诫统治者，民众并没有固定的效忠对象，他们只归附有德之君。所以，如果一场战争的目的是为了拯救受苦受难的人民，诛杀的是作威作福的暴君，那么，在挨打的那个国家里，人民见到侵略军就会像孝子见到了慈爱的父母，满怀激动地奔向敌人的怀抱，挡也挡不住。这种理性的论述，即便在今天，仍然振聋发聩，发人深省。

原文

古圣王有义兵而无有偃兵[1]。兵之所自来者上

译文

古代圣王主张符合道义的战争，并没有停止战争。战争由来已久，最初有人

矣，与始有民俱。凡兵也者，威也；威也者，力也。民之有威力，性也。性者所受于天也，非人之所能为也，武者不能革，而工者不能移。兵所自来者久矣，黄、炎故用水火矣，共工氏固次作难矣[2]，五帝固相与争矣。递兴废，胜者用事。人曰“蚩尤作兵”，蚩尤非作兵也，利其械矣[3]。未有蚩尤之时，民固剥林木以战矣，胜者为长。长则犹不足治之，故立君。君又不足以治之，故立天子。天子之立也出于君，君之立也出于长，长之立也出于争。争斗之所自来者久矣，不可禁，不可止，故古之贤王有义兵而无有偃兵。

类的时候就已经产生。凡战争，靠的是威势，而威势依仗着实力。拥有威势和力量是人类的本性。本性是从天那里获得的，不是人力所能造就的，勇武之士不能使它改变，智巧之士不能使它移易。战争由来已久，黄帝、炎帝曾经用水火相攻，共工氏曾经发动了战争，五帝之间曾经互相斗争。他们兴亡接替，获胜者最终统治天下。世人说“蚩尤制造了兵器”，实则兵器并非蚩尤所创造，他只不过使用了更锋利的兵器而已。还没有蚩尤的时候，人类已经砍伐树木作为武器进行战斗了，胜利者成为首领。仅有首领还不足以治理天下，所以设立君主。君主仍不足以治理天下，所以设立天子。天子的设立是在君主的基础上，君主的设立是在首领的基础上，首领的设立是在有争斗的基础上。斗争由来已久，不可禁绝，不可停止，所以，古代的贤主认同符合道义的战争，从未废止战争。

注释

1 **偃**(yǎn)：停止。

2 **共**(gōng)**工氏**：传说中古代西北部族首领，与颛顼争帝，失败被杀。

3 **械**：兵器。

原文

家无怒笞[1]，则竖子婴儿之有过也立见；国无刑罚，则百姓之悟相侵也立见[2]；天下无诛伐，则诸侯之相暴也立见。故怒笞不可偃于家，刑罚不可偃于国，诛伐不可偃于天下，有巧有拙而已矣。故古之圣王有义兵而无有偃兵。

夫有以饐死者[3]，欲禁天下之食，悖；有以乘舟死者，欲禁天下之船，悖；有以用兵丧其国者，欲偃天下之兵，悖。夫兵不可偃也，譬之若水火然，善用之则为福，不能用之则为祸；若用药者然，得良药则活人，得恶药则杀人。义兵之为天下良药也亦大矣。

译文

家中没有责骂、鞭打，僮仆、小儿就会立刻出现过错；国家没有刑罚，百姓就会立刻出现互相侵夺的事；天子如果没有征伐，诸侯就会立刻出现互相侵凌的事。所以，家中的责骂鞭打不可废止，国家的刑罚不可废止，天下的诛伐不可废止，只不过有的智巧、有的笨拙而已。所以，古代圣王主张合乎道义的战争，从未废止战争。

如果因为有人因吃饭而噎死，就要禁止天下的所有食物，这是荒谬的；如果因为有人因乘船而淹死，就要禁止天下的所有船只，这是荒谬的；如果有人因为战争而亡国，就要废止天下的所有战争，这同样是荒谬的。战争是不可废止的，它就像水和火一样，善于利用就会谋得福利，不善于利用就会酿成灾祸；又像用药治病一样，用好药就能把人救活，用毒药就能把人杀死。正义的战争正是天下的良药啊。

注释

1 **笞**(chī)：用鞭、杖或竹板打人。

2 **悟**：通“忤”，即忤逆相侵。

3 **饐**：通“噎”，食物堵住喉咙。

原文

且兵之所自来者远矣，未尝少选不用。贵贱、长少、贤者不肖相与同，有巨有微而已矣。察兵之微：在心而未发，兵也；疾视[1]，兵也；作色[2]，兵也；傲言[3]，兵也；援推[4]，兵也；连反，兵也；侈斗[5]，兵也；三军攻战，兵也。此八者皆兵也，微巨之争也。今世之以偃兵疾说者，终身用兵而不自知悖，故说虽强，谈虽辨，文学虽博，犹不见听。故古之圣王有义兵而无有偃兵。兵诚义，以诛暴君而振苦民，民之说也，若孝子之见慈亲也，若饥者之见美食也；民之号呼而走之，若强弩之射于深溪也，若积大水而失其壅堤也。中主犹若不能有其民[6]，而况于暴君乎？

译文

而且，战争由来已久，没有一刻不用。无论贵贱、长少、贤与不肖在战争这一方面是相同的，只是有大有小罢了。考察战争的细微之处：心中隐藏争斗之意是战争，怒目而视是战争，面有怒色是战争，言辞傲慢是战争，用手搏斗是战争，摔来踢去是战争，聚众殴斗是战争，三军攻战是战争。这八种情况都是战争，只是大小不同而已。如今世上极力游说废止战争的人，他们实际上终身用兵，却不知道自己的言行自相矛盾，因此，他们虽然强言善辩，才学虽然广博，仍然没有人听从他们的说教。所以，古代的圣王主张合乎道义的战争，从未废止战争。如果战争真的合乎道义，就可以用来诛杀暴君，拯救苦难的人民，那么人民对它的欢迎，就像孝子见到了慈爱的父母，像饥饿的人见到了甘美的食物；人民奔走呼号着投向战争，像强弩射向深谷，像蓄积的大水决堤奔腾。在这种情况下，普通的君主尚且不能保有其人民，更何况失去民心的暴君呢？

注释

1 **疾视**：怒目而视。

2 **作色**：即面有怒色。

3 **傲言**:傲慢的言辞。

4 **援推**:用手搏斗。

5 **侈斗**:群斗。

6 **中主**:普通的、平庸的君主。

禁塞

导读

本篇承接了上篇的内容,说明攻伐与救守只是战争的表象,并非挑起战争的攻伐一方就应受到谴责,也并非救守一方就值得同情。作者指出,只要战争合乎道义,那么攻伐可以,救守也可以;如果战争不合乎道义,那么攻伐不可,救守也不可。进而批评墨家的"不论其义而疾取救守",以为这正是大乱天下的原因。文章以此来阐明"攻伐"的合理性、正义性,"救守"的不合理性、非正义性,从而为秦国的武力统一天下作战争意识形态的论证。

原文

夫救守之心,未有不守无道而救不义也。守无道而救不义,则祸莫大焉,为天下之民害莫深焉。

凡救守者,太上以说[1],其次以兵。以说则承从多

译文

那救守之心,无一不是守护无道、救援不义的。守护无道、救援不义,没有比这种做法的祸害更大的了,给天下百姓造成的危害也没有比这更深重的了。

主张救守的人,最好是用言辞游说,然后诉诸武力。以言辞游说,就要聚集

群，日夜思之，事心任精，起则诵之，卧则梦之，自今单唇干肺[2]，费神伤魂，上称三皇五帝之业以愉其意，下称五伯名士之谋以信其事，早朝晏罢[3]，以告制兵者，行说语众，以明其道。道毕说单而不行[4]，则必反之兵矣。反之于兵，则必斗争之情，必且杀人，是杀无罪之民以兴无道与不义者也。无道不义者存，是长天下之害，而止天下之利，虽欲幸而胜，祸且始长。先王之法曰“为善者赏，为不善者罚”，古之道也，不可易。今不别其义与不义，而疾取救守，不义莫大焉，害天下之民者莫甚焉。故取攻伐者不可，非攻伐不可；取救守不可，非救守不可；取惟义兵为可。兵苟义，攻伐亦可，救守亦可；兵不义，攻伐不可，救守不可。

众人智力，日夜思虑言辞，费心劳神，清晨起来就陈述它，睡觉时还梦着它，自己费尽唇舌，劳神伤魄，称颂三皇五帝的功业以使人愉悦，讲述五霸、名士的谋略来证明自己议论的正确，很早上朝、很晚退朝，费心尽力，劝说对方的主帅，说服众人，以宣示自己的道理。道理讲完，言辞说尽，对方仍然不能采用自己的主张，就自然要回到武力上来。回到武力，必定就是转向战争，战争必然意味着杀人，这是屠杀无辜的百姓，以维护无道和不义的君主。让无道和不义的君主得以生存，这实在是助长天下的祸害，摒弃天下的利益，无道之君虽然试图侥幸取胜，祸乱却由此开始滋长。先王的法令说“赏善罚恶”，这是自古以来的法则，不可更改。如今不辨别正义与不正义，却一味主张救守，没有比这种做法更不正义的了，没有比这种做法对天下百姓的危害更严重的了。所以，主张攻伐不可以，反对攻伐也不可以；主张救守不可以，反对救守也不可以；只有合乎道义的战争才可以。只要战争合乎道义，那么攻伐可以，救守也可以；如果战争不合乎道义，那么攻伐不可以，救守也不可以。

注释

1 **太上**:最上、最高、最好。 **说**:游说。

2 **单唇**:费尽唇舌。

3 **早朝晏罢**:很早上朝,很迟退朝。

4 **毕**、**单**:都是"尽"的意思。

原文

使夏桀、殷纣无道至于此者,幸也;使吴夫差、智伯瑶侵夺至于此者,幸也;使晋厉、陈灵、宋康不善至于此者,幸也。若令桀、纣知必国亡身死,殄无后类[1],吾未知其厉为无道之至于此也;吴王夫差、智伯瑶知必国为丘墟,身为刑戮,吾未知其为不善无道侵夺之至于此也;晋厉知必死于匠丽氏[2],陈灵知必死于夏徵舒,宋康知必死于温,吾未知其为不善之至于此也。此七君者,大为无道不义:所残杀无罪之民者,不可为万数;壮佼老幼胎胰之死者[3],大实平原,广堙深溪大谷[4],赴巨水,积灰填沟洫险阻,犯流矢,蹈白刃,加之以冻

译文

使夏桀、殷纣荒淫无道达到如此程度的,是他们心怀侥幸的缘故;使吴王夫差、智伯瑶侵暴掠夺达到如此程度的,是他们心怀侥幸的缘故;使晋厉公、陈灵公、宋康王作恶达到如此程度的,也是他们心怀侥幸的缘故。假如让桀、纣知道他们的下场必定是国亡身死,断子绝孙,我不相信他们会残暴无道到如此程度;假如让吴王夫差、智伯瑶知道他们的国家终将成为土垄废墟,他们自己将被杀戮,我不相信他们会侵暴掠夺到如此程度;假如让晋厉公知道他必定会死于匠丽氏之手,让陈灵公知道他必定会死于夏徵舒之手,让宋康王知道他必定会死在温邑,我不相信他们会如此胡作非为。这七个国君非常无道不义,他们残杀的无辜百姓不计其数;青壮年、老人、儿童以及胎死腹中的遍及原野,填塞了山川深谷,流入大河,变成积灰填平沟洫,人民冒着飞矢,踏着利刃,

饿饥寒之患。以至于今之世，为之愈甚，故暴骸骨无量数，为京丘若山陵[5]。世有兴主仁士，深意念此，亦可以痛心矣，亦可以悲哀矣。察此其所自生，生于有道者之废，而无道者之恣行。夫无道者之恣行，幸矣。故世之患，不在救守，而在于不肖者之幸也。救守之说出，则不肖者益幸也，贤者益疑矣。故大乱天下者，在于不论其义而疾取救守。

还要忍受冻饿饥寒的灾祸。到了如今的时代，这种灾祸更加惨烈，暴露在野外的尸骨多得无法计数，死尸堆积的坟墓犹如高山大陵。世上如有明君仁士，深切思虑到这些，足以感到悲哀。导致这种悲惨境况的原因，就在于有道之人被废弃，而无道昏君恣意妄行。无道昏君恣意妄行，在于心存侥幸的缘故。因此，世上的祸害，不在于救守主张本身，而在于不肖之人心存侥幸。然而，救守的主张产生之后，不肖的人越发心怀侥幸，贤人越发恐惧了。所以，大乱天下的，在于不论是否合乎道义，一味地主张救守。

注释

1 **殄**:灭绝。

2 **匠丽氏**:春秋时晋国大夫。

3 **壮佼**:青壮年。 **胰**:指死胎或流产的胎儿。

4 **堙**:填埋。

5 **京丘**:山陵高大。

简 选

导读

本篇的要旨是论述如何挑选和培养优秀的士兵作战。挑选精良士兵加以训练，精选良好兵器用于战争，是取得战争胜利、成就王霸之业的重要条件。同时，文章对当时社会上流传的“武士不选”“驱市人而战之”的言论进行了批判，认为这都是“不通乎兵者之论”。它还论述了选练精锐与“义兵”制胜的关系，认为有利的山川形势、锋利坚固的兵甲器械、精锐强壮且训练有素的士兵则是正义之师进行战争的条件，是克敌制胜的策略。最后还指出时势虽然重要，但不能一味依赖时势，只有以长期周密充分的准备为前提，义兵才能利用有利的时势而获胜。

原文

世有言曰：“驱市人而战之[1]，可以胜人之厚禄教卒；老弱罢民[2]，可以胜人之精士练材[3]；离散系系[4]，可以胜人之行陈整齐[5]；锄櫌白梃[6]，可以胜人之长铫利兵[7]。”此不通乎兵者之论。今有利剑于此，以刺则不

译文

世人有一种说法：“驱使集市上的人群作战，靠他们可以战胜待遇丰厚的武士和严格训练的士兵；靠老弱疲惫的百姓作战，可以胜过精选的壮士和拳勇有力之人；靠散乱无纪的囚徒作战，可以战胜阵列整齐的军队；手持农具木棒作战，可以战胜敌人的长矛利刃。”这是不懂用兵之道的人说的话。假如这里有一把锋利的宝剑，用它刺杀敌人却刺不中，用它去攻击敌人却攻击

中，以击则不及，与恶剑无择，为是斗因用恶剑则不可。简选精良，兵械铦利[8]，发之则不时，纵之则不当，与恶卒无择，为是战因用恶卒则不可。王子庆忌、陈年犹欲剑之利也。简选精良，兵械铦利，令能将将之，古者有以王者，有以霸者矣，汤、武、齐桓、晋文、吴阖庐是矣。

不到目标，这就与手持劣剑没有什么分别了，但不能依此就认为可以在战斗时非要使用劣剑。精挑细选精良的队伍，使用锋利的兵器指挥它们却总不合时机，调度它们却总不得当，这同统率劣等军队无异，但不能就依此认为在战争中非要使用劣等军队。像王子庆忌、陈年那样的猛士，仍然还希望宝剑锋利。精挑细选精良的队伍，使用锋利的兵器让才能卓越的将领统率它，古代有凭此而成就王业的，有凭此而成就霸业的，商汤、周武王、齐桓公、晋文公、吴王阖庐就是这样。

注释

1 **市人**：此处指市场上临时聚集在一起的人群。

2 **罢**(pí)：通“疲”，疲惫。

3 **练材**：拳勇有力之材。

4 **系系**：囚犯。

5 **行陈**：部队的队列、行列。今写为“行阵”。

6 **櫌**(yōu)：农具，用于犁地后平土。 **梃**：木棒。

7 **铫**(tiáo)：一种类似于长矛的兵器。

8 **铦**(xiān)：锐利。

原文

殷汤良车七十乘，必死六千人，以戊子战于郕[1]，遂禽推移、大牺[2]，登自鸣条[3]，乃入巢门[4]，遂

译文

商汤拥有精良的战车七十辆，有敢死的勇士六千人，在戊子那天与夏桀在郕地交战，擒拿了推移、大牺二人，进军鸣条，然后进入巢门，最终占有了夏桀的天下。夏

有夏。桀既奔走，于是行大仁慈，以恤黔首，反桀之事，遂其贤良[5]，顺民所喜，远近归之，故王天下。

桀逃跑后，商汤实行仁政，抚恤百姓，一反夏桀的恶政，拔举夏的贤良之士，顺应人民的喜好，远近的人都来归附，所以商汤称王于天下。

武王虎贲三千人，简车三百乘，以要甲子之事于牧野[6]，而纣为禽。显贤者之位，进殷之遗老，而问民之所欲，行赏及禽兽，行罚不辟天子[7]，亲殷如周，视人如己，天下美其德，万民说其义[8]，故立为天子。

周武王率虎狼之师三千人，精选战车三百辆，甲子那天发动了牧野之战，打败并擒获了殷纣。武王提拔贤人，让他们拥有显耀的地位，接纳殷朝的遗老，同时询问人民的愿望，行赏已经惠及禽兽，实行惩罚则不避天子，亲近殷的百姓就像亲近周的百姓，对待其他部落的百姓就像对待自己人一样，天下人都赞美他的德行，百姓称道他的仁义，所以拥立他为天子。

齐桓公良车三百乘，教卒万人，以为兵首，横行海内，天下莫之能禁，南至石梁，西至酆郭，北至令支。[9]中山亡邢[10]，狄人灭卫，桓公更立邢于夷仪，更立卫于楚丘。

齐桓公挑选精良的兵车三百辆，训练良好的士兵一万人，作为军队的先锋，横行于四海之内，天下没有哪个国家能够抵挡，他的军队南至石梁，西至酆郭，北达令支。中山国灭亡了邢国，狄人灭亡了卫国，桓公把邢国迁往夷仪重建，把卫国迁往楚丘重建。

注释

1 **郕**：古地名。

2 **禽**：通“擒”。　**推移**、**大牺**：夏朝的大臣。

3 **登**：攻伐。　**鸣条**：地名，在今河南商丘东。

4 **巢门**：夏朝国都中的南巢之门。

5 **遂**：举荐。

6 **甲子之事**：指周武王在甲子那天打败商纣的战事。　**牧野**：古地名，在今河南淇县西南。

7 **辟**:通“避”。

8 **说**:通“悦”。

9 **石梁**、**鄄郭**、**令支**:都是古地名。

10 **中山**:战国时的中山国,在河北正定东北一带。 **邢**:古国名,大致位置在河北邢台市。据古书记载,齐桓公因邢遭受赤狄侵犯,于是把邢迁到夷仪。狄实际上并没有灭掉邢,邢后来被卫国所灭。

原文

晋文公造五两之士五乘,锐卒千人,先以接敌,诸侯莫之能难[1],反郑之埤[2],东卫之亩[3],尊天子于衡雍[4]。

吴阖庐选多力者五百人,利趾者三千人[5],以为前陈,与荆战,五战五胜,遂有郢。东征至于庳庐,西伐至于巴、蜀,北迫齐、晋,令行中国。

故凡兵势险阻,欲其便也;兵甲器械,欲其利也;选练角材,欲其精也;统率士民,欲其教也。此四者,义兵之助也。时变之应也,不可为而不足专恃。此胜之一策也。

译文

晋文公训练出十五名甲士,个个都具有五种技能,让他们作为前锋,率领精锐的步卒一千人同敌人交战,所向披靡,没有任何诸侯能够阻挡,他命令毁掉郑国的城墙,又命令卫国的田垄一律东西向,在衡雍会盟天下诸侯,号令天下尊奉周天子。

吴王阖庐选拔五百名大力士和三千个善跑的勇士,让他们作为前锋跟楚国交战,五战五胜,终于占领了楚国的郢都。他率军东征庳庐,西征巴、蜀,向北迫近齐、晋两国,其号令在中原各国畅通无阻。

所以,凡战争形势和地形险阻,都应当占据有利的地位;兵甲器械,都应当锋利无比;挑选训练武士,都应当精锐强壮;统率士人百姓,都应当训练有素。这四个方面是正义之师的必备条件,是适应时势变化的应对措施。这些条件缺一不可,但也不可一味依赖。这是克敌制胜的策略之一。

注释

1 **难**:阻挡。

2 **反**:毁坏,推倒。 **郑**:古国名。 **埤**(pì):城上的矮墙。

3 **东卫之亩**:使卫国田垄改为东西向,以便于行车。

4 **衡雍**:古地名,在今河南省原阳县西。

5 **利趾者**:善于奔跑的人。

决 胜

导读

本篇的核心是阐述用兵必胜之道。文章一开篇就指出:用兵之道必须符合道义,必须有智谋,必须要勇敢。道义是克敌制胜的根本,智谋和勇敢是决定战争胜负的必要条件。作者还提出了因敌而胜的思想,即依据敌情变化采取灵活机动的战略战术:"凡兵,贵其因也。因也者,因敌之险以为己固,因敌之谋以为己事。能审因而加,胜则不可穷矣。胜不可穷之谓神,神则能不可胜也。"因此,用兵的关键不在于能够获胜,而在于自己的不可被战胜。这与著名的《孙子兵法》中的战争思想是高度一致的。

原文

夫兵有本干[1]:必义、必智、必勇。义则敌孤独,敌孤独则上下虚,民解落[2];孤独则父兄

译文

用兵之道有其根本:必须符合道义,必须有智谋,必须要勇敢。符合道义,敌人就会孤立无援,敌人孤立无援,就会上下空虚,民众就会瓦解离散;孤立无援,就会被父兄

怨，贤者诽，乱内作。智则知时化，知时化则知虚实盛衰之变，知先后远近纵舍之数[3]。勇则能决断，能决断则能若雷电飘风暴雨，能若崩山破溃[4]，别辨霣坠[5]；若鸷鸟之击也，搏攫则殪[6]，中木则碎。此以智得也。

怨恨，就会被贤士非议，祸乱必然从内部发生。有智谋就能知道时势的变化，知道时势的变化，就会知道虚实盛衰的转变，就会知道先后、远近、纵舍的策略。勇敢就能决断，能够决断，用兵就能像雷电、疾风和暴雨，就能像大山崩塌、河流溃决，像灾祸突袭、陨星坠地，其势不可当；就像猛禽扑击，搏击禽兽，禽兽就会毙命，击中树木，树木也会碎裂。这是靠智慧和勇敢而达到的。

注释

1 **本干**：植物的根和干，比喻事物的关键之处。

2 **解落**：离散、瓦解。

3 **纵**：放。 **舍**：止。 **数**：策略。

4 **破溃**：指水冲破堤坝。

5 **别辨**：异变。 **霣**(yǔn)：通“陨”，坠落。

6 **搏**：击。 **攫**(jué)：鸟用爪疾取。 **殪**(yì)：死。

原文

夫民无常勇，亦无常怯。有气则实，实则勇；无气则虚，虚则怯。怯勇虚实，其由甚微，不可不知。勇则战，怯则北[1]。战而胜者，战其勇者也；战而北者，战其怯者也。怯勇无常，倏忽往来，而莫知其方，惟圣人独见其

译文

人民的勇敢不是永恒的，人民的怯弱也不是永恒的。士气饱满就充实，充实就会勇敢；士气缺乏就空虚，空虚就会怯懦。怯懦和勇敢、空虚和充实，它们的缘由非常微妙，不可不了解。勇敢就能战斗，怯弱就会败逃。打仗获胜的，是依靠他的勇敢而获胜；打仗败逃的，是因为其胆怯而败逃。怯弱与勇敢都变化不定，倏忽往来，难以洞晓其中的道理，惟有圣人知道其中的缘

所由然。故商、周以兴，桀、纣以亡。巧拙之所以相过[2]，以益民气与夺民气，以能斗众与不能斗众。军虽大，卒虽多，无益于胜。军大卒多而不能斗，众不若其寡也。夫众之为福也大，其为祸也亦大。譬之若渔深渊，其得鱼也大，其为害也亦大。善用兵者，诸边之内莫不与斗，虽厮舆白徒[3]，方数百里皆来会战，势使之然也。幸也者，审于战期而有以羁诱之也[4]。

由。所以，商、周由此而兴盛，桀、纣由此而灭亡。巧与拙的结局之所以不同，在于是提高人民的士气还是削弱人民的士气，是能够促使民众作战还是不能使民众作战。不能使民众作战，军队即便庞大，士兵即便众多，对取胜也没有什么益处。如果军队庞大、士兵众多却不能战斗，人多还不如人少。人数众多带来的好处大，带来的祸害也大。譬如在深渊中捕鱼，虽然可能捕到大鱼，但其危险也大。善于用兵的人，四境之内的民众都会响应参战，即使是奴仆和未受过训练的百姓，方圆几百里之内的人都会来参战，这是形势使然。形势的取得在于审察战争的时机，审察民众的士气并能牵制诱导他们。

注释

1 **北**：败北。

2 **相过**：截然不同。

3 **厮**：古代干粗活的男性奴隶或仆役。 **舆**：主驾车者，指贱役之人。**白徒**：没有经过训练的兵卒。

4 **羁诱**：牵制诱导。

原文

凡兵，贵其因也[1]。因也者，因敌之险以为己固，因敌之谋以为己事。能审因而加，胜则

译文

凡用兵，最重要的是善于凭借。所谓凭借，就是指利用敌人的险阻来巩固自己的阵地，利用敌人的谋划达到自己的目的。能够明察并善于凭借，那胜利就没有穷尽了。胜

不可穷矣。胜不可穷之谓神，神则能不可胜也。夫兵，贵不可胜。不可胜在己，可胜在彼。圣人必在己者，不必在彼者，故执不可胜之术以遇不胜之敌，若此，则兵无失矣。凡兵之胜，敌之失也。胜失之兵，必隐必微，必积必抟。隐则胜阐矣，微则胜显矣，积则胜散矣，抟则胜离矣。诸搏攫柢噬之兽[2]，其用齿角爪牙也，必托于卑微隐蔽，此所以成胜。

利没有穷尽称作神妙，达到神妙就不可战胜了。用兵的关键不在于能够获胜，而在于不可被战胜。不可被战胜的主动权掌握在自己手中，能不能获胜则在于敌人的状况。圣人必定自己掌握主动权，而不能依赖敌人的过失，所以，掌握着不可被战胜的策略，来应对可以战胜的敌人，这样用兵就会万无一失。大凡用兵获胜，都在于敌人犯有过失。打败犯有过失的军队，一定要隐蔽，一定要集中，一定要专注。做到隐蔽就能打败公开的敌人，做到隐藏就能打败暴露的敌人，做到集中就能打败分散的敌人，做到专注就能打败离散的敌人。那些依靠牙咬、爪抓、角撞猎物的野兽，在它们使用齿角爪牙的时候，一定先要隐蔽起来伺机行动，这是它们取胜的原因。

注释

1 **因**:凭借，利用。

2 **柢噬**:谓用角抵，用牙啮。柢，用角顶撞。

爱 士

导读

本篇的要旨是统治者一定要爱惜士民，士民才会全力为他效力。文章以秦穆公、赵简子行德爱民为例，说明只要实行德政，关爱人民，人民就会爱戴他们的君主；人民爱戴他们的君主，就会乐于为他们的君主而牺牲。当然这里的德政与儒家的仁政还是有区别的。儒家的仁政建立在"民本"的基础上，在很大程度上是"天理"层面的要求，有理所当然之义。

然而，本篇中倡导的德政主要是工具性的，有法家言仁政的意味，根本上是君主的统治术的一部分。作者也引用《诗经》中的话说明："君君子则正，以行其德；君贱人则宽，以尽其力。"说到底，实行德政是为了网罗天下士人，为君主竭力效命。

原文

衣，人以其寒也；食，人以其饥也。饥寒，人之大害也。救之，义也。人之困穷，甚如饥寒，故贤主必怜人之困也，必哀人之穷也。如此则名号显矣，国士得矣。

昔者秦缪公乘马而车为败，右服失而野人取

译文

人因为寒冷而穿衣服，人因为饥饿而吃饭。饥寒交迫是人的大灾祸，拯救饥寒交迫的人是非常仁义的行为。人的艰难穷困，比起饥寒交迫的处境更为严重，所以贤明的君主必定怜悯陷入困境的人，必定同情遭受窘迫的人。如此，君主的名声就会显赫，优秀之士就会归附他。

从前，秦穆公乘坐的马车坏了，右

之[1]。缪公自往求之，见野人方将食之于岐山之阳。缪公叹曰："食骏马之肉而不还饮酒[2]，余恐其伤女也！"于是遍饮而去。处一年，为韩原之战[3]，晋人已环缪公之车矣，晋梁由靡已扣缪公之左骖矣[4]，晋惠公之右路石奋投而击缪公之甲[5]，中之者已六札矣[6]。野人之尝食马肉于岐山之阳者三百有余人，毕力为缪公疾斗于车下，遂大克晋，反获惠公以归。此《诗》之所谓曰"君君子则正，以行其德；君贱人则宽，以尽其力"者也。人主其胡可以无务行德爱人乎？行德爱人，则民亲其上；民亲其上，则皆乐为其君死矣。

侧驾车的马脱缰跑了，被一群农夫抓住。秦穆公亲自去找寻跑失的马，在岐山的南面看到农夫正在分食马肉。秦穆公叹气说："吃骏马的肉而不立刻喝酒，只怕马肉要伤害你们的身体！"于是赐酒给他们所有人才离开。过了一年，爆发了韩原大战，晋国人包围了秦穆公的马车，晋国的梁由靡抓住了秦穆公左边的马，晋惠公的车右路石奋力把长矛投向秦穆公的盔甲，击穿了六层甲叶。这时，曾在岐山之南受赏吃马肉的农夫有三百多人，奋力在车下为秦穆公拼死战斗，最终秦军大败晋军，并俘获晋惠公回来。这就是《诗经》里所说的"给君子做国君就要公正，让他们践行仁德；给下人当国君就要宽以待人，让他们为你尽力"。君主怎么能不行德政，不爱人民呢？实行德政，关爱人民，那么人们就爱戴他们的君主；人们爱戴他们的君主，就会乐于为他们的君主牺牲。

注释

1 **右服**：四匹马驾车，中间两匹叫作服，其中右边的叫右服。

2 **还**：通"旋"，立刻。

3 **韩原之战**：在晋地韩原发生的一场战争。

4 **梁由靡**：晋国大夫，梁由为姓。　**左骖**：四马驾车，在两边的叫骖，其中左边的叫左骖。

5 **右**:车夫,驾车之人。 **路石**:车夫之名。

6 **札**:盔甲的叶片。

原文

赵简子有两白骡而甚爱之[1]。阳城胥渠处广门之官[2],夜款门而谒曰:“主君之臣胥渠有疾,医教之曰:‘得白骡之肝,病则止;不得则死。’”谒者入通。董安于御于侧,愠曰:“嘻!胥渠也,期吾君骡,请即刑焉。”简子曰:“夫杀人以活畜,不亦不仁乎?杀畜以活人,不亦仁乎?”于是召庖人杀白骡,取肝以与阳城胥渠。处无几何,赵兴兵而攻翟[3]。广门之官,左七百人,右七百人,皆先登而获甲首[4]。人主其胡可以不好士?

凡敌人之来也,以求利也。今来而得死,且以走为利。敌皆以走为利,则刃无与接。故敌得生于我,则我得死于敌;敌得死于我,则我得生于敌。夫

译文

赵简子有两匹白色的骡马,他十分喜爱它们。广门的小吏阳城胥渠在晚上叩门拜访说:“主公,您的臣子胥渠患了病,医生告诉我说,如果能吃到白骡的肝的话,病就可以好;否则就必死无疑。”门官进去禀告赵简子。董安于正在旁边伺候,恼怒地说:“嘻!胥渠竟然敢谋取我主公的白骡,请让我杀掉他。”赵简子说:“为了使畜生存活而杀人,岂不是太不人道吗?杀畜生来救活人,不正是仁义之举吗?”于是他唤来厨师杀掉白骡,挖取肝脏拿给阳城胥渠。过了没多久,赵简子举兵攻打狄族。广门的小吏,左队有七百人,右队有七百人,都率先登上城楼砍获披甲者的首级。因此,作为君主怎么可以不爱士呢?

凡是敌人来犯,都是为了谋取利益。如今有敌人来犯而陷入死地,那么就应以撤退为有利选择。敌人都以走为上策,就不用刀兵相接。所以敌人从我的手上得以生存,那么我就得死在敌人手中;敌人能够死在我的手上,那我就可以在敌人那里获得生存。因此,是我在敌阵中

得生于敌，与敌得生于我，岂可不察哉？此兵之精者也。存亡死生决于知此而已矣。

生还，还是敌人在我的手中生还，这其中的道理怎么能不详加考察？这就是用兵的精妙之处。生死存亡就在于是否知道这个道理。

注释

1 **赵简子**：晋国大夫。

2 **阳城胥渠**：人名，姓阳城，名胥渠。 **处**：居住。 **广门**：晋地名。

3 **翟**：通“狄”，我国古代北方的少数民族。

4 **甲首**：披甲者的首级。

知士

导读

本篇通过详述静郭君善待剂貌辨这一例子，阐明君主应如何去发现士、敬爱士，使他为自己效力。君主与士人的关系，正如伯乐和千里马的关系，二者互相依赖，才能实现各自的价值。文中的静郭君可以说是统治者中的伯乐，他能够了解士人。士为知己者死，这就是剂貌辨把生命与欢乐置之度外而奔赴患难的原因。

原文

今有千里之马于此，非得良工[1]，犹若弗取。良

译文

如今有千里马在这里，但如果没有善于相马的人，就等于没有得到这匹好马。

工之与马也，相得则然后成。譬之若桴与鼓[2]。夫士亦有千里。高节死义，此士之千里也。能使士待千里者[3]，其惟贤者也。

静郭君善剂貌辨[4]。剂貌辨之为人也多訾[5]，门人弗说。士尉以证静郭君[6]，静郭君弗听，士尉辞而去。孟尝君窃以谏静郭君，静郭君大怒曰："刬而类[7]，揆吾家[8]，苟可以慊剂貌辨者[9]，吾无辞为也。"于是舍之上舍[10]，令长子御，朝暮进食。数年，威王薨，宣王立，静郭君之交，大不善于宣王，辞而之薛，与剂貌辨俱。留无几何，剂貌辨辞而行，请见宣王。静郭君曰："王之不说婴也甚，公往，必得死焉。"剂貌辨曰："固非求生也。请必行。"静郭君不能止。

善于相马的人和千里马须互相依赖，才能实现各自的价值。这就像鼓槌和鼓彼此成就一样。士人中也有与千里马一样的，他们气节高尚，为正义而献身。能够驱使士人驰骋千里的，大概只有贤人。

静郭君善待剂貌辨。剂貌辨这个人毛病很多，所以静郭君的门客都不喜欢他。士尉用这件事劝谏静郭君，但是静郭君不听，士尉就告辞离开了。孟尝君也为此私下劝谏静郭君，静郭君大怒说："就是把你们都杀死，把我家拆得支离破碎，只要能让剂貌辨先生满意，我也在所不辞。"于是，静郭君把自己最好的房子让剂貌辨居住，命令长子侍奉他，早晚进奉食物。数年后，齐威王逝世，齐宣王即位，静郭君的知交大都不跟齐宣王交好，于是静郭君辞去官职，回到封地薛，仍跟剂貌辨在一起。在薛地没几天，剂貌辨就拜辞静郭君，请求去参见齐宣王。静郭君说："宣王对我十分不喜欢，你去了，一定会被杀死的。"剂貌辨回答说："我本来就不求能够活着。我一定要去。"静郭君不能劝止他。

注释

1 **良工**：善于相马的人。

2 **桴**(fú)：鼓槌。

3 **待**：当为"得"字之误。

4 **静郭君**：即田婴，齐国大臣。 **剂貌辨**：田婴的门客，齐国人。

5 **訾**(cī)：缺点。

6 **士尉**：田婴的门客，齐国人。 **证**：劝谏。

7 **刬而**：把你们都杀死。刬(chǎn)，消灭。而，通"尔"，你们。

8 **揆**(kuí)：揣测，估量。

9 **慊**(qiè)：通"慊"，满足，满意。

10 **上舍**：上等的住房。

原文

剂貌辨行，至于齐，宣王闻之，藏怒以待之。剂貌辨见，宣王曰："子，静郭君之所听爱也？"剂貌辨答曰："爱则有之，听则无有。王方为太子之时，辨谓静郭君曰：'太子之不仁，过颐豕视[1]，若是者倍反[2]。不若革太子，更立卫姬婴儿校师。'静郭君泫而曰：'不可，吾弗忍为也。'且静郭君听辨而为之也，必无今日之患也，此为一也。至于薛，昭阳请以数倍之地易薛[3]，辨又曰：'必听之。'静郭君曰：'受薛于先王，虽恶于后王，吾独谓先王何乎？且

译文

剂貌辨离开薛地，来到齐国都城，宣王听说这件事，就隐藏着心中的恼怒等待着他。剂貌辨朝见齐宣王，齐宣王说："你就是静郭君言听计从、非常关爱的那个人吗？"剂貌辨回答说："关爱倒是关爱，听从就根本谈不上了。当大王您还是太子的时候，我对静郭君说过：'太子不仁德，他的耳后长鳃，目光斜视，相貌不仁，必定会背叛于人。不如废掉太子，改立卫姬的幼子校师。'静郭君泫然泪下说：'不行。我不忍心这样做。'如果静郭君听从我的话行事，一定不会有今天的祸患，这是一件事。回到薛地之后，楚国的昭阳将军请求用多出薛地几倍的土地交换薛地，我又说：'一定要接受。'静郭君说：'我从先王那里接受薛地的封赏，虽然被后王所厌恶，但如果我将薛地与别人交换，我如何对先王说呢？而且先王的宗庙在薛地，我

先王之庙在薛，吾岂可以先王之庙予楚乎？’又不肯听辨，此为二也。”宣王太息，动于颜色，曰：“静郭君之于寡人一至此乎！寡人少，殊不知此。客肯为寡人少来静郭君乎？”剂貌辨答曰：“敬诺。”静郭君来，衣威王之服，冠其冠，带其剑。宣王自迎静郭君于郊，望之而泣。静郭君至，因请相之。静郭君辞，不得已而受。十日，谢病，强辞，三日而听。当是时也，静郭君可谓能自知人矣。能自知人，故非之弗为阻。此剂貌辨之所以外生乐，趋患难故也。

怎么可以把先王的宗庙之地交给楚国？’他又不肯听我的话，这是第二件事。”齐宣王叹息着，脸上有所动容，说：“静郭君对我竟是如此一心一意！我年少无知，真不知道这些情况。你肯为我请静郭君来吗？”剂貌辨回答说：“遵命。”静郭君来到国都，穿着齐威王赐给他的衣服，戴着齐威王赐给他的帽子，佩着齐威王所赐的宝剑。齐宣王亲自到郊野迎接静郭君，看到静郭君这样不禁潸然泪下。静郭君到来后，齐宣王于是请求他当宰相。静郭君再三辞谢，不得已才接受下来。十天后，静郭君推说有病，坚决要辞去，三天后齐宣王才应允。在那个时候，静郭君可以说是能够了解他人的人。能够了解他人，所以别人的非议妨碍不了他自己的判断。这就是剂貌辨把生命与欢乐置之度外，奔赴患难的原因。

注释

1 **过顯涿视**：耳后见腮，目光斜视。字书无“顯”字。《战国策》作“过颐豕视”。

2 **倍反**：背叛。

3 **昭阳**：楚国将领。

审己

导读

本篇讲述“审己”的重要性，即君主通过反省认识自己，得失成败要从自己身上寻找原因，这就是“反求诸己”。对于国家的生存和灭亡，圣人除了关注存亡本身，更关注它们之所以会这样的原因。文中以尹子与子列子的问答为例，阐明了“审己”是弄清事物存在的根本原因的途径。还有越王授的例子，他看起来糊涂得要命，就像在梦里睡不醒的人，然而我们每个人不也时不时会犯这样的糊涂吗？如果不能通过审己认识自己，那么越王授就会是每个人的影子。

原文

凡物之然也，必有故。而不知其故，虽当，与不知同，其卒必困。先王、名士、达师之所以过俗者，以其知也。水出于山而走于海，水非恶山而欲海也，高下使之然也。稼生于野而藏于仓，稼非有欲也，人皆以之也。故子路揜雉而复释之[1]。

子列子尝射中矣[2]，请

译文

大凡事物之所以表现为一定的状态，必有其中的缘故。如果不知道它的缘故，即使行为适当，也和不知相同，最终必定会导致困窘。先王、名士和通达的老师之所以超过平庸之辈，正是因为他们知道事物所以然的原因。水从山中冲出，奔向大海，并不是水厌恶山而向往海，而是地势的高低使它这样。庄稼生在田野而贮藏在谷仓中，并非庄稼有这种欲望，而是人们都需要粮食的缘故。所以子路捉到野鸡后又释放了它。

之于关尹子[3]。关尹子曰："知子之所以中乎？"答曰："弗知也。"关尹子曰："未可。"退而习之三年，又请。关尹子曰："子知子之所以中乎？"子列子曰："知之矣。"关尹子曰："可矣，守而勿失。"非独射也，国之存也，国之亡也，身之贤也，身之不肖也，亦皆有以。圣人不察存亡、贤不肖，而察其所以也。

子列子曾射中箭靶，然后向关尹子请教其中的道理。关尹子问："你知道你为什么射中吗？"子列子回答："不知道。"关尹子说："现在还不能同你讲述射箭的道理。"子列子回去练习了三年，又去请教。关尹子问："你知道你为什么射中吗？"子列子说："已经知道了。"关尹子说："可以了，你要奉守其中的道理，不要失掉它。"不只射箭如此，国家的生存和灭亡，人的贤明和不肖，也都各有原因。圣人不去考察存与亡、贤与不肖本身，而是考察它们之所以会这样的原因。

齐攻鲁，求岑鼎[4]，鲁君载他鼎以往。齐侯弗信而反之，为非，使人告鲁侯曰："柳下季以为是，请因受之。"鲁君请于柳下季[5]，柳下季答曰："君之赂以欲岑鼎也，以免国也。臣亦有国于此。破臣之国以免君之国，此臣之所难也。"于是鲁君乃以真岑鼎往也。且柳下季可谓此能说矣，非独存己之国也，又能存鲁君之国。

齐国攻打鲁国，索要鲁国的岑鼎，鲁君就把另一只鼎送到齐国。齐侯不相信，把它还给了鲁国，认为那不是岑鼎，并派人告诉鲁侯说："如果柳下季认为这是岑鼎，那就请他替我接受它。"鲁君向柳下季求助。柳下季回答说："您答应把岑鼎送给齐侯作为贿赂，是想要国家免除灾难。我自己这里也有个'国'，这就是我的信誉。毁灭我的'国'来挽救您的国，这是我难以做到的。"于是鲁君就把真的岑鼎送给了齐国。像柳下季这样，可算得上善于劝说的人了。他不仅保持了自己的信誉，还保全了鲁君的国家。

注释

1 **子路**:即仲由,字子路,孔子学生。 **掩**:罩住,此处指捉住。

2 **子列子**:即列御寇,亦称列子。战国时郑人,道家早期的代表人物。

3 **关尹子**:名喜,与老子同时期人物。

4 **岑鼎**:鲁国宝鼎,形若小山。岑,小而高的山。

5 **柳下季**:春秋时鲁国大夫。

原文

齐湣王亡居于卫,昼日步足,谓公玉丹曰[1]:"我已亡矣,而不知其故。吾所以亡者,果何故哉?我当已。"公玉丹答曰:"臣以王为已知之矣,王故尚未之知邪?王之所以亡也者,以贤也。天下之王皆不肖,而恶王之贤也,因相与合兵而攻王,此王之所以亡也。"湣王慨焉太息曰:"贤固若是其苦邪?"此亦不知其所以也,此公玉丹之所以过也。

越王授有子四人[2]。越王之弟曰豫,欲尽杀之,而为之后。恶其三人而杀之矣,国人不说,大非上[3]。又恶其一人而欲杀之,越王未之听。其子恐必死,因国人之欲逐豫[4],围王宫。越王

译文

齐湣王逃亡到卫国居住,有次他白天出去散步时,对公玉丹说:"我虽然已经亡国了,但是不知道亡国的原因。究竟是什么原因呢?我当改正自己的错误。"公玉丹回答说:"我以为大王您已经知道了,原来您并不知道啊?大王之所以亡国,是因为您太过贤明的缘故。天下国王的品性都不好,因而憎恶大王您的贤良,所以合兵来进攻大王,这就是您亡国的原因。"齐湣王慨叹道:"原来贤明要受这样的苦啊!"他还是不知道亡国的原因,这应该是公玉丹的过失了。

越王授有四个儿子。越王的弟弟叫豫,他想杀掉越王的四个儿子,使自己当上王位继承人。于是豫毁谤其中三子,让越王把他们杀掉了,国人很不满,纷纷非议越王。豫又去诬告仅剩的一个王子,并打算杀掉他,越王授没有听从。仅剩的那个儿子担心自己被杀,就想凭借国人将豫驱逐,包围了王宫。越王此时却

太息曰："余不听豫之言，以罹此难也[5]。"亦不知所以亡也。

叹息说："我没听豫的话，遭受了这样的灾难。"越王授仍然不知道自己为什么会灭亡啊。

注释

1 **公玉丹**：齐国大臣。

2 **越王授**：越王句践的六世孙。

3 **非**：非议，责难。

4 **因**：凭借。

5 **罹**(lí)：遭遇。

精　通

导读

本篇主要是告诫君主，人与人之间存在着意气相通的现象，圣人怀有爱护百姓、利于百姓的心志，民众就会殷切期待，令行禁止；反过来说，暴君民贼残害人民，人民也会照样加害于他。因此，君主应以爱民利民为根本，能如此，就能获得民心，未出兵而天下已归应了。文中以月亮比喻统治者的品德，统治者道德高尚，四方自然实施仁义。这一思想，与孔子所说的"为政以德，譬如北辰，居其所而众星共之"是内在相通的。

原文

人或谓兔丝无根[1]。兔丝非无根也，其根不属也[2]，伏苓是。慈石召铁[3]，或引之也。树相近而靡[4]，或軵之也[5]。圣人南面而立，以爱利民为心，号令未出，而天下皆延颈举踵矣[6]，则精通乎民也。夫贼害于人，人亦然。

今夫攻者，砥厉五兵[7]，侈衣美食，发且有日矣，所被攻者不乐，非或闻之也，神者先告也。身在乎秦，所亲爱在于齐，死而志气不安，精或往来也。

德也者，万民之宰也。月也者，群阴之本也。月望则蚌蛤实，群阴盈[8]；月晦则蚌蛤虚[9]，群阴亏。夫月形乎天，而群阴化乎渊；圣人形德乎己，而四方咸饬乎仁。

译文

有人说菟丝子没有根。菟丝子并非没有根，只是它的根不与土地相连，而是缠绕在茯苓上了。磁石吸铁，是因为它具有某种吸引的力量。树木互相挨着生长，就会彼此摩擦，是因为有某种力在推动它们。圣人南面而称王，怀有爱护百姓、利于百姓的心志，号令还没有发出，天下的人都伸长脖子、踮着脚跟殷切期待，这是圣人的精气与百姓相通的缘故。反过来说，暴君民贼残害人民，人民也会照样加害于他。

如今准备进攻他国的一方，用磨刀石磨砺各种兵器，穿着华衣、吃着美食，快要准备出发了，即将受到进攻的一方必定不会快乐，不是有人先告诉了他们将被进攻，而是精神预先感知到了。如果有人身在秦国，其亲近至爱的人却在齐国，如果在齐国的人死了，在秦国的人就会心神不安，这是精神相互连通的原因。

君王的德行是百姓命运的主宰。月亮是蚌蛤等阴物生长的根本。月亮圆的时候，蚌蛤就充实，蚌蛤肉就肥满；月光尽敛的时候，蚌蛤就空虚，蚌蛤肉也不足。所以，月亮在天空中改变形状，蚌蛤肉就在深水中变化生长；圣人修养自己的品德，四方偏远之地的人民都随之整饬自己，归附仁义。

注释

1 **兔丝**:即菟丝子,一种草的名字。

2 **属**:连着。

3 **慈石**:磁石。

4 **靡**(mó):通“摩”,摩擦。

5 **軵**(rǒng,又读 fǔ):推。

6 **延颈举踵**:伸长脖子,踮起脚跟,形容急切盼望。

7 **砥厉**:磨刀石,动词做名词用。厉,通“砺”。

8 **群阴**:这里指蚌蛤的肉。

9 **月晦**:即月尽,指农历每月的最后一日。

原文

养由基射先[1],中石,矢乃饮羽[2],诚乎先也。伯乐学相马,所见无非马者,诚乎马也。宋之庖丁好解牛,所见无非死牛者,三年而不见生牛。用刀十九年,刃若新鄺研[3],顺其理,诚乎牛也。钟子期夜闻击磬者而悲,使人召而问之曰:“子何击磬之悲也?”答曰:“臣之父不幸而杀人,不得生;臣之母得生,而为公家为酒;臣之身得生,而为公家击磬。臣不睹臣之母三年矣。昔为舍氏睹臣

译文

养由基射兕,射中了石头,箭羽隐没在石头深处,实在是因为他心中想着兕,因而把石头当成兕的原因。伯乐学习相马,眼中看到的除了马没有别的,是因为他精神集中于马的缘故。宋国的庖丁喜好分解牛的肢体,眼中所看见的都是死牛,三年没有见过活牛了。他的宰牛刀用了十九年,刀刃还像新磨过一样,是因为他分解牛的肢体时顺着牛的肌理,精神集中于牛的缘故。钟子期在夜里听到有人击磬,感到磬声十分悲哀,就派人把击磬的人叫来问他说:“你击出的声音怎么这么悲哀啊?”那人回答说:“我的父亲不幸杀了人,自己也不能活了;我的母亲得以生还,在公家酿酒;我自己也得以生还,在公家击磬。我已经三年没有看到我的母亲了。前些日子我住在

之母，量所以赎之则无有，而身固公家之财也。是故悲也。”钟子期叹嗟曰：“悲夫，悲夫！心非臂也，臂非椎非石也。悲存乎心而木石应之。”故君子诚乎此而谕乎彼，感乎己而发乎人，岂必强说乎哉？

街市的时候看到我的母亲，想为母亲赎身，可我什么都没有，而且连我自己也已是公家的财产，因此心中十分悲哀。”钟子期叹息着说：“真是悲伤啊，真是悲伤啊！心不是手臂，手臂不是槌，也不是磬。悲伤存放在心里，木石也会应和。”所以君子心中有这样的感觉，会在其他的地方表现出来，自己有感触也会触动别人，哪里用得着用言辞表达呢？

注释

1 **养由基**：春秋时楚国大夫。　**兕**(sì)：同“兕”，古代犀牛一类的兽名。

2 **饮羽**：箭深入一直到尾羽。形容发箭的力量极强。饮，隐没。羽，箭尾上的羽毛。

3 **劘研**：细磨。

原文

周有申喜者[1]，亡其母[2]，闻乞人歌于门下而悲之，动于颜色，谓门者内乞人之歌者，自觉而问焉，曰：“何故而乞？”与之语，盖其母也。故父母之于子也，子之于父母也，一体而两分，同气而异息。若草莽之有华实也，若树木之有根心也，虽异处而相通，隐志相及，痛疾相救，忧思

译文

周朝有个叫申喜的人，他与他的母亲失散了，有一天，他听到有个乞丐在门前唱歌而感到很悲伤，为之动容，叫守门人接纳唱歌的乞丐进来，亲自会见她并询问说：“为什么要乞讨呢？”与她交谈之后，才知道原来乞丐正是他的母亲。所以父母对子女，子女对父母，原是一个身体而分为两处，他们有着相同的精气，只是呼吸不同。这就像草丛中有鲜花果实，就像树木之间有根须，虽在异处却可彼此相通，隐藏于心中的志向互相联系，有病痛

相感，生则相欢，死则相哀，此之谓骨肉之亲。神出于忠，而应乎心，两精相得，岂待言哉？

互相救护，有忧思互相感应，对方活着心里就高兴，对方死了心里就悲哀，这就叫骨肉之亲。这种精神出于至诚，彼此心中互相感应，精气相通，哪里还用言说呢？

注释

1 **申喜**：周人。

2 **亡**：失去，丢失。

节丧

导读

本篇主旨是反对厚葬，提倡节丧，与冬纪中“死藏”的主题一致。节丧之目的，在于安死，要做到“以生人之心为死者虑”。为死者考虑，最重要的是能够让亡灵死后不要被打扰。而厚葬必定会引来扒坟掘墓之徒。要使死者安息，没有比使死者的坟墓中无利可图更有效了。

文章还指出，厚葬表面看来是为死者考虑，其实只是为了满足活着的人的虚荣心而已，即所谓“侈靡者以为荣，节俭者以为陋，不以便死为故，而徒以生者之诽誉为务”。而且，厚葬之风既盛，“人主如此，民亦效之”，浪费资财，不利民生，更说明了厚葬的不足取。这些主张都是当时墨家学派的观点。

原文

审知生，圣人之要也；审知死，圣人之极也。知生也者，不以害生，养生之谓也；知死也者，不以害死，安死之谓也[1]。此二者，圣人之所独决也。

凡生于天地之间，其必有死，所不免也。孝子之重其亲也，慈亲之爱其子也，痛于肌骨，性也。所重所爱，死而弃之沟壑，人之情不忍为也，故有葬死之义。葬也者，藏也，慈亲孝子之所慎也。慎之者，以生人之心虑。以生人之心为死者虑也，莫如无动，莫如无发[2]。无发无动，莫如无有可利，则此之谓重闭[3]。

译文

洞察生命是圣人的要事，洞察死亡是圣人的急务。了解生命就可以不损害生命，这就是养生；了解死亡就可以不损害死者，这就是安死。这两种做法，只有圣贤的人才能明晓。

凡是生活于天地之间的事物，一定会死亡，这是避免不了的。孝子尊重自己的父母，父母疼爱自己的子女，此类感情深入肌骨，这是人的天性。自己尊重、疼爱的人死了却把他们抛入沟壑，人之常情是于心不忍的，所以有为死者安葬的道义。葬就是埋藏的意思，这是慈亲孝子应谨慎去做的事。所谓谨慎，就是活着的人为死者考虑。活着的人为死者考虑，没有什么比让死者入土后不被扰动，让死者的坟墓不被发掘更重要的了。要实现这个目的，没有比使死者的坟墓中无利可图更有效的了，这就叫重闭。

注释

1 **安死**：使死者安息。

2 **发**：挖掘。

3 **重闭**：重复关闭，特指墓中无殉葬品，不会招致后人挖掘。

原文

古之人有藏于广野深山而安者矣，非珠玉国宝

译文

古代的人死后有被埋葬在深山旷野而平安至今的，不是因为有珠玉国宝，而

之谓也，葬不可不藏也。葬浅则狐狸扣之[1]，深则及于水泉。故凡葬必于高陵之上，以避狐狸之患、水泉之湿。此则善矣，而忘奸邪、盗贼、寇乱之难，岂不惑哉？譬之若瞽师之避柱也[2]，避柱而疾触杙也[3]。狐狸、水泉、奸邪、盗贼、寇乱之患，此杙之大者也。慈亲孝子避之者，得葬之情矣。善棺椁，所以避蝼蚁蛇虫也。今世俗大乱，之主愈侈，其葬则心非为乎死者虑也，生者以相矜尚也。侈靡者以为荣，节俭者以为陋，不以便死为故，而徒以生者之诽誉为务，此非慈亲孝子之心也。父虽死，孝子之重之不怠；子虽死，慈亲之爱之不懈。夫葬所爱所重，而以生者之所甚欲，其以安之也，若之何哉？

是因为埋葬不可以不隐蔽。埋葬得浅了就会被狐狸挖到，埋葬得深了就会碰到地下的泉水。所以，凡是墓葬一定要埋在高高的土山之上，以避免狐狸挖掘、泉水浸渍。这样做好是好，但忘记了有歹徒、盗贼、匪寇的祸害，难道不是糊涂吗？这就像盲乐师躲避柱子一样，避开了柱子，却用力地撞到了尖尖的木桩子上。狐狸、水泉、奸邪、盗贼、匪寇的祸害，却像巨大的尖木桩啊！慈亲孝子埋葬死者能够避开这些，就是懂得了安葬的本义了。好的棺木，是用来避开蝼蚁蛇虫的。如今社会风气混乱，君主行葬越来越奢侈，这样的厚葬不是为死者考虑，而是活着的人为了互相夸耀。人们以奢侈埋葬为荣耀，以节俭埋葬为鄙薄，不把利于死者作为埋葬的根本，只是一心考虑活着的人的毁谤、赞誉，这不是慈爱的双亲、孝顺的子女应该有的想法。父亲虽然死了，孝顺的儿子对父亲的尊重不会有所懈怠；儿子虽然死了，慈祥的双亲对儿子的关爱不会有所减弱。埋葬的是自己疼爱、尊重的人，却用活着的人十分想得到的东西陪葬，用这种生前的奢欲来葬他们，他们又怎能安息呢？

注释

1 **扣(hú)**:发掘。

2 **瞽(gǔ)师**:目盲的乐师。 **避柱**:避免碰到柱子。

3 **杙(yì)**:一头尖的小木桩。

原文

民之于利也,犯流矢,蹈白刃,涉血盩肝以求之[1]。野人之无闻者,忍亲戚、兄弟、知交以求利。今无此之危,无此之丑,其为利甚厚,乘车食肉,泽及子孙,虽圣人犹不能禁,而况于乱?国弥大,家弥富,葬弥厚,含珠鳞施[2],玩好货宝,钟鼎壶滥,舆马衣被戈剑,不可胜其数。诸养生之具,无不从者。题凑之室[3],棺椁数袭,积石积炭,以环其外。奸人闻之,传以相告。上虽以严威重罪禁之,犹不可止。且死者弥久,生者弥疏;生者弥疏,则守者弥怠;守者弥怠,而葬器如故,其势固不安矣。世俗之行丧,载之以大輴[4],羽旄旌旗、如云偻翣以督之[5],珠玉以佩之,黼

译文

百姓对有利可图的事情,就算要冒着飞箭、上刀山、有流血被杀的危险也要去求取。不知礼义的野蛮之人,残忍地对待父母、兄弟、朋友而去追求利益。如今掘墓的人并没有这样的危险和耻辱,而且利润丰厚,可以乘车吃肉,福泽延及子孙,即使是圣人都不能够禁止,更何况又是在乱世呢?国越大,家越富,葬物就越丰厚,口中含珠,身上佩玉,珍玩宝货,钟鼎壶盆,车马衣被戈剑,数也数不尽。各种养生的器物没有不跟着陪葬的。题凑椁室用大木累积而成,好似四面有檐的屋子,里面棺椁数层,并堆积石头、木炭,环绕在棺椁之外。坏人听到这个消息,就四方奔走相告。君主虽然用严刑重罪来禁止,但仍然不能禁绝。而且死了的人死去的时间越久,他们的后代对死者的感情就越疏远,守墓人就越懈怠,但是陪葬的物品还是像当初那么多,这种形势自然就不安全了。世俗之人举行葬礼,用大车载着棺木,打着各种旗帜,灵车上盖着如云的饰物,棺柩上点缀着

黻文章以饬之[6]，引绋者左右万人以行之[7]，以军制立之然后可。以此观世[8]，则美矣，侈矣；以此为死，则不可也。苟便于死，则虽贫国劳民，若慈亲孝子者之所不辞为也。

珠宝，涂着各种花纹，很多人在灵车周围牵引棺柩，以军法指挥送葬行列才不会大乱。用这种排场向世人炫耀，美观而奢侈，但用这种方法想令死者安宁是不可能的。如果说厚葬真有利于死者，那么即使会使国家贫穷、百姓受苦，慈亲孝子也在所不辞。

注释

1 **涉(dié)血**：流血。涉，通“喋”。 **䌷(chōu)**：通“抽”。

2 **含珠**：葬物，放在死者口中的珍珠。 **鳞施**：连缀玉片制成的葬服。

3 **题凑**：古代贵族死后，椁室用大木累积而成，木头皆内向为椁盖，上尖下方，犹如房檐四垂，称题凑。

4 **輴(chūn)**：载棺柩的车。

5 **偻(lǚ)**：通“缕”，盖在柩车上的饰物。 **翣(shà)**：用羽毛制成的伞形之物。

6 **黼黻(fǔ fú)**：古代礼服上绘绣的花纹。

7 **绋(fú)**：牵引棺柩的绳索。

8 **观世**：向世人炫耀。

异宝

导读

本篇的主旨在于阐明：“其知弥精，其所取弥精；其知弥粗，其所取弥粗。”为了证明这一道理，文章列举了几个例子：孙叔敖将死受封，不以美地为宝，而以死后能够安息为宝；江上丈人不以宝剑、爵禄为宝，而以道义为宝；子罕不受玉是不以玉为宝，而以廉洁为宝。文章援引这些例子，与《孟冬》《安死》的主题相联系，表明世俗之人皆恶薄葬，而我独取其能安死之长利。

原文

古之人非无宝也，其所宝者异也。

孙叔敖疾[1]，将死，戒其子曰："王数封我矣，吾不受也。为我死[2]，王则封汝，必无受利地[3]。楚、越之间有寝之丘者[4]，此其地不利，而名甚恶。荆人畏鬼，而越人信禨[5]。可长有者，其唯此也。"孙叔敖死，王果以美地封其子，而子辞，请寝之丘，故至今不失。孙叔敖之知[6]，知不以利为利矣，知以人之所恶为己之所喜，此有道者之所以异乎俗也。

译文

古人并非没有宝物，只是他们看重的宝物与今人不同。

孙叔敖患病，临死时告诫他的儿子说："大王屡次赐给我土地，我都没有接受。如果我死了，大王就会赐封给你土地，你一定不要接受肥沃的土地。楚国和越国之间有个叫寝丘的地方，那里土地贫瘠，地名不祥。楚人怕鬼，越人迷信鬼神和灾祥。所以，能够长久拥有的封地，恐怕只有这寝丘了。"孙叔敖死后，楚王果然想把肥美的土地赐给他儿子，但是孙叔敖的儿子谢绝了，请求赐给寝丘，所以这块土地至今还没有失去。孙叔敖的智慧在于懂得不把世俗的利益作为利益，懂得把别人所厌恶的东西作为自己所喜爱的东西，这就是有道之人异于世俗的原因。

注释

1 **孙叔敖**：春秋时期楚国大臣。

2 **为**：如果。

3 **利地**：肥沃有利的土地。

4 **寝之丘**:春秋楚邑,在今河南省沈丘。

5 **禨**(jī):迷信鬼神和灾祥。

6 **知**:通“智”。

原文

五员亡[1],荆急求之,登太行而望郑曰:“盖是国也,地险而民多知,其主俗主也,不足与举。”去郑而之许,见许公而问所之,许公不应,东南向而唾[2]。五员载拜受赐曰:“知所之矣。”因如吴。过于荆,至江上,欲涉,见一丈人,刺小船,方将渔,从而请焉。丈人度之,绝江[3],问其名族,则不肯告,解其剑以予丈人,曰:“此千金之剑也,愿献之丈人。”丈人不肯受曰:“荆国之法,得五员者,爵执圭[4],禄万檐,金千镒。[5]昔者子胥过,吾犹不取,今我何以子之千金剑为乎?”五员过于吴,使人求之江上则不能得也,每食必祭之,祝曰:“江上之丈人!

译文

伍员逃亡,楚国紧急追捕他,他登上太行山,远望郑国说:“这个国家,地势险要而且人民富有智慧,可它的君主却是平庸的,不值得与他谋划大事。”于是,伍员离开了郑国来到许国,见到许公后,就问许公自己应该去哪个国家,许公没有回答,只是向东南方吐了一口唾沫。伍员再次拜谢,接受赐教说:“我知道应该去哪里了。”于是就向吴国走去。途经楚国时,他到了长江边,打算涉水过江,看见一位老人划着小船打鱼,就请求老人渡自己过江。老人把他送过了长江,到对岸后,伍员问老人的姓名,老人却没有告诉他,他就解下了自己的佩剑赠与老人,说:“这把宝剑价值千金,我愿意赠送给您。”老人不肯接受,说:“按照楚国的法令,谁捉到伍员就可以得到执圭的爵位,得到万石的俸禄,得到黄金千镒。从前伍子胥经过这里,我尚且未捉他去领赏,今天我又怎会接受你这千金之剑呢?”伍员到吴国后,派人去江边寻找老人,却再也没有找到,每次吃饭时,他一定要祭拜这位老人,并祝告:

天地至大矣，至众矣，将奚不有为也？而无以为。为矣而无以为之。名不可得而闻，身不可得而见，其惟江上之丈人乎？”

“江上的老人！天地应该是最大的，化育的万物也是最多的，天地何所不能为？他却无为。老人的姓名我已经无法知道，其人我也不能再见到，有这样德行的人恐怕只有江上的老人吧！”

注释

1 **五员**(yún)：即伍员。

2 **许公不应，东南向而唾**：许公不敢得罪楚国而明示伍员，但他希望伍员投奔吴国，因此向吴国所在的东南方以唾示意。

3 **绝**：渡过。

4 **爵**：赐予爵位。　**执圭**(guī)：春秋时诸侯国爵位名称。圭，玉制礼器，天子或诸侯把圭赐给功臣，让他们执圭朝见，故名“执圭”。

5 **檐**(dàn)：通“担(擔)”，容积为一石。　**镒**：古代重量单位，一镒合二十四两。

原文

宋之野人，耕而得玉，献之司城子罕，子罕不受。野人请曰：“此野人之宝也，愿相国为之赐而受之也[1]。”子罕曰：“子以玉为宝，我以不受为宝。”故宋国之长者曰：“子罕非无宝也，所宝者异也。”

今以百金与抟黍以示儿子[2]，儿子必取抟黍矣；以和氏之璧与百金以示鄙人，鄙

译文

宋国有个农夫，耕地时得到了一块宝玉，就把宝玉献给司城子罕，子罕却不接受。农夫请求说：“这是农夫的宝玉，希望相国能够赏脸接受它。”子罕说：“你把玉看作宝，我把不接受玉看作宝。”宋国的长者因此说道：“子罕并不是没有宝，而是他的宝与别人不同。”

如果把百两黄金与饭团拿给小孩看，小孩一定会去拿饭团；把和氏璧与百两黄金同时拿给见识浅薄的人看，

人必取百金矣；以和氏之璧、道德之至言以示贤者，贤者必取至言矣。其知弥精，其所取弥精；其知弥粗，其所取弥粗。

他一定会去取百两黄金；把和氏之璧和关于道德的至理名言摆在贤人面前，他一定会选取至理名言。人的智慧越精深，所选取的东西就越精妙；智慧越低下，所选取的东西就越粗劣。

注释

1 **赐**：赏脸。

2 **抟**(tuán)**黍**：捏成团状的黄米饭。

忠 廉

导读

本篇宣扬人臣要具备“忠廉”的品格。与“至忠”不同的是，人臣除了忠于君主，还要有廉耻之心，也就是所谓的“不辱”。文章举了要离为吴王刺杀王子庆忌之事，借要离之口说：“夫不仁不义，又且已辱，不可以生。”因此“不辱”也具有坚持“仁义”的精神，因为“不仁不义”亦是“辱”。文中又说：“故临大利而不易其义，可谓廉矣。廉，故不以贵富而忘其辱。”这种议论颇近于孟子所说的“富贵不能淫，贫贱不能移，威武不能屈，此之谓大丈夫”。

原文

士议之不可辱者大之也[1]。大之则尊于富贵也，利不足以虞其意矣[2]。虽名为诸侯，实有万乘，不足以挺其心矣[3]。诚辱则无为乐生。若此人也，有势则必不自私矣，处官则必不为污矣，将众则必不挠北矣[4]。忠臣亦然。苟便于主利于国，无敢辞违，杀身出生以徇之。[5]国有士若此，则可谓有人矣。若此人者固难得，其患虽得之有不智[6]。

译文

作为士人的立身之本，不可受辱是最重要的原则。不可受辱比富贵更值得看重，利益不足以使士人心情愉悦。即使有诸侯之名，实际上拥有万辆兵车，也不足以动摇他的心志。若是受到了侮辱，就没有生存的乐趣了。像这样的人，有权势时一定不会谋取私利，当官时一定不会贪赃枉法，率领军队作战一定不会屈服逃跑。忠臣也是这样。只要有利于君主和国家，就不会推辞躲避，一定会舍身来保卫国家和君主。国家若有这样的士，就可以称得上有人了。像这样的人固然难得，但更值得忧虑的是即使得到了这样的人，不明智的君主也不了解他们。

注释

1 **议**：通“义”。　**大**：以……为最重要。
2 **虞**：通“娱”，使……高兴。
3 **挺**：使动摇。
4 **将众**：统率军队。　**挠北**：溃败。挠，原意为弯曲，这里是屈服的意思。
5 **辞**：推辞。　**杀身**：献身死命。　**出生**：舍弃生命。　**徇**：通“殉”，献身。
6 **有不智**：有不明智的君主。

原文

吴王欲杀王子庆忌而莫之能杀，吴王患之。要离曰[1]：“臣能之。”吴王曰：“汝

译文

吴王想杀死王子庆忌，但没有人能够杀得了他，吴王甚为忧虑。要离说：“我能杀掉庆忌。”吴王说：“你怎么

恶能乎[2]？吾尝以六马逐之江上矣，而不能及；射之矢，左右满把，而不能中。今汝拔剑则不能举臂，上车则不能登轼，汝恶能？”要离曰：“士患不勇耳，奚患于不能？王诚能助，臣请必能。”吴王曰：“诺。”明旦加要离罪焉，挚执妻子[3]，焚之而扬其灰。要离走，往见王子庆忌于卫。王子庆忌喜曰：“吴王之无道也，子之所见也，诸侯之所知也。今子得免而去之，亦善矣。”要离与王子庆忌居有间，谓王子庆忌曰：“吴之无道也愈甚，请与王子往夺之国。”王子庆忌曰：“善。”乃与要离俱涉于江。中江，拔剑以刺王子庆忌。王子庆忌捽之[4]，投之于江，浮则又取而投之，如此者三。其卒曰：“汝天下之国士也，幸汝以成而名。”要离得不死，归于吴。吴王大说，请与分国。要离曰：“不可。臣请必死。”吴王止之。要离曰：“夫杀妻子焚之而

能行？我曾经乘六匹马的快车，追逐他到长江边，却也没有赶上他；用箭射他，他左右手接满了箭，却不能射中他。现在你拔剑在手却举不起手臂，上车又不能登踏车前的横木，你怎么能行？”要离说：“士怕的是自己不勇敢，怎么会怕不能成事？假如大王能助臣一臂之力，我一定能够成功。”吴王说：“好吧。”第二天早上，吴王加罪于要离，拘禁他的妻子和儿女，处死了他们，并焚尸扬灰。要离逃跑了，到卫国见王子庆忌。王子庆忌高兴地说：“吴王无道，你已经看到了，诸侯也都知道了。现在你能逃出来，也算幸运。”要离和王子庆忌相处了没多长时间，对王子庆忌说：“吴王越来越残暴了，请让我追随您夺回国家。”庆忌说：“好。”于是和要离一起渡江。走到江水中心，要离拔剑刺中王子庆忌。王子庆忌抓住要离的头发，把他丢到江中，浮起来又投进去，如此再三。最后王子庆忌对要离说：“你是天下的国士，我饶你不死，成全你的名声。”要离没有死去，他回到吴国。吴王非常高兴，愿意和他一起分享国家。要离说：“不行。我必须得死。”吴王劝阻他。要离说：“我让您杀掉我的妻儿，把他们焚尸扬灰，是为了便于行事，但我认为这是

扬其灰，以便事也，臣以为不仁。夫为故主杀新主，臣以为不义。夫捽而浮乎江，三入三出，特王子庆忌为之赐而不杀耳，臣已为辱矣。夫不仁不义，又且已辱，不可以生。"吴王不能止，果伏剑而死。要离可谓不为赏动矣。故临大利而不易其义，可谓廉矣。廉，故不以贵富而忘其辱。

我的不仁。为了过去的主人而杀死新的主人，我认为这是我的不义。被王子庆忌抓住头发浮于江水，三入三出，王子庆忌对我开恩而不杀，这已经令我受到屈辱。不仁不义，而且又已受辱，决不可再苟且偷生。"吴王劝止不住，要离最终拔剑自杀。要离可称得上不为赏赐所动了。面对大利而不改变他的立身之本，要离可称得上具有"廉"的德行了。正因为廉，才不因富贵而忘记自己的耻辱。

注释

1 **要**(yāo)**离**：吴国刺客，刺杀了王子庆忌。

2 **恶**(wū)：何。

3 **挚**(zhí)：通"絷"，束缚、拘禁。

4 **捽**(zuó)：抓住头发。

原文

卫懿公有臣曰弘演[1]，有所于使。翟人攻卫[2]，其民曰："君之所予位禄者，鹤也；所贵富者，宫人也。君使宫人与鹤战，余焉能战？"遂溃而去。翟人至，及懿公于荣泽，杀之，尽食其肉，独舍其肝。弘演至，报使于肝，毕，呼天而啼，尽

译文

卫懿公有个臣子叫弘演，奉命出使外国。翟人进攻卫国，卫国的老百姓说："国君把官位和俸禄赐予鹤，把富贵赐予内宫的人。国君就让宫人与鹤去与翟人打仗吧，我们怎么能打仗？"于是都溃败而去。翟人来到卫国，在荣泽追上懿公，杀了他，把他的肉吃光，只扔下了他的肝。弘演回来后，向懿公的肝汇报了出使情况，汇报完毕，仰天而哭，尽哀之

哀而止，曰："臣请为襮[3]。"因自杀，先出其腹实[4]，内懿公之肝。桓公闻之曰："卫之亡也，以为无道也。今有臣若此，不可不存。"于是复立卫于楚丘。弘演可谓忠矣，杀身出生以徇其君。非徒徇其君也，又令卫之宗庙复立，祭祀不绝，可谓有功矣。

后才停下来，说："我愿为君做躯壳。"他于是自杀，取出自己腹中的内脏，然后把懿公的肝放入腹中。齐桓公听说了这件事，说："卫国的灭亡，是由于国君的暴虐无道。现在卫国有像弘演这样的臣子，不能不保存卫国。"于是在楚丘又重建卫国。弘演可称为忠臣了，杀身舍命来为自己的国君殉死。他不只为国君殉身，还使卫国的宗庙得以重建，让后人延续祭祀，他可算是有功啊。

注释

1 **卫懿(yì)公**:卫国国君。　**弘演**:卫懿公的大臣。

2 **翟(dí)人**:即狄人。

3 **襮(bó)**:外表，此处引伸为躯壳。

4 **腹实**:腹中之物，指内脏。

当　务

导读

本篇通过列举盗跖"盗有道乎"的言论以及"楚有直躬""齐有好勇"等事例，来说明"辨而不当论，信而不当理，勇而不当义，法而不当务"四者是天下大乱的原因。作者认为，人们看重辩说在于它合乎逻辑，人们看重诚实在于它遵循理义，人们看重勇敢在于它践行道义，人们看重守法在于它切合时务。否则，“辨而不当论”就是狡辩，“勇而不当义”就是愚勇，二者都是不足取的。

原文

辨而不当论[1]，信而不当理，勇而不当义，法而不当务，惑而乘骥也，狂而操吴干将也[2]，大乱天下者，必此四者也。所贵辨者，为其由所论也；所贵信者，为其遵所理也；所贵勇者，为其行义也；所贵法者，为其当务也。

跖之徒问于跖曰：“盗有道乎？”跖曰：“奚啻其有道也[3]？夫妄意关内[4]，中藏，圣也；入先，勇也；出后，义也；知时，智也；分均，仁也。不通此五者而能成大盗者，天下无有。”备说非六王、五伯，以为尧有不慈之名，舜有不孝之行，禹有淫湎之意[5]，汤、武有放杀之事，五伯有暴乱之谋。世皆誉之，人皆讳之，惑也。故死而操金椎以葬，曰：“下见

译文

辩说而不合道理，诚实而不合理义，勇敢而不合道义，守法而不合时务，这就像人心思迷乱却乘着快马一样，像人神志不清却手握利剑一样，使天下大乱的，一定是这四种行为。人们看重辩说在于它合乎逻辑，人们看重诚实在于它遵循理义，人们看重勇敢在于它践行道义，人们看重守法在于它切合时务。

跖的党徒问他说：“强盗也有道义吗？”跖回答：“岂止是有道义啊！猜测屋内财富，能猜中就是圣；能先破门而入就是勇；最后才出来就是义；知道行窃时机就是智慧；平均分配赃物就是仁。不通晓这五项却能成为大盗的人，天下还没有。”跖以辩说责难六王、五霸，认为尧有不慈的名声，舜有不孝的行为，禹有沉湎酒色的意愿，商汤、武王有放逐、杀死自己君主的恶行，五霸有侵暴祸乱的图谋。然而世人都赞誉他们，都避而不谈他们的罪恶，真是糊涂。所以，跖命令自己死后要手持金锤下葬，他说：“下到地府，见到六王、五霸，要敲碎他们的脑

六王、五伯,将敲其头矣!”辨若此,不如无辨。

袋!”如果辩说都像这样,还不如没有辩说。

注释

1 **辨**:通“辩”,辩论。 **论**:通“伦”,道理。

2 **干将**:古时名剑,吴国人干将所铸造。

3 **奚**:何。 **啻**(chì):只、仅。

4 **妄意**:臆测。 **关内**:门之内。

5 **淫湎**:沉迷于酒色。

原文

楚有直躬者[1],其父窃羊而谒之上[2]。上执而将诛之,直躬者请代之。将诛矣,告吏曰:“父窃羊而谒之,不亦信乎?父诛而代之,不亦孝乎?信且孝而诛之,国将有不诛者乎?”荆王闻之,乃不诛也。孔子闻之曰:“异哉!直躬之为信也,一父而载取名焉[3]。”故直躬之信,不若无信。

齐之好勇者,其一人居东郭,其一人居西郭。卒然相遇于途,曰[4]:“姑相饮乎?”觞数行[5],曰:“姑求肉乎?”一人曰:“子肉也?我肉也?尚胡革求肉

译文

楚国有个以直道立身的人,他的父亲偷了一只羊,他向官府告发了这事。官府捉拿了他的父亲,要处以死罪,他请求代替父亲去死。将要处决的时候,他告诉官吏说:“我父亲偷了羊,我告发他,这不就是诚实吗?我父亲要被处死,我代替他,这不就是孝道吗?诚实而且遵循孝道的人都要杀掉,国家还会有不被杀掉的人吗?”楚王听说了这番话,就不杀他了。孔子听闻这件事说:“奇怪呀!这个人所谓的诚实,就是利用自己的父亲,为自己两次捞取名声。”所以,这样的诚实还不如没有。

齐国有两个自夸勇敢的人,一个住在东城,一个住在西城。一天,二人在路上意外相遇,说:“不如一起去喝酒吧?”斟过几遍酒后,其中一个说:“要不找点

而为？于是具染而已[6]。”因抽刀而相啖[7]，至死而止。勇若此，不若无勇。

纣之同母三人，其长曰微子启，其次曰中衍，其次曰受德。受德乃纣也，甚少矣。纣母之生微子启与中衍也，尚为妾，已而为妻而生纣。纣之父、纣之母欲置微子启以为太子，太史据法而争之曰：“有妻之子，而不可置妾之子。”纣故为后。用法若此，不若无法。

儿肉吃？”另一个说：“你身上不是肉？我身上不是肉？为什么还要到处去找肉呢？只要准备好豉酱拌肉就行了。”于是两人拔出刀，互相割对方身上的肉吃，一直吃到死了为止。这样也算勇敢，还不如不勇敢。

纣王同母的兄弟有三个，长兄叫微子启，老二叫中衍，最小的叫受德。受德就是纣，十分年轻。纣的母亲生下微子启和中衍的时候还是妾，生下纣的时候已经升为正妻。纣的父母想立微子启为太子，太史依法典争辩说：“有正妻的儿子，就不可以立妾的儿子。”纣因此成为太子。像这样死守法典，还不如没有法典。

注释

1 **直躬**：以直道立身，又或为人名。

2 **谒**：告发。

3 **载**：通“再”，两次。

4 **卒(cù)然**：同“猝然”，突然，意外。

5 **觞(shāng)**：盛酒的杯子。 **数行**：行酒几遍。

6 **染**：豉酱。

7 **啖(dàn)**：吃。

长 见

导读

“长见”就是远见。本篇的主旨是阐明人君当审知古今，明于治乱之得失。文中认为了解现在，就可以知道过去；知道过去，就可以知道未来。古今前后是一以贯之的。只有具有远见，才能未雨绸缪，提前消除不利因素。

原文

智所以相过，以其长见与短见也。今之于古也，犹古之于后世也。今之于后世，亦犹今之于古也。故审知今则可知古，知古则可知后，古今前后一也。故圣人上知千岁，下知千岁也。

荆文王曰[1]：“苋譆数犯我以义[2]，违我以礼，与处则不安，旷之则不穀得焉[3]，不以吾身爵之，后世有圣人，将以非不穀。”于

译文

人的智力之所以相互有差异，是由于有的人具有远见，有的人目光短浅。现在相对于过去，犹如过去相对于未来。现在相对于未来，也犹如现在相对于过去。所以，清楚地了解现在，就可以知道过去，知道过去就可以知道未来，古今前后是一以贯之的。所以，圣人能上知千年，下知千年。

楚文王说：“苋譆常常凭借义冒犯我，凭借礼来违逆我，和他在一起就令我不安，但久而久之，使我获得了益处，如果不由我亲自授给他爵位，后代如有圣人，将会因此而责备我。”于是赐给他五大夫

是爵之五大夫。“申侯伯善持养吾意[4]，吾所欲则先我为之，与处则安，旷之而不穀丧焉，不以吾身远之，后世有圣人，将以非不穀。”于是送而行之。申侯伯如郑，阿郑君之心，先为其所欲，三年而知郑国之政也，五月而郑人杀之，是后世之圣人使文王为善于上世也。

的爵位。文王又说：“申侯伯善于揣摩我的心思，迎和我的心意，我心里想什么，他就事先准备好什么，和他在一起感到非常安逸，但久而久之，我受到了损害，如果我不疏远他，后世如有圣人，将会因此而责备我。”于是把他送走了。申侯伯去了郑国，照样顺着郑君的心意，事先准备好郑君想要的一切，三年之后就执掌了郑国的政事，然而只五个月的时间，他就被郑国人杀死了，这是后代的圣人使楚文王在前世做了善事。

注释

1 **荆文王**：即春秋时楚文王，前689—前677年在位。

2 **苋譆**(xiàn xī)：楚文王的大臣。

3 **旷**：久，远。　**不穀**：不善的人。古代王侯自称的谦词。

4 **申侯伯**：楚文王之臣。　**持养**：迎合，助长。

原文

晋平公铸为大钟，使工听之，皆以为调矣[1]。师旷曰[2]：“不调，请更铸之。”平公曰：“工皆以为调矣。”师旷曰：“后世有知音者，将知钟之不调也，臣窃为君耻之。”至于师涓[3]，而果知钟之不调也。是师旷欲善调钟，以为后世之知音

译文

晋平公铸成大钟，让乐工试听钟声，乐工都认为声音很和谐。师旷说：“钟声还不和谐，希望能重新铸造。”平公说：“可是，乐工都认为很和谐。”师旷说：“后世有精通音律的人，将会知道这钟的声音是不和谐的，我私下为您感到羞耻。”到了后世，师涓果然听出钟的声音是不和谐的。因此，师旷想将钟声铸得更和谐，是考虑到后世有懂音乐的人啊。

者也。

吕太公望封于齐，周公旦封于鲁。二君者甚相善也，相谓曰："何以治国？"太公望曰："尊贤上功。"周公旦曰："亲亲上恩。"太公望曰："鲁自此削矣。"周公旦曰："鲁虽削，有齐者亦必非吕氏也。"其后齐日以大，至于霸，二十四世而田成子有齐国[4]；鲁日以削，至于觐存[5]，三十四世而亡。

吕太公望封于齐国，周公旦封于鲁国。这两位君主十分友好，他们曾经互相谈论道："怎样才能治理国家？"太公望说："尊重贤人，崇尚功绩。"周公旦说："亲近亲人，重视恩爱。"太公望说："如果是这样，鲁国从此就要削弱了。"周公旦回答说："鲁国即使削弱，然而承继齐国的，也必然不会是吕氏。"后来齐国日益强大，以至于成为霸主，但传到二十四代时，田成子就据有了齐国；鲁国日益削弱，以至于仅仅能够生存，传到三十四代就灭亡了。

注释

1 **调**(tiáo)：音律调和。

2 **师旷**：春秋时晋国著名乐师。

3 **师涓**：卫国著名乐师。

4 **田成子**：即田常，春秋时齐国国相。

5 **觐**(jǐn)：通"仅"，副词，只，仅仅。

原文

吴起治西河之外，王错谮之于魏武侯[1]，武侯使人召之。吴起至于岸门，止车而望西河，泣数行而下。其仆谓吴起曰："窃观公之意，视释天下若释躧[2]，今去西河而泣，何也？"吴起抿泣

译文

吴起治理西河，王错在魏武侯面前说了他的坏话，武侯派人召回吴起。吴起走到岸门，让车停下，回头望着西河，不禁潸然泪下。仆人对吴起说："我私下体察您的心意，您把放弃天下看成像扔掉鞋子一样，现在离开西河却哭哭啼啼，这是为什么呢？"吴起拭去眼泪回

而应之曰[3]:“子不识。君知我而使我毕能[4],西河可以王。今君听谗人之议,而不知我,西河之为秦取不久矣,魏从此削矣。”吴起果去魏入楚。有间,西河毕入秦,秦日益大,此吴起之所先见而泣也。

魏公叔痤疾[5],惠王往问之[6],曰:“公叔之疾,嗟!疾甚矣!将奈社稷何?”公叔对曰:“臣之御庶子鞅[7],愿王以国听之也。为不能听,勿使出境。”王不应,出而谓左右曰:“岂不悲哉?以公叔之贤,而今谓寡人必以国听鞅,悖也夫!”公叔死,公孙鞅西游秦,秦孝公听之,秦果用强,魏果用弱。非公叔痤之悖也,魏王则悖也。夫悖者之患,固以不悖为悖。

答说:“你不知道。国君从前了解我,使我能致力于西河,我凭着西河就可以帮助他称王天下。如今国君听信了小人的谗言,不再信任我,西河不久就要被秦国攻取了,魏国从此就要削弱了。”吴起离开魏国,去了楚国。不久,西河全被秦国吞并了,秦国从此更加强大,吴起正是对此有所预见才为之哭泣。

魏国公叔痤患病,惠王去探望他,说:“公叔病得这样严重,国家大事该怎么办?”公叔回答说:“臣的下属御庶子公孙鞅很有才能,希望您能把国事委托给他。若不能用他,就不要让他离开魏国。”惠王没有回答,出来对左右的人说:“可悲呀!以公叔这样的贤明,而今却叫我务必把国事委托给公孙鞅,真是荒谬!”公叔死后,公孙鞅往西游说秦国,秦孝公重用了他,秦国果然因此而强盛起来,魏国果然因此而逐渐衰弱。所以,不是公叔痤荒谬,而是魏王自己荒谬。荒谬者的过失,必定是以不荒谬为荒谬。

注释

1 **王错**:魏国大夫。　**谮**(zèn):说人的坏话。

2 **释蹝**:抛弃鞋子。释,抛弃。蹝(xǐ),鞋。

3 **抿**(mǐn):拭。

4 **毕能**:竭尽全力。

5 **公叔痤**:战国时魏惠王的相。

6 **惠王**:即梁惠王,前369—前319年在位。

7 **御庶子**:官名。 **鞅**:即公孙鞅,战国中期政治家,卫国人。

士 节

导读

本篇与以下几篇都是阐述士人应有的节操。文章开篇就强调,“士之为人,当理不避其难,临患忘利,遗生行义,视死如归”。具有这种节操的士人非常珍贵难得,这种士人“国君不得而友,天子不得而臣。大者定天下,其次定一国”。君主如能寻求并重用有气节的士人,自然能称王天下。

原文

士之为人,当理不避其难,临患忘利,遗生行义,视死如归。有如此者,国君不得而友,天子不得而臣。大者定天下,其次定一国,必由如此人者也。故人主之欲大立功名者,不可不务求此人也。贤主劳于求人,而佚于治事[1]。

译文

士的为人,坚持真理能不避危难,面临祸患能抛却私利,践行道义能舍弃生命,视死如归。这样的人,国君无法与他交友,天子无法让他称臣。大到能够安定天下,其次能够安定一国,必定是由这样的人来完成。所以,君主要建立功名,不可不努力寻求这样的人。贤明的君主为寻求贤士而耗费精力,但在处理政务方面则采取超脱轻松的态度。

注释

1 **佚**:通"逸",安逸。

原文

齐有北郭骚者[1],结罘罔[2],捆蒲苇,织葩屦[3],以养其母,犹不足。踵门见晏子曰[4]:"愿乞所以养母。"晏子之仆谓晏子曰:"此齐国之贤者也,其义不臣乎天子,不友乎诸侯,于利不苟取,于害不苟免。今乞所以养母,是说夫子之义也,必与之。"晏子使人分仓粟、分府金而遗之,辞金而受粟。有间,晏子见疑于齐君,出奔,过北郭骚之门而辞。北郭骚沐浴而出见晏子曰:"夫子将焉适[5]?"晏子曰:"见疑于齐君,将出奔。"北郭子曰:"夫子勉之矣。"晏子上车,太息而叹曰:"婴之亡岂不宜哉?亦不知士甚矣。"晏子行。北郭子召其友而告之曰:"说晏子之义,而当乞所以养母焉。吾闻之曰:'养及亲

译文

齐国有个隐士叫北郭骚,他为赡养自己的母亲而忙于劳作,结兽网、编蒲苇、织草鞋,仍感到不够宽裕。于是登门求见晏子,说:"希望能得到帮助以奉养母亲。"晏子的仆人对晏子说:"这个人是齐国的贤人,讲求道义,不称臣于天子,不攀交于诸侯,对于财利不苟且索取,对于祸害不苟且逃避。现在他肯来向您乞求供养他母亲的东西,这是对您道义的悦服,请一定要有所赠送。"晏子派人把仓中的粟米、府库中的钱拿出来送给北郭骚,他谢绝了金钱而收下了粮食。不久,晏子被齐王猜疑,出亡国外,经过北郭骚的门前向他道别。北郭骚沐浴后出来,见到晏子说:"先生将要去哪里?"晏子说:"我被齐王猜疑,将要远行他国。"北郭骚说:"先生珍重吧。"晏子上了车,长叹道:"我的出逃难道不应该吗?我也太不了解士了。"于是晏子离开了。北郭骚招来他的朋友,告诉他们说:"我对晏子的道义很悦服,所以曾向他求得奉养母亲的粮食。我听说过:'赡养过自己父母的人,就要替他承当患难。'当下晏

者，身伉其难[6]。'今晏子见疑，吾将以身死白之。"著衣冠，令其友操剑奉笥而从[7]，造于君庭[8]，求复者曰："晏子，天下之贤者也，去则齐国必侵矣。必见国之侵也，不若先死。请以头托白晏子也。"因谓其友曰："盛吾头于笥中，奉以托。"退而自刎也。其友因奉以托。其友谓观者曰："北郭子为国故死，吾将为北郭子死也。"又退而自刎。齐君闻之，大骇，乘驲而自追晏子[9]，及之国郊，请而反之[10]。晏子不得已而反，闻北郭骚之以死白己也，曰："婴之亡岂不宜哉？亦愈不知士甚矣。"

子被齐王猜忌，我将用自己的死为他洗清冤屈。"他穿戴好衣冠，让他的朋友执着宝剑并捧着方形竹器跟随在后，来到国君的庭前，对负责通报的官吏说："晏子是天下的贤者，他离开后，齐国必定遭受侵犯。与其看到国家必定遭受侵犯，不如先行死去。我请求把我的头颅托付给您，替晏子洗清冤屈。"于是他对朋友说："把我的头颅装在匣子里，捧去托付给那个官吏。"然后，他退下几步，自刎而死。他的朋友就捧着头颅托付给通报的人。他的朋友对旁观的人说："北郭骚为国家大事而死，我将为北郭骚而死。"他也退出来自刎而死。齐王听说此事，非常震惊，亲自乘车追赶晏子，在国都郊外赶上了晏子，恳请他回去。晏子不得已而回，听到北郭骚用死来替自己辩白，说："我的逃亡难道不应该吗？我真的不了解士啊。"

注释

1 **北郭骚**：春秋时的齐国隐士。

2 **罘罔**(fú wǎng)：捕兽的网。罔，同"网"。

3 **葩**(fèi)**屦**：草鞋。

4 **踵门见晏子**：踵门，登门。晏子，齐国大夫。

5 **焉适**：去哪里。

6 **伉**(kàng)：担当，承当。

7 **奉**：捧，两手托着。　**笥**(sì)：盛饭或放置衣物的方形竹器。

8 **造**:来到。

9 **驲**(rì):古代驿站专用的车。

10 **反**:同"返"。

介立

导读

本篇通过列举介子推等人的事例,来说明士人应当品行高洁。晋文公出逃国外,流亡天下,困窘而卑贱,介子推却对其不离不弃。随晋文公归国后,他本可以得到名利,而他却隐居起来,终身不仕。通过介子推与当时世人追逐利禄的现实进行对比,强调士人应有超脱世俗的品质。

原文

以贵富有人易,以贫贱有人难。今晋文公出亡,周流天下,穷矣,贱矣,而介子推不去[1],有以有之也[2]。反国有万乘,而介子推去之,无以有之也。能其难,不能其易,此文公之所以不王也。晋文公反国,介子推不肯受赏,自为赋诗曰:"有龙于飞[3],周遍天下。五蛇从

译文

靠富有显贵拥有人才容易,靠贫穷低贱拥有人才困难。晋文公出逃国外,流亡天下,困窘而卑贱,介子推却不离不弃,是因为晋文公具有拥有他的条件。晋文公回国后,拥有万乘之尊,但介子推却离开了他,因为晋文公已经失去了拥有他的条件。能在危难时拥有人才,却不能在统治国家时拥有人才,这就是晋文公不能称霸天下的原因。晋文公回国后,介子推不肯接受赏赐,他为自己赋诗

之[4]，为之丞辅。龙反其乡，得其处所。四蛇从之，得其露雨。一蛇羞之，桥死于中野。”悬书公门，而伏于山下。文公闻之曰：“嘻！此必介子推也。”避舍变服[5]，令士庶人曰：“有能得介子推者，爵上卿，田百万。”或遇之山中，负釜盖簦[6]，问焉曰：“请问介子推安在？”应之曰：“夫介子推苟不欲见而欲隐，吾独焉知之？”遂背而行，终身不见。人心之不同，岂不甚哉？今世之逐利者，早朝晏退，焦唇干嗌[7]，日夜思之，犹未之能得。今得之而务疾逃之，介子推之离俗远矣。

道：“有龙腾飞，遍行天下。五蛇相从，甘当辅佐。龙归故乡，适得其所。四蛇相随，承其恩泽。一蛇羞惭，枯死荒野。”他把这首诗悬挂在文公门前，自己隐居于山下。文公听说后说道：“唉！这一定是介子推。”他回到房中，更换庄重的凶丧之服，号令士民百姓说：“谁能找到介子推，就赏赐给他上卿爵位，百万亩田。”有人在山中遇到介子推，见他背着釜，用长柄笠遮着，就问他说：“请问介子推在哪里？”介子推回答说：“介子推如果不想露面而想隐居，怎么会只有我才知道他？”说完转身就走，终身不再出仕。人心的不同，难道不是很悬殊吗？当今社会那些追逐利益的人，早朝晚退，费尽口舌，唇焦喉干，日夜思虑，还是不能得到满足。如今介子推可以得到名利，却赶紧避开它，他的节操远远超过世俗之人啊。

注释

1 **介子推**：晋国隐士，曾跟随晋文公出亡十九年，文公返国后，他拒绝赏赐，与母亲避于山中。

2 **有以有之**：有其拥有他的条件。

3 **有龙于飞**：比喻晋公子重耳出亡。

4 **五蛇**：比喻跟随公子重耳出亡的五位贤士。

5 **避舍变服**：君主离开宫室居所，改穿凶丧之服。晋文公借此以示引咎自责。

6 **簦**(dēng)：古代有长柄的笠，类似后世的雨伞。

7 **嗌**(yì)：咽喉。

原文

东方有士焉曰爰旌目[1]，将有适也，而饿于道。狐父之盗曰丘[2]，见而下壶餐以餔之[3]。爰旌目三餔之而后能视，曰："子何为者也？"曰："我狐父之人丘也。"爰旌目曰："嘻！汝非盗邪？胡为而食我？吾义不食子之食也。"两手据地而吐之，不出，喀喀然遂伏地而死。郑人之下虩也[4]，庄蹻之暴郢也，秦人之围长平也。韩、荆、赵此三国者之将帅贵人皆多骄矣，其士卒众庶皆多壮矣，因相暴以相杀，脆弱者拜请以避死。其卒递而相食，不辨其义，冀幸以得活。如爰旌目已食而不死矣，恶其义而不肯不死。今此相为谋[5]，岂不远哉？

译文

东方有一个叫爰旌目的士人，将要到某个地方去，却饿昏在路上。狐父这个地方，有个叫丘的强盗看到了他，就用悬壶盛汤饭给他吃。爰旌目吃了三次后，睁开眼睛才看得见东西，问道："你是做什么的？"强盗回答道："我是狐父人，叫丘。"爰旌目说："那你不是强盗吗？为什么给我吃东西？我为了义节也绝不吃你的食物。"说罢，两手按地而吐肚中的食物，吐不出来，"喀喀"地呕，竟然伏在地上死了。郑人攻下韩国虩地，庄蹻侵掠楚国郢都，秦国人包围了长平。韩、楚、赵的将帅贵族都骄横恣睢，他们的士卒也都很健壮，于是他们互相欺凌、残杀，怯弱的人则跪着请求免死。最终，人们相食而死，不能分辨什么是正义，只是希望侥幸地苟活。像爰旌目这样的人，已经吃了食物而不会再饿死，但憎恶强盗的不义而不肯活着。让这两种人共同谋事，难道不是相差太远了吗？

注释

1 **爰旌目**：古代人名。

2 **狐父**：地名。

3 **壶餐**：盛在壶中的汤泡饭。　**餔**：食，吃；给食，以食与人。

4 **虩**：字书无此字。韩国城邑名。

5 **今**：当为"令"字，让。

诚　廉

导读

本篇的目的在于宣扬廉洁忠义之说。文章首先借伯夷、叔齐的言论，认为周朝伐殷是“杀伐以要利”，是“以乱易暴”，由此强调动机和手段必须合于义；然后以伯夷、叔齐不食周粟，最终饿死在首阳山为例，说明“石可破也，而不可夺坚；丹可磨也，而不可夺赤”的道理，主张人臣应当忠义廉洁。伯夷、叔齐的形象在中国文化史上几乎是“气节”的代名词，具有极大的影响。

原文

石可破也，而不可夺坚；丹可磨也，而不可夺赤。坚与赤，性之有也。性也者，所受于天也，非择取而为之也。豪士之自好者，其不可漫以污也，亦犹此也。

昔周之将兴也，有士二人，处于孤竹[1]，曰伯夷、叔齐[2]。二人相谓曰：“吾闻西方有偏伯焉[3]，似将

译文

石头可以破裂，但不能改变它坚硬的本性；丹砂可以磨碎，但不能改变它朱红的本色。坚硬与朱红，是石头和丹砂的本性所具有的。本性是从上天那里获得的，不是可以通过选择而制造的。才能超群又洁身自好的人，如同石头和丹砂一样，也不可被轻慢和玷污。

从前周朝将要兴起的时候，有两位贤人叫伯夷、叔齐，住在孤竹国。两人商议说：“听说西方有个诸侯，好像将要成为有道之君，我们如今为什么还要待在这里

有道者，今吾奚为处乎此哉？”二子西行如周[4]，至于岐阳[5]，则文王已殁矣[6]。武王即位，观周德，则王使叔旦就胶鬲于次四内[7]，而与之盟曰：“加富三等，就官一列。”为三书同辞，血之以牲，埋一于四内，皆以一归。又使保召公就微子开于共头之下[8]，而与之盟曰：“世为长侯，守殷常祀，相奉桑林[9]，宜私孟诸[10]。”为三书同辞，血之以牲，埋一于共头之下，皆以一归。伯夷、叔齐闻之，相视而笑曰：“嘻！异乎哉！此非吾所谓道也。昔者神农氏之有天下也，时祀尽敬而不祈福也。其于人也，忠信尽治而无求焉。乐正与为正[11]，乐治与为治，不以人之坏自成也，不以人之庳自高也[12]。今周见殷之僻乱也，而遽为之正与治，上谋而行货，阻丘而保威也[13]。割牲而盟以为信，因四内与共头以明行，扬梦以说

呢？”于是，两人西行前往周国，到达岐山之南的时候，文王却已经死了。武王即位，为显示周朝的德政，就派叔旦到四内迎接胶鬲，同他订下盟誓说：“为您增加俸禄三等，任一等官职。”写了三份文辞相同的盟约，宰杀牲畜歃血为盟，一份埋在四内，叔旦和胶鬲都各带一份而回。武王又派遣保召公到共头山下迎接微子启，并同他盟誓说：“让你世代做诸侯之长，掌管商代祖庙的日常祭祀，允许你供奉桑林之神，将孟诸赐给您做封地。”又书写了三份文辞相同的盟约，宰杀牲畜歃血为盟，在共头山下埋了一份，召公和微子启各带一份而回。伯夷、叔齐听闻这些事，相视而笑说：“奇怪啊！这不是我们所谓的道义啊。从前神农氏治理天下，日常的祭祀恭敬到极点，但从不祈求福报。对民众忠信为怀，全力去治理而无所求。民众希望公正就实现公正，民众希冀太平就为他们实现太平，从不用别人的失败来换取自己的成功，不用别人的卑微来表现自己的高尚。如今周看到殷邪僻淫乱，便匆匆忙忙地替它纠正，替它治理，这是崇尚计谋，借助贿赂，倚仗武力，炫耀威势。把杀牲盟誓当作诚信，借四内、共头的结盟来开展自己的行动，大肆宣扬天将灭殷商的吉梦来蛊惑百姓，用杀伐来追逐利益，用这些继承

众[14]，杀伐以要利，以此绍殷[15]，是以乱易暴也。吾闻古之士，遭乎治世，不避其任；遭乎乱世，不为苟在。今天下暗，周德衰矣。与其并乎周以漫吾身也[16]，不若避之以洁吾行。”二子北行，至首阳之下而饿焉。

人之情，莫不有重，莫不有轻。有所重则欲全之，有所轻则以养所重。伯夷、叔齐此二士者，皆出身弃生以立其意，轻重先定也。

殷商，就是用混乱来替代暴虐。我听闻古代的贤士，身处治世，不逃避自己的责任；遭逢乱世，不苟且偷生。现今天下混乱，周的德行已经衰微。如果依傍周就会玷污我们的身体和气节，还不如避开它，以保持我们德行的高洁。”于是两人就往北走，到首阳山就饿死了。

人之常情，会看重某些事物，会看轻某些事物。有所看重就希望能够得以保全，有所看轻恰是为了维护所看重的。伯夷和叔齐这两位贤人，都是舍弃生命以坚守自己道义的人，在他们心目中，孰轻孰重早就判定了。

注释

1 **孤竹**：西周时国名。在今河北省卢龙东南。

2 **伯夷、叔齐**：商末孤竹君的两个儿子。武王灭商后，他们耻食周粟，饿死在首阳山。

3 **偏伯**：地方长官。此处指西伯姬昌。

4 **如**：前往。

5 **岐阳**：岐山之南。

6 **殁**：死。

7 **叔旦**：即周公旦，武王之弟。　**胶鬲**：殷的贤臣，因避恶政而隐遁为商，以贩卖鱼盐为业。　**四内**：地名。

8 **召公**：西周时政治家。　**微子开**：即微子启，商纣王庶兄。　**共头**：山名。

9 **相**：使。　**桑林**：乐曲名，为殷天子祭祀之乐。

10 **私盂诸**：把盂诸这个地方作为私人封地。

11 **与**：连词，因、就。

12 **庳**(bì):低下。

13 **阻丘**:疑是“阻兵”。阻,依恃,凭借。

14 **扬梦**:宣扬武王负有灭殷天命的梦。

15 **绍**:继承。

16 **並**(bàng):通“傍”,依傍。 **漫**:污。

吕氏春秋

览

去尤

导读

本篇的主旨是讲述人们在听取意见、考虑问题上的局限性。所谓“去尤”,就是人们要端正态度,去除认识上的障碍。文章用几个具体的事例,说明“世之听者,多有所尤。多有所尤,则听必悖矣”。因此,客观公正地认识事物,就必须避免主观爱憎的影响。

原文

世之听者,多有所尤[1]。多有所尤,则听必悖矣。所以尤者多故,其要必因人所喜[2],与因人所恶。东面望者不见西墙,南乡视者不睹北方[3],意有所在也。

人有亡铁者[4],意其邻之子[5]。视其行步,窃铁也;颜色,窃铁也;言语,窃铁也;动作态度,无为而不窃铁也[6]。扫其谷而得其铁[7]。他日,

译文

世上依靠听闻下结论的人,往往会有失误。经常有失误,那么仅凭听闻就下结论一定会产生谬误。形成偏见的原因很多,其中最主要的原因必定是由于人们各有所爱,各有所恶。向东面望的人看不到西面的墙,向南面望的人看不到北方,这是因为人们的注意力往往专于一方。

有一个丢失了斧头的人,怀疑是邻居的儿子偷的。那人看他走路的样子像偷了斧头,看他的脸色像偷了斧头,听他说话像偷了斧头,举止神情没有不像是偷了斧头的。后来那人在挖坑的时候,找到了丢失的斧头。过了几天,那人又看到邻居的儿子时,

复见其邻之子，动作态度，无似窃𫓧者。其邻之子非变也，己则变矣。变也者无他，有所尤也。

觉得他举止神态都不再像偷了斧头。邻居的儿子没有发生改变，那人自己的心理却发生了变化。发生变化的原因没有别的，是因为那人本来就对邻居的儿子存有偏见。

注释

1 **尤**：过失。

2 **要**：关键。

3 **乡**：通“向”。

4 **𫓧**(fū)：斧子。

5 **意**：怀疑。

6 **无为**：无不、没有。

7 **扣**(hú)：旧讹作“相”，今改。刨、掘之义。 **谷**：坑。

原文

郈之故法，为甲裳以帛。[1]公息忌谓郈君曰：“不若以组[2]。凡甲之所以为固者，以满窍也[3]。今窍满矣，而任力者半耳[4]。且组则不然，窍满则尽任力矣。”郈君以为然，曰：“将何所以得组也？”公息忌对曰：“上用之则民为之矣。”郈君曰：“善。”下令，令官为甲必以组。公息忌知说之行也，因令其家皆为组。人有伤之者曰[5]：“公息忌之所以欲用

译文

郈国旧有之法，制作甲裳要用帛来连缀。公息忌对郈国国君说：“不如用丝带来连缀。大凡甲之所以坚固，是因为甲的缝隙都塞实了。虽然缝隙塞实了，但其承受力却只有一半。然而用丝就不是这样，只要连缀的缝隙用丝带塞满了，就能发挥它的全部承受力。”郈君也认为是这样，说：“将从什么地方得到丝带呢？”公息忌回答说：“国君使用它，人民就会制作它。”郈国国君说：“好！”于是下令，官吏制作甲一定要用丝带连缀。公息忌知道他的主张已被推行，于是就让他家里人都制造丝带。有人诋

组者，其家多为组也。”邾君不说，于是复下令，令官为甲无以组。此邾君之有所尤也。为甲以组而便[6]，公息忌虽多为组，何伤也？以组不便，公息忌虽无组，亦何益也？为组与不为组，不足以累公息忌之说[7]。用组之心，不可不察也。

毁他说：“公息忌之所以希望用丝带，是因为他家制作了很多丝带。”邾君知道后很不高兴，于是又下了一道命令，官家制作甲不用丝带连缀。这正是邾君存有偏见啊。制作甲用丝带如果有好处，公息忌多制作丝带又有什么坏处呢？他制作丝带与不制作丝带，不足以损害他的主张。用丝带的真正目的，不可不仔细审察啊。

注释

1 **邾**(zhū)：古国名。　**甲**：战衣。　**裳**：下衣。

2 **组**：丝带。

3 **满窍**：缝隙全都塞满。

4 **任力**：承受力。

5 **伤**：诋毁。

6 **便**：利。

7 **累**：牵累，使受害。

原文

鲁有恶者，其父出而见商咄，[1]反而告其邻曰：“商咄不若吾子矣。”且其子至恶也，商咄至美也。彼以至美不如至恶，尤乎爱也。故知美之恶，知恶之美，然后能知美恶矣。《庄子》曰：

译文

鲁国有个相貌丑陋的人，他的父亲外出见到了美男商咄，回来后告诉他的邻居说：“商咄比不上我儿子漂亮。”然而他儿子是最丑的，商咄是最美的。他认为最美的比不上最丑的，这是被自己的偏爱所局限。所以，知道美的可以被认为是丑的，丑的也可以被看作是美的，这样才能真正知道什么是美，什么是丑。《庄子》说：“用瓦片做赌注的人

"以瓦投者翔[2]，以钩投者战[3]，以黄金投者殆[4]。其祥一也，而有所殆者，必外有所重者也。外有所重者泄，盖内掘。[5]"鲁人可谓外有重矣。解在乎齐人之欲得金也，及秦墨者之相妒也，皆有所乎尤也。老聃则得之矣[6]。若植木[7]而立乎独，必不合于俗，则何可扩矣。

内心坦然，用衣带钩做赌注的人心里担心，用黄金做赌注的人内心畏惧。他们赌博的技巧是一样的，但之所以心里感到不安，肯定是因为对外物有所看重。身外有看重的东西，就会对它亲近，因而内心就会不安。"这个鲁国人可以说是对外物有所看重了。这些道理体现在齐国人想得到黄金以及秦国奉行墨家学说的人相互嫉妒的事中，这些人都有所局限。老聃却懂得了这些道理。他就像直立的木头一样独立于世，必然不苟合于世俗，那么，世俗的局限怎能影响到他呢？

注释

1 **恶**：丑陋。文中指相貌丑陋。　**商咄**：人名，以貌美著称。

2 **瓦**：陶器。　**投**(zhù)：下赌注。　**翔**：坦然。

3 **钩**：衣带钩。　**战**：担心。

4 **殆**：疑惑，畏惧。

5 **泄**：亲近。　**掘**：不安。

6 **老聃**(dān)：老子。

7 **植木**：直立的木头。

谨听

导读

本篇继续讲述君主应当如何听取别人的言论,指出君主知贤莫如听贤、用贤。听贤的目的不仅在于用其智以决疑谋事,更重要的是可以了解自身的得失。听言与知人的基本方法是"故虽不疑,虽已知,必察之以法,揆之以量,验之以数"。对待言语要采取非常慎重的态度,听言要明察,同时要坚决地反对一切不切实际的诡辩。文中说"耳之可以断也,反性命之情也",是说听言必以情理来揣度、衡量。通过推己及人,就能够判断所听之言是否与人情事理相符。

原文

昔者禹一沐而三捉发[1],一食而三起,以礼有道之士[2],通乎己之不足也[3]。通乎己之不足,则不与物争矣。愉易平静以待之[4],使夫自得之[5];因然而然之,使夫自言之。亡国之主反此,乃自贤而少人[6]。少人则说者持容而不极[7],听者自多而不得[8]。虽有

译文

从前,禹洗一次头要数次握住头发停下来,吃一顿饭要数次站起来,以便礼遇有道的贤士,从而弄清楚自己的不足。弄懂了自己的不足,就能不计较外物了。贤明的君主用欢悦平和的态度对待有道之士,使他们各得其所;顺其自然,让他们发表言论。亡国之君却与此相反,他们自视甚高,轻视他人。轻视他人,那么游说的人就会矜持而不能尽情言说,听取意见的人又自视甚高,因而就会一无所得。这

天下，何益焉？是乃冥之昭，乱之定，毁之成，危之宁。故殷、周以亡，比干以死[9]，悖而不足以举。故人主之性，莫过乎所疑[10]，而过于其所不疑；不过乎所不知，而过于其所以知。故虽不疑，虽已知，必察之以法，揆之以量[11]，验之以数[12]。若此，则是非无所失，而举措无所过矣[13]。

样，即使拥有天下，又有什么益处呢？这实际上就是把昏暗当作光明，把混乱当作安定，把毁坏当作成功，把危险当作安宁。所以商周因此而灭亡，比干因此而被剖心，这样荒谬的事情多不胜举。所以，君主的本性不会在有疑惑处犯错，而会在确信不疑处犯错；不会在他无知的地方犯错，而会在他知道的地方犯错。因此，即使是没有疑问的，即使是已经知道的，也一定要用法令来考察，用度量来揣测，用数术来检验。如此，那么是与非的判断就不会有过失，行为举止就没有过错了。

注释

1 **捉**：握住。

2 **礼**：礼遇。

3 **通**：懂得，明白。

4 **愉易**：平和、和悦。

5 **夫**：指有道之士。

6 **少人**：轻视别人。

7 **说者**：游说的人。　**持容**：矜持。

8 **自多**：自满自大。

9 **比干**：人名，商纣王重臣，因劝谏纣被剖心而死。

10 **过**：犯错。

11 **揆**：揣度。

12 **数**：术数。

13 **举措**：举止。

原文

夫尧恶得贤天下而试舜[1]？舜恶得贤天下而试禹？断之于耳而已矣。耳之可以断也，反性命之情也。今夫惑者，非知反性命之情，其次非知观于五帝、三王之所以成也，则奚自知其世之不可也？奚自知其身之不逮也[2]？太上知之，其次知其不知。不知则问，不能则学。《周箴》曰："夫自念斯，学德未暮。"学贤问[3]，三代之所以昌也。不知而自以为知，百祸之宗也[4]。名不徒立，功不自成，国不虚存，必有贤者。贤者之道，牟而难知[5]，妙而难见。故见贤者而不耸[6]，则不惕于心。不惕于心，则知之不深。不深知贤者之所言，不祥莫大焉。

译文

尧在天下选取贤人，为何最终任用了舜呢？舜在天下选取贤人，为何最终任用了禹呢？只是根据耳朵的听闻来做出决定罢了。之所以凭耳朵所听到的就可以决断，是由于回归人的本性的缘故。当今那些糊涂的人，不知道这是回归人的本性，也不知道观察五帝、三王之所以成就帝业的原因，那又怎么知道自己治理的世道不好呢？怎么知道自己不及五帝、三王呢？最上等的是无所不知，其次是知道自己有所不知。不知就要问，不能就要学。《周箴》中说："只要经常思考这些事情，修养道德就不算晚。"向贤人学习，这是夏、商、周三代昌盛的原因。不知道却自以为知，是各种祸患产生的根源。名誉不会无缘无故地树立，功名不会自然而然地成就，国家不会凭空保存，一定要有贤德的人才行。贤者的道术，博大而难以知晓，微妙而难以了解。所以看到贤德之人而不恭敬，就不能动心。不能动心，了解的就不深刻。不能深刻了解贤德之人的言论，没有比这更不好的事情了。

注释

1 **恶**：哪里、如何。

2 **不逮**：不及、赶不上。

3 **学贤问**:向贤人学习。

4 **宗**:根本,根源。

5 **牟**:大。

6 **见**:看到。 **耸**:耸肩,表示敬意。

原文

主贤世治,则贤者在上;主不肖世乱,则贤者在下。今周室既灭,而天子已绝。乱莫大于无天子。无天子则强者胜弱,众者暴寡,以兵相残,不得休息。今之世当之矣。故当今之世,求有道之士,则于四海之内,山谷之中,僻远幽闲之所,若此则幸于得之矣。得之,则何欲而不得?何为而不成?太公钓于滋泉[1],遭纣之世也,故文王得之而王。文王,千乘也;纣,天子也。天子失之,而千乘得之,知之与不知也。诸众齐民[2],不待知而使,不待礼而令。若夫有道之士,必礼必知,然后其智能可尽。解在乎胜书之说周公,可谓能听矣;齐

译文

君主贤明,世道太平,贤德之人就居于上位;君主不肖,世道混乱,贤德之人就居于下位。如今周王室已经灭亡,天子已经死亡。没有什么比天子缺位更混乱的了。没有天子,就会出现以强凌弱,以多欺少,用战争互相残杀,无法停止。这就是现在社会的情形。所以,在当今的社会上,要寻求有道的人,就要到四海之内、山谷之中、偏远幽静的地方,这样,或许还能幸运地得到这样的人。得到了贤德之人,想要什么得不到呢?想做什么做不成呢?姜太公在滋泉钓鱼,正逢纣王的时代,所以周文王得到了他而称王天下。文王是拥有千辆兵车的诸侯,纣王是拥有万辆兵车的天子。天子失去了太公望,而诸侯却得到了他,这是了解与不了解的结果。对于普通的百姓,不用了解就能役使,不用礼遇就能使唤。然而,对于有道的贤士,一定要以礼相待,一定要了解他们,然后他们的才智才能尽情地发挥。这道理体现于胜书劝说周公,周公可谓是能听从

桓公之见小臣稷，魏文侯之见田子方也，皆可谓能礼士矣。

劝说了；体现于齐桓公去见小臣稷，魏文侯去见段干木等事情，这些人都可谓是能礼贤下士。

注释

1 **太公**：指姜太公，曾辅助周武王得天下。
2 **齐民**：普通人。

务本

导读

本篇阐述人臣的为臣之道，强调为臣者当致力于根本，即功劳和修身。文中首先以三王之佐为例，“其名无不荣者，其实无不安者，功大也”。由此强调为臣者的根本，首先在于要为国家、君主建立一定的功业，才能得到个人的荣耀。其次，作为人臣，还要加强自身品行的修养，要经常反省自己的言行是否符合仁义忠孝等原则。

原文

尝试观上古记[1]，三王之佐，其名无不荣者，其实无不安者，功大也。《诗》云：“有晻凄凄[2]，兴云祁祁[3]。雨我公田，遂

译文

曾经试着阅读上世的古书，古时三王的辅佐大臣，名声没有不显赫的，地位也都没有不安稳的，这是他们功劳大的原因。《诗》中说：“阴雨绵绵，浓云密布。雨落到公田，也落到私田。”三王的辅臣都

及我私。”三王之佐，皆能以公及其私矣。俗主之佐，其欲名实也，与三王之佐同，而其名无不辱者，其实无不危者，无公故也。皆患其身不贵于国也，而不患其主之不贵于天下也；皆患其家之不富也，而不患其国之不大也。此所以欲荣而愈辱，欲安而益危。安危荣辱之本在于主，主之本在于宗庙，宗庙之本在于民，民之治乱在于有司[4]。《易》曰：“复自道，何其咎，[5]吉。”以言本无异，则动卒有喜。今处官则荒乱，临财则贪得，列近则持谏[6]，将众则罢怯[7]，以此厚望于主，岂不难哉？

因有功于公家，自己也获得了私利。昏庸君主的辅佐大臣，他们也想获得名誉和地位，这与三王的辅佐大臣一样，但是他们的名誉没有不蒙受耻辱的，地位也都是不稳固的，这是因为他们没有公的意念。他们只是忧虑自己不能够在国家中显贵，却从不忧虑国君能不能尊贵于天下；只忧虑自己家族不够富裕，从不顾及国家是否强大。这就是他们希望能够得到荣耀反而更加耻辱，希望安定反而更加危险的原因。国家安危荣辱的根本在于国君，国君的根本在于宗庙，宗庙的根本是人民，人民治理的好坏在于百官。《周易》说：“天道正常运转，周而复始，没有灾祸，吉利。”就是说只要没有异常，那么人的举动就会带来吉庆。如今世人为官胡作非为，对钱财贪得无厌，作为帝王的近臣却阿谀奉承，统率士兵时软弱而怯懦，依靠这些却希望能够从国君那里满足自己的奢望，岂不困难？

注释

1 **上古记**：上世的古书。

2 **晻**(yǎn)：阴雨。

3 **祁祁**：浓云密布的样子。

4 **有司**：指国家的所有官员。

5 **复自道**：按照正常的轨道返回。 **咎**：灾祸。

6 **持谏**：玩弄阿谀奉承的手段。

7 **将众**：领兵。　**罢**(pí)：通“疲”，软弱。

原文

今有人于此，修身会计则可耻[1]，临财物资尽则为己，若此而富者，非盗则无所取。故荣富非自至也，缘功伐也[2]。今功伐甚薄而所望厚，诬也；无功伐而求荣富，诈也。诈诬之道，君子不由[3]。人之议多曰：“上用我，则国必无患。”用己者未必是也，而莫若其身自贤。而己犹有患，用己于国，恶得无患乎？己，所制也；释其所制，而夺乎其所不制[4]，悖，未得治国，治官可也。若夫内事亲，外交友，必可得也。苟事亲未孝，交友未笃，是所未得，恶能善之矣？故论人无以其所未得，而用其所已得，可以知其所未得矣。

译文

假如现在有这样一个人，认为从事会计理财是可耻的，把物资和钱财占为己有，像这样做而富有的，不偷盗就没有办法达到。因此荣华和富贵不会自己到来，是靠功劳得来的。现在的情形是功劳低微而期望却很高，这就是欺骗；没有功劳而谋求荣华富贵，这就是欺诈。欺诈为君子所不取。人们在高谈阔论的时候都会说：“君主能够用我，国家一定不会有祸患。”其实如果国君真的任用了他，未必会能避免祸患，对于这些人来说，没什么比使自身贤明更重要的。如果自身都不能免于祸患，让他来治理国家，怎能避免祸患？自己要能够节制自身；不去节制自身，反而奋力去做自己力不能及的事，这就是悖谬，不让他们治理国家、管理官吏是应该的。能够对内侍奉父母，对外结交朋友，是一定可以做到的。如果不能孝顺父母，结交朋友又不诚挚，怎么能够称赞他呢？所以评论人不能依据他还没有做到的事，而应该依据他已经做到的事，这样就能够知道他所做不到的事了。

注释

1 **修**:从事,操持。

2 **伐**:功劳。

3 **由**:运用。

4 **夺**:奋力。

原文

古之事君者,必先服能,然后任;必反情[1],然后受。主虽过与,臣不徒取。《大雅》曰:“上帝临汝,无贰尔心。”[2]以言忠臣之行也。解在郑君之问被瞻之义也[3],薄疑应卫嗣君以无重税[4],此二士者,皆近知本矣。

译文

古代侍奉君主的人,一定要先具备才能,然后才能够担任官职;要先反省自己,然后才能接受俸禄。即使君主给予的很多,但臣子不应该无功受禄。《大雅》中说:“上帝一直在监视着你们,你们不要有二心。”这是说忠臣应有的品行。例如在郑君问被瞻的主张和薄疑用不要加重税收来回答卫嗣君这两件事中,被瞻、薄疑两人都接近于知道根本。

注释

1 **反情**:反躬自省。

2 **临**:监视。　**贰**:背离,怀有二心。

3 **被瞻**:郑国大夫。

4 **薄疑**:人名,卫国大夫。　**卫嗣君**:卫平侯之子。

本味

导读

本篇阐述君主建立功名的根本是求得贤人。做事从根本做起，在短时间内必定有所收获；倘若舍本求末，只会劳而无功。功名的创立也是如此。建立功名的根本就在于得贤："功名之立，由事之本也，得贤之化也。非贤，其孰知乎事化？故曰其本在得贤。"文章又指出虽有贤者，但是不能礼遇，贤者也不会尽忠，就像御马一样，御者不好，良马也不会自己跑千里。所以，君主还要懂得礼贤。

原文

求之其本，经旬必得[1]；求之其末，劳而无功。功名之立，由事之本也，得贤之化也[2]。非贤，其孰知乎事化[3]？故曰其本在得贤。

有侁氏女子采桑[4]，得婴儿于空桑之中[5]，献之其君。其君令烰人养之[6]。察其所以然，曰："其母居伊水之上，孕，

译文

做事从根本上做起，经过一段时间定有所得；从末节上做起，就会劳而无功。功名的建立，是因为抓住了事物的根本，得到了贤人的教化。如果不是贤人，谁能懂得事物的发展变化？因此，建立功名的根本在于求得贤人。

有侁氏的女子采摘桑叶，在空心桑树中捡到一个婴儿，把他献给了君主。君主命令厨师抚养他，并让厨师考察这件奇异之事的原因。厨师向君主报告说："婴儿的母亲居住在伊水边，怀孕后，梦见有天神告

梦有神告之曰：'臼出水而东走[7]，毋顾！'明日，视臼出水，告其邻，东走十里而顾，其邑尽为水。身因化为空桑，故命之曰伊尹。"此伊尹生空桑之故也。长而贤。汤闻伊尹，使人请之有侁氏，有侁氏不可。伊尹亦欲归汤，汤于是请取妇为婚。有侁氏喜，以伊尹媵女[8]。故贤主之求有道之士，无不以也；有道之士求贤主，无不行也；相得然后乐。不谋而亲，不约而信，相为殚智竭力[9]，犯危行苦[10]，志欢乐之，此功名所以大成也。固不独[11]。士有孤而自恃，人主有奋而好独者[12]，则名号必废熄，社稷必危殆。故黄帝立四面[13]，尧、舜得伯阳、续耳然后成。凡贤人之德，有以知之也。

诉她：'米臼里如果出了水就往东跑，不要回头看。'第二天，她看到臼里果然出了水，于是告诉了邻居，向东跑了十里路，回头一看，她的村子全被水淹了。由于她违背了天神的告诫，她的身子于是就变成了空心的桑树，所以为这个婴儿取名叫伊尹。"这就是伊尹生在空心桑树的缘由。伊尹长大后很贤德。商汤听说后，派人向有侁氏请求要伊尹，有侁氏没有同意。伊尹本人又想归附商汤，商汤于是请求娶有侁氏之女为妻，与其结为婚姻。有侁氏很高兴，把伊尹作为陪嫁的人送给了商汤。所以说，贤明的君主寻求有道之士，没有什么办法不可使用；有道之士寻求贤明的君主，没有什么事不可做；互相得到了对方，然后彼此都很快乐。事先不谋划便很亲近，不约定便互相信任，一起尽心竭力，不顾危难和劳苦，心怀欢乐，这就是取得极大的功名的原因。功名的达成，有道之士与贤主必须相互结合，仅有其一是不行的。士如果孤独傲慢，君主如果骄傲自负而喜好独断，那么名声必定被毁灭，国家必定危险。所以黄帝派人到四面八方寻求贤人，尧、舜得到伯阳和续耳，然后成就了帝业。可见，大凡贤人的品德，是有办法可以了解的。

注释

1 **旬**:十天为一旬,这里指较短的时间。

2 **化**:教化。

3 **化**:事物的发展变化。

4 **有侁(shēn)氏**:远古时期的部落名。

5 **空桑**:空心的桑树。

6 **烰(fú)人**:厨师。

7 **臼(jiù)**:舂米的器具。　**走**:跑。

8 **媵(yìng)**:随嫁的人。

9 **殚**:耗尽。

10 **犯**:不顾,冒着。　**苦**:劳苦。

11 **固**:本来。

12 **奋**:自负。

13 **立四面**:派人到四方之地寻求贤人。

原文

伯牙鼓琴,钟子期听之。方鼓琴而志在太山[1],钟子期曰:"善哉乎鼓琴!巍巍乎若太山。"少选之间,而志在流水,钟子期又曰:"善哉乎鼓琴!汤汤乎若流水[2]。"钟子期死,伯牙破琴绝弦,终身不复鼓琴,以为世无足复为鼓琴者。非独琴若此也,贤者亦然。虽有贤者,而无礼以接之,贤奚由尽忠?犹御之不善,骥不自千里也[3]。

译文

伯牙弹琴,钟子期倾听,他刚开始弹琴时表现出攀登高山的志向,钟子期说:"你的琴弹得太好了!巍峨雄壮好像高山。"过了一会儿,又志在表现流水,钟子期说:"你的琴弹得太好了!就像流水一样心志激荡。"钟子期死后,伯牙将琴摔坏,把弦扯断,终身不再弹琴,认为世上没有值得他再为之弹琴的人了。不仅仅弹琴是这样,贤者也是这样。即使有贤者,但没有以礼相待,贤者为什么要为他尽忠呢?就好比御手驾车不好,良马并不会自己奔跑千里。

注释

1 **方**:刚才。

2 **汤汤**(shāng):水流盛大状。

3 **骥**:良马。

原文

汤得伊尹,祓之于庙[1],爝以爟火[2],衅以牺猳[3]。明日,设朝而见之,说汤以至味。汤曰:“可对而为乎?”对曰:“君之国小,不足以具之,为天子然后可具。夫三群之虫[4],水居者腥,肉玃者臊[5],草食者膻,臭恶犹美[6],皆有所以。凡味之本,水最为始。五味三材[7],九沸九变,火为之纪。时疾时徐,灭腥去臊除膻,必以其胜,无失其理。调和之事,必以甘酸苦辛咸,先后多少,其齐甚微,皆有自起。鼎中之变[8],精妙微纤,口弗能言,志不能喻,若射御之微[9],阴阳之化,四时之数。故久而不弊,熟而不烂,甘而不哝[10],酸而不酷[11],咸而不减,辛而不烈,澹而不薄,肥而不

译文

商汤得到伊尹之后,在宗庙里举行除灾祛邪的仪式,燃烧苇来消除不祥,用纯色公猪的血涂抹祭器。第二天,商汤在上朝时接见伊尹,伊尹对商汤讲述了各种美味。商汤说:“可以立即做出这些美味吗?”伊尹回答说:“您的国家小,还不足以具备这些东西,当了天子之后才可以具备这些东西。三类动物,水中的动物腥,肉食的动物臊,草食的动物膻。气味不好的仍然可以使之变得美味,这些都各有方法。味道的根本,水是最重要的。咸、苦、酸、辛、甘这五种味道,水、木、火这三样材料,多次煮沸,多次变化,火候是最关键的。有时快,有时慢,一定要用火除去腥味、臊味、膻味,一定要发挥其长处,不要失去本味。调和味道,一定要用甘酸苦辛咸,谁先谁后,放多放少,这些调料的剂量很小,都有一定之规。鼎中味道的变化精致微妙,不可言说,也不能喻明,就像射箭驾车的技巧一样精微,像阴阳变化

腠[12]。肉之美者：猩猩之唇，獾獾之炙，隽觾之翠[13]，述荡之掔[14]，旄象之约[15]。流沙之西，丹山之南，有凤之丸，沃民所食。鱼之美者：洞庭之鳙[16]，东海之鲕[17]。醴水之鱼，名曰朱鳖，六足，有珠百碧。藿水之鱼[18]，名曰鳐[19]，其状若鲤而有翼，常从西海夜飞，游于东海。菜之美者：昆仑之蘋，寿木之华。指姑之东，中容之国，有赤木、玄木之叶焉。余瞀之南[20]，南极之崖，有菜，其名曰嘉树，其色若碧。阳华之芸，云梦之芹，具区之菁。浸渊之草，名曰土英。和之美者：阳朴之姜，招摇之桂，越骆之菌，鳣鲔之醢[21]，大夏之盐，宰揭之露，其色如玉，长泽之卵。饭之美者：玄山之禾，不周之粟，阳山之穄[22]，南海之秬[23]。水之美者：三危之露，昆仑之井。沮江之丘，名曰摇水。白山之水。高泉之山，其上有涌泉焉。冀州之原。果之美者：沙棠之实。常山之

而成万物，四季更替的规律一样。所以食物时间长而不坏，做熟而不煮烂，香甜而不过浓，酸而不过分，咸而不减损食物的本味，辛辣而不浓烈，清淡而不过薄，肥美而不腻味。肉类中的美味有：猩猩的嘴唇，獾獾的脚掌，隽觾的尾肉，述荡的小腿，旄牛和大象的尾巴。在流沙的西边，丹山的南边，有凤凰之卵，沃国人食用这些。鱼中的美味有：洞庭湖的鳙鱼，东海的鲕鱼，醴水中名叫朱鳖的鱼，长着六只脚，能吐出许多珠子。藿水中的鳐鱼，其形状像鲤鱼，却有翅膀，常在夜间从西海飞到东海。菜中的美味有：昆仑的野蘋，寿木的花果。指姑山的东边，中容国红树、黑树的树叶。余瞀山的南边，南极的边上，有名叫嘉树的菜，颜色像碧玉一样。阳华山的芸菜，云梦泽的水芹，具区泽的青菜。浸渊的草，名叫土英。美味的调料有：阳朴的姜，招摇的桂，越骆的竹笋，鲔鱼做的肉酱，大夏的盐，宰揭山的颜色如玉的露，还有长泽的鸟蛋。粮食中的美味有：玄山的禾谷，不周山的小米，阳山的糜子，南海的黑黍。水中的美味有：三危山的露水，昆仑山的泉水。沮江边山丘上的摇水。白山的水。高泉山上作为冀州水源的涌泉。水果中的美味有：

北，投渊之上，有百果焉，群帝所食。箕山之东，青岛之所，有甘栌焉[24]。江浦之橘，云梦之柚，汉上石耳[25]。所以致之，马之美者：青龙之匹，遗风之乘。非先为天子，不可得而具。天子不可强为，必先知道。道者止彼在己，己成而天子成，天子成则至味具。故审近所以知远也，成己所以成人也。圣王之道要矣，岂越越多业哉[26]！”

沙棠树的果实。常山之北、投渊河上有先帝们爱吃的果实。箕山东边、青鸟居处的甜山楂。长江边的橘子，云梦的柚子，汉水边的石耳。运来这些水果，要用最好的马：有青龙马和遗风马。不先成为天子，就不可能具备获取这些美味的条件。天子不可以勉强去当，必须先懂得道义。道义不在别人，而在于自己；具备了道义，就能成为天子；成为天子，那么做出这些美味的条件就齐备了。所以，审察近的就可以了解远的，自己具备了道义就可以成就别人。圣王之道很简单，哪里用得着费尽力气事必躬亲呀！”

注释

1 **祓**(fú)：古代为除灾去邪而举行的一种仪式。

2 **爝**(jué)：烧芦苇以消除不吉利。 **爟**(guàn)**火**：去除不吉利的火。

3 **衅**：用牲血涂抹祭器。 **牺猳**(jiā)：古代祭祀用的的纯色公猪。

4 **三群之虫**：指下文所列举的三种动物。

5 **玃**(jué)：通“攫”，用爪子抓取。 **臊**(sāo)：腥臭的气味。

6 **臭**(xiù)：气味。

7 **三材**：指水、木、火。

8 **鼎**：炖煮食物的器具。

9 **射御**：射，射箭。御，驾车。

10 **哝**(nóng)：味道浓厚。

11 **酷**：过分。

12 **脿**：字书无此字。或同“厚”，过分，意为厚腻。

13 **隽觾**(yàn)：鸟名。 **翠**：鸟尾肉。

14 **述荡**:一种兽的名字。　**𢾺(wàn)**:同"腕",这里指兽的小腿。

15 **约**:短尾。

16 **鱄(pū)**:鱼的名字。

17 **鲕(ér)**:鱼的名字。

18 **雚(guàn)**:古河流的名字。

19 **鳐(yáo)**:鱼的名字。

20 **余瞀(mào)**:古山名。

21 **鳣(zhān)、鲔(wěi)**:都是鱼的名字。　**醢(hǎi)**:肉酱。

22 **穄(jì)**:糜子,即黍之不黏者。

23 **秬(jù)**:黑色的黍。

24 **栌(lú)**:山楂树名。

25 **石耳**:菜名。

26 **越越**:用力状。

首　时

导读

《首时》又作《胥时》。这里的"时",即时机。文中列举了大量的例子,说明事情的难易,不在于小和大,而在于了解和把握时机。君主的贤能和外在政局之时机相互配合才能成功。"有汤、武之贤,而无桀、纣之时,不成;有桀、纣之时,而无汤、武之贤,亦不成"。所以有道之士没有遇到合适的时机,就要"隐匿分窜,勤以待时"。一旦时机到来,就要把握时机,因为上天不会给人两次机会,时机不会长久停留。做事情关键就在于时机恰当。

原文

圣人之于事，似缓而急、似迟而速以待时。王季历困而死，文王苦之，有不忘羑里之丑[1]，时未可也。武王事之，夙夜不懈，亦不忘王门之辱，立十二年，而成甲子之事。时固不易得。太公望[2]，东夷之士也，欲定一世而无其主。闻文王贤，故钓于渭以观之。

伍子胥欲见吴王而不得。客有言之于王子光者，见之而恶其貌，不听其说而辞之。客请之王子光，王子光曰："其貌适吾所甚恶也。"客以闻伍子胥，伍子胥曰："此易故也[3]。愿令王子居于堂上，重帷而见其衣若手[4]，请因说之。"王子许。伍子胥说之半，王子光举帷，搏其手而与之坐[5]。说毕，王子光大说。伍子胥以为有吴国者，必王子光也，退而耕于野七年。

译文

圣人对待事物，看似很迟缓，而实际上很迅速，看似迟钝，而实际上很快捷，这是在待时而动。王季历是文王的父亲，他为国事辛劳而死，文王对这件事感到很痛苦，又不忘被纣王拘禁于羑里的耻辱，但他没有马上讨伐商纣，是因为时机未到。武王也忘不了在王门被纣王辱骂的羞耻，但他继位后侍奉商纣，早晚不懈怠，继位十二年后，终于在甲子日大败殷军。时机本来就是很不容易得到的。太公望是东夷士人，他想使天下安定，但时机未到，没能遇到贤明的君主。听说周文王贤明，所以他来到渭水边垂钓，以便观察文王的德行。

伍子胥想见吴王僚，却未能见到。有个门客对王子光讲了这件事情，王子光看到伍子胥却厌恶他的相貌，还没有听他说话就谢绝了。门客询问王子光为何这样，王子光说："伍子胥的相貌正是我很讨厌的那种。"门客就把这话告诉了伍子胥，伍子胥说："这件事很容易。希望能够让王子光坐在堂上，我从双层的帐幕里只露出衣服和手，就这样同他讲话。"王子光答应了。伍子胥谈话只谈了一半，王子光就掀开了帐幕，握住伍子胥的手与自己并坐。谈完话后，王子光极为高兴。伍子胥认为王子光终将拥有吴国，于是回乡耕作了七

王子光代吴王僚为王，任子胥。子胥乃修法制，下贤良[6]，选练士，习战斗。六年，然后大胜楚于柏举[7]，九战九胜，追北千里[8]，昭王出奔随[9]，遂有郢[10]，亲射王宫，鞭荆平之坟三百。乡之耕[11]，非忘其父之仇也，待时也。

年。王子光终于代替了吴王僚，就启用了伍子胥。伍子胥修整法度，礼贤下士，简选精兵，练习战斗。六后年，在柏举大败楚军，九战而九胜，追杀败逃的楚国军队至千里。楚昭王逃到随国，吴军占领了郢都，伍子胥用箭射楚王宫，鞭打楚平王之墓三百下，以此报父兄被杀之仇。他先前在乡间耕种，并非是忘记了报杀父之仇，而是在等待时机。

注释

1 **有**：通"又"。 **羑里**：地名，周文王被囚禁的地方。
2 **太公望**：即吕望，又称姜太公。
3 **故**：事。
4 **若**：和。
5 **搏**：握住。
6 **下贤良**：礼贤下士。
7 **柏举**：地名，在楚国的南部。
8 **北**：败逃的军队。
9 **随**：国名。
10 **郢**(yǐng)：楚国国都。
11 **乡**：先前。

原文

墨者有田鸠[1]，欲见秦惠王，留秦三年而弗得见。客有言之于楚王者，往见楚王，楚王说之，与

译文

墨家学派中有个叫田鸠的，想见秦惠王，在秦国滞留了三年却没有见到。有个门客就把这件事情告诉了楚王，田鸠就去见了楚王，楚王很欣赏他，就给了他将军的

将军之节以如秦[2]。至，因见惠王。告人曰："之秦之道，乃之楚乎？"固有近之而远，远之而近者。时亦然。有汤、武之贤，而无桀、纣之时，不成[3]；有桀、纣之时，而无汤、武之贤，亦不成。圣人之见时，若步之与影不可离。故有道之士未遇时，隐匿分窜[4]，勤以待时。时至，有从布衣而为天子者，有从千乘而得天下者，有从卑贱而佐三王者，有从匹夫而报万乘者。故圣人之所贵，唯时也。水冻方固，后稷不种，后稷之种必待春。故人虽智而不遇时，无功。方叶之茂美，终日采之而不知；秋霜既下，众林皆羸[5]。事之难易，不在小大，务在知时。

符节作为信物，让他出使秦国。到了秦国，他才终于见到了秦惠王。他对别人说："原来到秦国的路，竟要先到楚国？"事物原本很近却被疏远，原本很远却能够接近。时机也是这样。仅有汤、武的贤德，而没有桀、纣昏聩的时机，就不会成功；反过来，如果仅有桀、纣昏聩的时机，却无汤、武的贤德，也是不能成就功业的。圣人和时机的关系，就像走路时脚步和人影不可分离一样。所以，有道之士没有遇到时机的时候，就到处隐匿躲藏起来，勤力自勉，以等待时机的到来。时机到了，有的从平民而成为天子，有的从拥有千乘的诸侯而成为天子，有的从卑贱的地位成为三王的辅佐之臣，有的从普通百姓而能向万乘之国报仇。所以圣人看重的只有时机。水被冻成坚固的冰时，后稷不去耕种，一定要等待春天到来了，后稷才会耕种。所以人即便有智慧，但是时机不合适也不能成就功业。树叶茂密的时候．整日采摘也不会觉得叶子少了；秋霜来后，叶子就全落尽了。事情的难易，不在于小和大，而要务必掌握时机。

注释

1 **田鸠**：人名。

2 **节**：即符节，古代使者用作凭证的东西。

3 **不成**：不会成功。

4 **窜**:躲藏。

5 **羸**(léi):瘦弱,此处指林木叶子落尽。

原文

郑子阳之难,猘狗溃之[1];齐高国之难,失牛溃之。众因之以杀子阳、高国[2]。当其时,狗牛犹可以为人唱,而况乎以人为唱乎[3]?

饥马盈厩,嗼然,未见刍也;饥狗盈窖,嗼然,未见骨也。见骨与刍,动不可禁。乱世之民,嗼然[4],未见贤者也。见贤人,则往不可止。往者非其形心之谓乎?齐以东帝困于天下,而鲁取徐州;邯郸以寿陵困于万民,而卫取茧氏。以鲁、卫之细而皆得志于大国,遇其时也。故贤主秀士之欲忧黔首者,乱世当之矣。天不再与,时不久留,能不两工[5],事在当之[6]。

译文

郑国的子阳之所以遇难,正是在人们追逐疯狗的混乱中被杀掉的;齐国遇难的贵族高氏和国氏,正是人们在追逐逃窜之牛的混乱中被杀掉的。众人趁着混乱,也杀掉了子阳、高氏和国氏。时机来的时候,连狗和牛都能成为发难的先导,又何况是以人为先导呢?

饥饿的马挤满了马棚,都默无声息,因为它们没有看到草料;饥饿的狗挤满了狗窝,都默然无声,因为它们没有看见骨头。如果它们看见了骨头和草料,它们就会骚动,不可禁止。乱世的百姓,默无声息,因为他们没有看见贤士。如果看到贤士,那么他们就会纷纷归往,不可阻止。归附贤士,说的不是身体与内心都归附吗?齐王以东帝的身份被六国诸侯所困,因而被鲁国夺取了徐州;赵王因建造寝陵被百姓疏离,因而被卫国夺取了茧氏之地。鲁国、卫国这样的小国能在大国面前得逞,是因为遇上了恰当的时机。所以贤明的君主与杰出的人士想为百姓思虑谋福的,乱世正是合适的时机。上天不会给人两次机会,时机不会长久停留,人的能力不可能同时在两个方面都很精巧,做事情关键就在于时机恰当。

注释

1 **猘(zhì)狗**:疯狗。 **溃**:乱。

2 **高国**:齐国的贵族高氏、国氏。

3 **唱**:通“倡”,倡导,先导。

4 **嗼(mò)然**:安静的样子。

5 **工**:精巧。

6 **当**:恰当,适当。

慎 人

导读

本篇阐述建立功名时机很重要,但是人为的努力也是必不可少的条件。文章说“功名大立,天也”。又进一步列举舜遇尧、禹遇舜、百里奚遇秦穆公以及孔子穷于陈、蔡之间等事例,来说明“时有遇与不遇”之理。同时,在论述舜的成功时,认为舜“不遇时”和“遇时”都能够尽力而为;在论述孔子的时候,又指出人不管是穷还是达,都不能不坚守道,从而阐明“成事在天,谋事在人”的道理。

原文

功名大立,天也。为是故[1],因不慎其人,不可。夫舜遇尧,天也。舜耕于历山,陶于河滨[2],钓

译文

建立显赫的功名,靠的是天时。然而,因为这个缘故,就不重视人的努力也是不行的。舜遇到尧这样的明君,靠的是天时。舜原来在历山耕种,在黄河边烧制陶器,

于雷泽，天下说之[3]，秀士从之，人也。夫禹遇舜，天也。禹周于天下，以求贤者。事利黔首，水潦川泽之湛滞壅塞可通者[4]，禹尽为之，人也。夫汤遇桀，武遇纣，天也。汤、武修身积善为义，以忧苦于民，人也。

在雷泽里垂钓，天下人都很喜欢他，优秀的人士追随着他，这是人为努力的结果。禹遇到舜这样的明君，靠的也是天时。禹周游天下寻求贤人，做对民众有利的事。那些凡是能够疏通的淤积的河流和湖泊，禹全都疏通了，这就是人为的努力。商汤遇到夏桀，武王遇到殷纣，靠的都是天时。商汤、武王能够修养自身，积善行义，整日为民众忧虑，这也是人为的努力。

注释

1 **是故**：是，此、这。故，缘故。

2 **陶**：烧制陶器。

3 **说**：通"悦"，喜欢。

4 **湛**：沉淀、沉积。

原文

舜之耕渔，其贤不肖与为天子同。其未遇时也，以其徒属，堀地财[1]，取水利[2]，编蒲苇，结罘网[3]，手足胼胝不居[4]，然后免于冻馁之患。其遇时也，登为天子。贤士归之，万民誉之，丈夫女子，振振殷殷[5]，无不戴说[6]。舜自为诗曰："普天之下，莫非王土；率土之滨[7]，莫非王臣。"所

译文

舜在种地捕鱼的时候，他的贤与不贤和当天子时是一样的。在他没有遇到有利时机时，他与自己的属下一起，耕种五谷，捕捉鱼鳖，编织蒲苇，织就渔网，手和足都起了老茧也不休息，然后才能免去冻饿之苦。机遇来临时，他即位当了天子。这时候，贤能之士全都归附他，万民也都赞誉他，男男女女欢欣鼓舞，没有不爱戴他的。舜自己作诗说："普天之下，没有不属于王的土地；四海之内，没有人不是王的臣民。"以此来表明舜已经拥有

以见尽有之也[8]。尽有之，贤非加也；尽无之，贤非损也。时使然也。

了一切。拥有一切时，他的贤德并没有增加；没有拥有一切时，他的贤德也没减损。这些都是时机的缘故。

注释

1 **地财**：粮食、五谷。

2 **水利**：鱼鳖等水产。

3 **罘**(fú)：捕兽的网。

4 **胼胝**(pián zhī)：因劳苦耕作而在手掌和脚底磨起的茧子。 **居**：休息。

5 **振振殷殷**：高兴喜悦的样子。

6 **戴**：爱戴。

7 **率**：沿着。

8 **见**(xiàn)：呈现、表现。

原文

百里奚之未遇时也，亡虢而虏晋[1]，饭牛于秦，传鬻以五羊之皮[2]。公孙枝得而说之，献诸缪公，三日，请属事焉[3]。缪公曰："买之五羊之皮而属事焉，无乃天下笑乎？"公孙枝对曰："信贤而任之，君之明也；让贤而下之[4]，臣之忠也。君为明君，臣为忠臣。彼信贤，境内将服，敌国且畏，夫谁暇笑哉？"缪公遂用

译文

在百里奚没遇到好机会的时候，他从虞国逃出并被晋国俘获，后又在秦国喂牛，以五张羊皮的价格被转卖。公孙枝在得到百里奚后非常喜欢他，就把他进献给了秦穆公，三天后，请求穆公委任他官职。穆公说："买他的时候只花了五张羊皮，却要委任他官职，这岂不是会被天下耻笑吗？"公孙枝回答："信任贤人并任用他，是君王您的贤明；让贤而甘居下位，是臣下的忠诚。君是明君，臣是忠臣。他如果真的贤德，国内民众都将顺服，敌国也会畏惧，谁还会有闲暇耻笑呢？"秦穆公于是就重用了百里奚。果然，百里奚的谋略没有不得当的，所

之。谋无不当，举必有功，非加贤也。使百里奚虽贤，无得缪公，必无此名矣。今焉知世之无百里奚哉？故人主之欲求士者，不可不务博也。

做的事也必定会成功，这并不说明他的贤德增加了。虽然百里奚自己贤明，但是如果没有遇上穆公，就必定不会有这样的名声。现在怎么能知道世上没有像百里奚这样的人呢？所以国君要想求得贤士，不可不四处去访求。

注释

1 **亡虢(guó)**：当为"亡虞"，指从虞国逃出。

2 **传鬻(yù)**：转卖。

3 **属(zhǔ)事**：委任官职。

4 **下之**：即礼贤下士，甘居于贤人之下。

原文

孔子穷于陈、蔡之间，七日不尝食，藜羹不糁[1]。宰予备矣，孔子弦歌于室，颜回择菜于外。子路与子贡相与而言曰："夫子逐于鲁，削迹于卫[2]，伐树于宋，穷于陈、蔡，杀夫子者无罪，藉夫子者不禁[3]，夫子弦歌鼓舞，未尝绝音。盖君子之无所丑也若此乎[4]？"颜回无以对，入以告孔子。孔子憱然推琴[5]，喟然而叹曰[6]："由与赐，小人也。召，吾语之。"子路与子贡入。

译文

孔子被围困在陈、蔡之间时，七天都没有吃到粮食，煮的野菜粥里也没有米粒。宰予很疲乏饥饿，孔子则在屋里抚琴唱歌，颜回在外择菜。子路和子贡对颜回说："夫子在鲁国受到驱逐，在卫国隐居，在宋国因树下习礼而树被人砍倒，如今在陈、蔡遇到困境，杀夫子的人没罪，侮辱夫子的人也挡不住，但夫子仍然在抚琴唱歌，击鼓而舞，而且从未中止过。君子竟是这样不知羞耻吗？"颜回无言以对，就进屋把这些话告诉了孔子。孔子听后不高兴地把琴推开，叹息说："仲由和端木赐真是小人啊。让他们进来，我有话讲。"子路和子贡进到室内。子贡说："像

子贡曰："如此者，可谓穷矣。"孔子曰："是何言也？君子达于道之谓达，穷于道之谓穷。今丘也拘仁义之道[7]，以遭乱世之患，其所也[8]，何穷之谓？故内省而不疚于道，临难而不失其德。大寒既至，霜雪既降，吾是以知松柏之茂也。昔桓公得之莒，文公得之曹，越王得之会稽。陈、蔡之厄，于丘其幸乎！"孔子烈然返瑟而弦[9]，子路抗然执干而舞[10]。子贡曰："吾不知天之高也，不知地之下也。"古之得道者，穷亦乐，达亦乐。所乐非穷达也，道得于此，则穷达一也，为寒暑风雨之序矣。故许由虞乎颍阳[11]，而共伯得乎共首[12]。

现在这种状况，可以说是困窘了。"孔子说："这叫什么话？君子通达于道义才叫通达，窘困于道义才叫窘困。现在我固守仁义之道，因而遭受乱世的祸患，这正是我本该有的处境，怎么能叫窘困呢？因此自我反省就行了，而不要在道义上感到内疚，面对危难也不丧失自己的品德。严寒来临，霜雪降落，松柏不凋落，我因此知道松柏的茂盛。昔日齐桓公因出奔莒国而萌生称霸之心，晋文公出亡曹地而萌生了称霸之心，越王句践困在会稽而萌生了报仇称霸之心。在陈、蔡所遇的困境，对我来讲或许是幸运吧！"孔子严肃地重新拿起琴来弹奏，子路志气高亢而手拿舞具跳舞。子贡说："我真是不知道天之高地之厚啊！"古代的得道之士，无论困窘还是显达时都是高兴的。如果自身得到了道，那么困窘和显达都是一样的，就如同寒暑风雨会交替出现一样。所以许由在颍水之北隐居也能自得其乐，共伯在共首山也能怡然自得。

注释

1 **藜羹**：煮的野菜粥。　**糁**(sǎn)：煮熟的米粒。

2 **削迹**：隐居。

3 **藉**：侮辱。

4 **丑**：羞耻。

5 **慽**(cù)**然**：不悦状。

6 喟(kuì)然:叹气状。

7 拘:固守。

8 其所也:适得其所。

9 烈然:严肃,令人敬畏的样子。 返:重新。

10 抗然:志气高亢貌。 干:舞具。

11 虞:通“娱”,自得其乐。

12 得:怡然自得。

遇合

导读

本篇的主旨是说君主与士人能否相合,具有偶然性。士人要有所作为,一定要有合适的时机。时机不合适,就要等到适合的时机才行动。对于士人,并非蒙受君主的恩宠都会有好的结果,“夫不宜遇而遇者,则必废”;反过来,对于君主,错失了杰出的士人,就可能会导致国家混乱、世道败坏。文章援引了孔子的事例。以孔子的才干,足可以为君王师,但即使是孔子,也没有得到任何一个国君的重用,只是被鲁国国君委任为司寇。作者感叹天下之所以乱,就是由于像孔子这样的贤人不能被赏识,而愚昧的人却得到重用。

然而,对于士人,并不能因人生际遇的不确定性,就可以采取机会主义的态度,而是要坚持自己的操守,道存乎心,一以贯之。正如文中孔子所说“故君子不处幸,不为苟,必审诸己然后任,任然后动”。只有如此,才可以义存乎心,“内省而不疚于道”。这种处事的态度,值得当今在躁动的社会气氛中奔波的人们好好体悟。

原文

凡遇，合也。[1]时不合，必待合而后行。故比翼之鸟死乎木，比目之鱼死乎海。孔子周流海内，再干世主[2]，如齐至卫[3]，所见八十余君，委质为弟子者三千人[4]，达徒七十人[5]。七十人者，万乘之主得一人用可为师，不为无人。以此游，仅至于鲁司寇[6]。此天子之所以时绝也，诸侯之所以大乱也。乱则愚者之多幸也[7]，幸则必不胜其任矣。任久不胜，则幸反为祸。其幸大者，其祸亦大，非祸独及己也。故君子不处幸，不为苟，必审诸已然后任，任然后动。

凡能听说者，必达乎论议者也。世主之能识论议者寡，所遇恶得不苟[8]？凡能听音者，必达于五声。人之能知五声者寡，所善恶得不苟？客有以吹籁见越王者[9]，羽、

译文

凡是要得到赏识，必定要有合适的时机。如果时机不合适，就要等到适合的时机才行动。因此，比翼鸟死在树上，比目鱼死在海里。孔子周游列国，不止一次向当世君主谋求官职，从齐国到卫国，拜见过八十多个君主，还收了三千名弟子，其中成绩卓著的有七十人。这七十个弟子，天子得到任何一个都可以把他当成老师，这不能说没有人才。然而孔子带领这些人周游于四海，自己却仅仅做到鲁国的司寇。不能任用圣人，这就是周天子退位、诸侯大乱的原因。乱世中愚昧的人大多都侥幸被任用，侥幸被任用者一定不能够胜任。长期不能胜任，那么侥幸被任用反而会成为祸害。越是侥幸得宠，其祸患就越大，并不是祸害偏偏降临到自己身上。所以，君子不存侥幸心理，不苟且行事，必定会慎重考虑自己的能力后才去任职，任职后再有所行动。

凡是善听之人，必定是通晓议论之人。世上的君主，能辨识议论的人很少，那么，他们所恩遇的人，怎么可能不是苟且之徒呢？凡是能听音乐的人，必定要通晓五音。世上的君主，能够通晓五音的人很少，那么，他们所喜好的怎能不是苟且而成的鄙俗之音？有一个吹箫的人来拜见越王，这

角、宫、徵、商不谬[10]，越王不善；为野音[11]，而反善之。说之道亦有如此者也。

个人吹得五音和谐，越王却不喜欢；吹出不合调的鄙俗之音时，反而受到越王的喜爱。议论、劝说这类事也会有这样的情况。

注释

1 **遇**：此处指遇到贤明的君主。 **合**：合乎时机。

2 **再**：多次。 **干**：谋求官职。

3 **如**：往，去。

4 **委质**：初次拜见尊长献上礼物。

5 **达徒**：杰出的弟子。

6 **司寇**：掌刑法的官。

7 **幸**：侥幸。

8 **恶**(wū)：怎么可能。

9 **籁**(lài)：古代一种吹奏乐器。

10 **谬**：错乱。

11 **野音**：鄙俗之音。

原文

人有为人妻者，人告其父母曰："嫁不必生也[1]。衣器之物，可外藏之，以备不生。"其父母以为然，于是令其女常外藏。姑妐知之[2]，曰："为我妇而有外心，不可畜[3]。"因出之。妇之父母以谓为己谋者以为忠，终身善之，亦不知所以然矣。宗庙之灭，天下之失，亦由此矣。故曰遇合也无

译文

有个嫁为人妇的人，有人对她父母说："嫁人后不一定会生孩子，衣服器具之类的东西，可以在外面收藏一些，以防不能生孩子被休弃。"她的父母认为很对，于是让女儿经常在外面隐藏财物。公婆知道了这件事，说："做我家的媳妇却有外心，不可以容她。"因此休掉了她。这女子的父母，竟因此认为给自己出主意的是忠诚的人，一生都同他交好，最终还不明白自己女儿被休的真正原因。宗庙的毁灭，天下的丧失，也往往是由于这

常。说，适然也[4]。若人之于色也，无不知说美者，而美者未必遇也。故嫫母执乎黄帝[5]，黄帝曰："厉女德而弗忘[6]，与女正而弗衰[7]，虽恶奚伤[8]？"若人之于滋味，无不说甘脆，而甘脆未必受也。文王嗜昌蒲菹[9]，孔子闻而服之，缩頞而食之[10]，三年然后胜之。人有大臭者[11]，其亲戚、兄弟、妻妾、知识无能与居者，自苦而居海上。海上人有说其臭者，昼夜随之而弗能去。说亦有若此者。

个缘故。所以说，相遇且适合是不常有的。相互之间的喜欢也是偶然的。如同人面对女色，没有人不喜欢美丽的，但不一定就能遇到美丽的。所以嫫母做黄帝的妻子，黄帝说："让她磨砺德行她不会忘记，交给她的事务她不会荒疏，即使长得丑陋又有什么关系？"如同人对于滋味，没有人不喜欢甜脆的，但甜脆的却未必人人都可以承受。文王爱好吃菖蒲做的腌菜，孔子听说后，皱着眉才吃下去，吃了三年才习惯。有一个体味很大的人，他的父母、兄弟、妻子和朋友没有谁能和他住在一起，那人就感到很痛苦，自己到海上去住。海上的人却喜欢他的体味，日夜跟随着他。喜欢人也有类似的情形。

注释

1 **生**：生子。

2 **姑妐**(zhōng)：公婆。

3 **畜**：容留。

4 **适然**：偶然。

5 **嫫**(mó)**母**：古代丑女，黄帝的妻子。

6 **厉**：磨砺。　**女**(rǔ)：通"汝"，你。

7 **正**：通"政"。

8 **恶**：貌丑。　**奚**：什么。

9 **昌蒲**：即菖蒲。　**菹**(zū)：腌菜。

10 **缩頞**(è)：皱眉。頞，同"额"，额头。　**食之**：指能够吃菖蒲腌菜。

11 **大臭**：狐臭。

原文

陈有恶人焉，曰敦洽雠麋，雄颡广颜[1]，色如漆赭[2]，垂眼临鼻，长肘而盭[3]。陈侯见而甚说之，外使治其国，内使制其身。楚合诸侯，陈侯病，不能往，使敦洽雠麋往谢焉。楚王怪其名而先见之。客有进，状有恶其名[4]，言有恶状。楚王怒，合大夫而告之，曰："陈侯不知其不可使，是不知也[5]；知而使之，是侮也；侮且不智，不可不攻也。"兴师伐陈，三月然后丧。恶足以骇人，言足以丧国，而友之足于陈侯而无上也，至于亡而友不衰。夫不宜遇而遇者，则必废[6]。宜遇而不遇者，此国之所以乱，世之所以衰也。天下之民，其苦愁劳务从此生。凡举人之本，太上以志，其次以事，其次以功。三者弗能，国必残亡，群孽大至，身必死殃，年得

译文

陈国有一个相貌丑陋的人，叫敦洽雠麋，尖顶宽额，脸色赤红，眼睑垂到鼻子上，手臂长而弯，大腿向两侧弯曲。陈侯看见他却很喜欢，在外让他治理国家，在内让他管理自己的日常事务。楚国盟会诸侯，陈侯有病不能前往，就派敦洽雠麋去向楚王致歉。楚王对敦洽雠麋的名字很好奇，就先接见了他。敦洽雠麋进来，楚王见他外表丑陋，说话粗野。楚王大怒，招来大臣说："陈侯不知道这个人不可以出使，是不明智；如果知道他不可出使，还派遣他，就是对我轻慢；对我轻慢又不明智的人，不能不去攻打他。"于是发兵讨伐陈国，三个月之后灭亡陈国。敦洽雠麋的外貌足以使人受惊吓，言语足以使国家灭亡，可是陈侯却对他友善，把他置为上宾，直到国家灭亡了，喜爱的程度都不减弱。不应该受赏识却受到赏识的人，必定不能长久受到赏识。反之，应该受赏识的人却没有受到赏识，这正是国家混乱、世道败坏的原因。天下的人民，他们的愁苦劳碌因此而产生。大凡举荐人的根本，首先是其志向，其次是做事，然后是功绩。如果这三种人都得不到举荐，那国家就一定会残破灭亡，各种灾祸就会同时到来，自身也定遭受死亡或祸患，能活到七十、九十

至七十、九十犹尚幸。贤圣之后，反而孽民，是以贼其身[7]，岂能独哉？

岁的，就是很大的幸运了。陈侯是圣贤的后代，反而害了自己的人民，还因此祸害了自身，至于其他君主，又怎能独善其身呢？

注释

1 **雄颡**(sǎng)：尖顶。颡，额。 **广颜**：宽额。颜，两眉之间。

2 **漆赭**(zhě)：黑红色。

3 **盭**(lì)：通“戾”，乖戾。

4 **有**：通“又”。

5 **不知**(zhì)：不明智。

6 **废**：不能长久得到赏识。

7 **贼**：祸害。

必己

导读

本篇承接上篇，进一步发挥了“外物不可必”的道理，即事物的发展没有固定的模式，变化多端，一切随客观条件的变化而变化。影响事物发展的一切主、客观因素，就是所谓的“时”。时没有必然性，也可遇不可求，因之现实世界中充满了道家哲学的相对主义现象。但另一方面，作者虽然强调“重时贵因”，并没有完全滑入宿命论的消极和自暴自弃的泥潭之中，而是以谋事在人的态度“不懈人事”，做好自己应当做的，剩下的交付给偶然性。君子严格要求自己，而不苛求他人或客观条件。依靠自己，才能更好地把握机遇。

原文

外物不可必[1]。故龙逄诛[2]，比干戮，箕子狂，恶来死，桀、纣亡。人主莫不欲其臣之忠，而忠未必信，故伍员流乎江，苌弘死，藏其血三年而为碧。亲莫不欲其子之孝，而孝未必爱，故孝己疑，曾子悲。

译文

不可过分信赖外物。因为过于信赖外物，所以龙逄因忠谏被杀，比干因忠谏被剖心，箕子被逼装疯，恶来被杀死，桀、纣最终灭亡。凡是君主，没有不希望自己的臣下忠诚的，但忠诚未必会被信任，所以伍员被投入江中，苌弘悲惨而死，他的血被藏起来，三年后变为碧玉。凡是父母，没有不希望自己的儿子孝顺的，但孝顺未必会被喜爱，曾子因孝而被父母疑忌，他为此感到悲伤。

注释

1 **必**：凭借，信赖。

2 **龙逄**(páng)：也作"龙逢"，即关龙逢，夏朝的贤人，因进谏而被桀所杀。

原文

庄子行于山中，见木甚美，长大，枝叶盛茂，伐木者止其旁而弗取。问其故，曰："无所可用。"庄子曰："此以不材得终其天年矣。"出于山，及邑，舍故人之家[1]。故人喜，具酒肉[2]，令竖子为杀雁飨之[3]。竖子请曰："其一雁能鸣，一

译文

庄子走在山中，看到一棵美丽而高大的树木，它枝繁叶茂，伐木者停在树旁却不砍伐它。庄子问他为何如此，伐木者说："这树并没有什么用处。"庄子说："这棵树不成材，反而因此得以终其天年了。"庄子从山中出来，走到村子里，留宿在一个老朋友的家里。老朋友很高兴，置备酒肉，叫童仆杀鹅款待他。童仆请示道："一只鹅会叫，一只鹅不会叫，请问杀哪

雁不能鸣，请奚杀？”主人之公曰：“杀其不能鸣者。”明日，弟子问于庄子曰：“昔者山中之木以不材得终天年，主人之雁以不材死，先生将何以处？”庄子笑曰：“周将处于材、不材之间[4]。材、不材之间，似之而非也，故未免乎累[5]。若夫道德则不然，无讶无訾[6]，一龙一蛇，与时俱化，而无肯专为；一上一下，以禾为量[7]，而浮游乎万物之祖，物物而不物于物，则胡可得而累？此神农、黄帝之所法[8]。若夫万物之情、人伦之传则不然，成则毁，大则衰，廉则铎[9]，尊则亏，直则骫[10]，合则离，爱则隳[11]，多智则谋[12]，不肖则欺，胡可得而必？”

只？”主人的父亲说：“就杀不会鸣叫的。”第二天，学生向庄子问道：“昨天山中的树因为不成材而能够终其天年，这位主人的鹅却因为不成材而被杀死，先生您会如何选择呢？”庄子笑着说：“我将处于成材与不成材之间。成材与不成材之间，这是似是而非的说法，所以并不能免于忧患。如果遵循道而行事，就不会这样了，既不惊讶，也无毁谤，有时化为龙，有时化为蛇，与时俱进，而不执着于特定的形态；有时上升，有时下降，以顺应自然为准则，在万物的虚无状态中漫游，役使万物而不被万物所役使，那么怎会遭受祸害呢？这就是神农、黄帝所效法的原则。至于万物的情理、人伦的流传，就不是这样了，成功了就会毁坏，强大了就会衰弱，锋利了就会缺损，尊贵了就会受到挫伤，直了就会弯曲，汇聚了就会分散，喜爱就会被废毁，智谋多端就会遭人算计，愚笨就会受人欺辱，这些都是外物变动不居的情形，怎么能够依仗呢？”

注释

1 **舍**：留宿。 **故人**：老朋友。

2 **具**：置备。

3 **竖子**：童仆。 **雁**：鹅。

4 **周**：即庄周，庄子的名。

5 累:忧患。
6 讶:惊讶。 訾(zǐ):毁谤、非议。
7 禾:通“和”,指顺应自然。 量:量度,测量容量和长度的标准。
8 法:效法。
9 廉:锋利。 锉(cuò):挫伤,挫折。
10 骫(wěi):弯曲。
11 隳(huī):废毁。
12 谋:遭遇他人算计。

原文

牛缺居上地[1],大儒也。下之邯郸,遇盗于耦沙之中。盗求其橐中之载,则与之[2];求其车马,则与之;求其衣被,则与之。牛缺出而去,盗相谓曰:“此天下之显人也,今辱之如此,此必诉我于万乘之主[3],万乘之主必以国诛我,我必不生。不若相与追而杀之,以灭其迹。”于是相与趋之,行三十里,及而杀之[4]。此以知故也。孟贲过于河[5],先其五,船人怒,而以楫虓其头[6],顾不知其孟贲也。中河,孟贲瞋目而视船人,发植[7],目裂,鬓指,舟中之人尽扬播入于

译文

牛缺是个有成就的儒生,居住在上地。他到邯郸去,在渭水的河滩上遇上了强盗。强盗索要他口袋里的钱财,他就给了他们;索要他的车马,他也给了他们;索要他的衣服被子,他还是给了他们。牛缺脱身离去后,盗贼们说道:“他是天下有名的人,现今受此大辱,必定会向国君诉说,国君必将动用官府的力量来诛伐我们,我们必死无疑。不如一起赶上他,把他杀死,灭掉他的踪迹。”于是强盗一起追赶,走了三十里,终于追上并杀死了他。这是因为盗贼知道了牛缺身份的缘故。孟贲渡河,上船时抢在了队伍的前面,船工发怒,用桨敲他的头,竟然不知道他是孟贲。到了河中间,孟贲头发直立,睁大了眼睛,愤怒地瞪着船工,船上的人慌乱中都掉到了河里。如果船工知道他就是孟贲,连正眼都不敢看他,也没有人敢走在他前面,又

河。使船人知其孟贲，弗敢直视，涉无先者，又况于辱之乎？此以不知故也。知与不知，皆不足恃，其惟和调近之。犹未可必，盖有不辨和调者，则和调有不免也。宋桓司马有宝珠，抵罪出亡。王使人问珠之所在，曰："投之池中。"于是竭池而求之，无得，鱼死焉。此言祸福之相及也。纣为不善于商，而祸充天地，和调何益？

怎么敢侮辱他呢？这是因为船工没有事先知道他是孟贲的缘故。因此，被人了解与不被人了解，都不足以依靠，大概只有和调才接近于能够依靠。即便如此，也未必就能免祸，因为有不能辨识和调的人，所以和调也不一定能够依靠。宋国的桓司马有颗宝珠，他因罪逃亡在外。宋景公派人问他宝珠的下落，他说："扔到一个池塘里了。"于是宋景公派人抽干了池水搜寻，珠宝没有找到，鱼却因此都死了。这讲的是祸与福是相互依存的道理。纣在殷商做尽不善的事，祸患充塞于天地之间，依靠和调处事又有什么用处呢？

注释

1 **牛缺**：春秋时人名。
2 **橐**(tuó)：口袋。
3 **诉**(sù)：陈情、诉说。
4 **及**：赶上。
5 **孟贲**(bēn)：古代勇士。
6 **楫**：船桨。　**虓**(xiāo)：原义为虎啸，亦指人勇猛。此处可理解为打击。
7 **植**：竖立。

原文

张毅好恭，门闾帷薄聚居众无不趋[1]，舆隶姻媾小童无不敬[2]，以定其身；不终其寿，内热而死。单

译文

张毅对人恭敬，凡是经过他人门前、帷幕垂帘及人多的地方，无不快步走过，对待赶车的奴隶、亲戚、童仆，无不尊敬他们，以便使自身平安；然而，这样的好人却

豹好术，离俗弃尘，不食谷实，不衣芮温[3]，身处山林岩堀[4]，以全其生；不尽其年，而虎食之。孔子行道而息，马逸[5]，食人之稼，野人取其马[6]。子贡请往说之，毕辞，野人不听。有鄙人始事孔子者曰[7]："请往说之。"因谓野人曰："子不耕于东海，吾不耕于西海也，吾马何得不食子之禾？"其野人大说，相谓曰："说亦皆如此其辩也！独如向之人[8]？"解马而与之。说如此其无方也而犹行，外物岂可必哉？

君子之自行也，敬人而不必见敬，爱人而不必见爱。敬爱人者，己也；见敬爱者，人也。君子必在己者，不必在人者也。必在己，无不遇矣。

不能享受天年，因内热而死。单豹喜好道术，远离尘俗，不吃五谷，不穿丝绵衣服，住在深山洞穴之中，以保全其生命；然而也不能尽享天年，最后被老虎吃掉了。孔子在路上休息时，马跑了，吃了乡人的庄稼，于是乡人牵走了他的马。子贡能言善辩，请求去劝说乡人，费尽言辞，乡人不听。有个来自偏远地区的人，刚刚追随孔子，他说："让我来说服他们。"于是那人对乡人说："你不在东海耕田，我不在西海耕田，我的马怎么不吃你的禾苗呢？"乡人听了很高兴，对他说："你真是善辩啊！哪像刚才那个人？"于是解下马交还给他。说话如此不讲方式，却可以行得通，由此来看，对外物又怎么可以依仗呢？

君子自己行事，尊敬别人而不一定被别人尊敬，关爱别人而不一定被别人关爱。尊敬和关爱别人，在于自己；被别人尊敬和关爱，在于别人。君子一定要严格要求自己，而不苛求别人。依靠自己，没有不获得机遇的。

注释

1 **帷薄**：居住处。　**趋**：快步走。

2 **舆隶**：奴隶。　**媾**(gòu)：结合。

3 **芮**：粗的丝绵。　**温**(yùn)：通"缊"，新旧混合的丝棉絮。

4 **堀**(kū):同“窟”,洞穴。

5 **逸**:逃跑。

6 **野人**:农夫。

7 **鄙人**:边远地区的人。

8 **向**:刚才。

慎大

导读

本篇的主要内容是阐述为君之道,告诫君主应当居安思危。文中举周武王的事例,劝诫君主要学习慎大之理。贤主的态度应当是“愈大愈惧,愈强愈恐”。武王胜殷,在听了两个俘虏对殷朝的社会状况发表的观点后,他避席而拜,赞赏其言论。文章指出:“此非贵虏也,贵其言也。”因此,君主在面对胜利时应当谨慎,“于安思危,于达思穷,于得思丧”。这是贤明的君主应当懂得的执政原则。

原文

贤主愈大愈惧,愈强愈恐。凡大者,小邻国也[1];强者,胜其敌也。胜其敌则多怨,小邻国则多患。多患多怨,国虽强大,恶得不惧?恶得不

译文

贤明的君主,国土越大越感到恐惧,国力越强大越感到担忧。凡是国土广大的,就会轻视邻国;力量强盛的,就会战胜敌国。战胜敌国,就会招致很多怨恨;轻视邻国,就会招致很多祸患。怨恨和祸患增多,即便国家强大,又怎能不感到恐

恐？故贤主于安思危，于达思穷，于得思丧。《周书》曰："若临深渊，若履薄冰[2]。"以言慎事也。

惧？所以贤明的君主会居安思危，在显赫之时想到窘困之时，在有所得之时想到有所失之时。《周书》上说："如临深渊，如履薄冰。"这是说要小心谨慎地处事。

注释

1 小：轻视、欺凌。

2 履：踩、踏。

原文

桀为无道，暴戾顽贪，天下颤恐而患之[1]，言者不同，纷纷分分[2]，其情难得。干辛任威[3]，凌轹诸侯[4]，以及兆民，贤良郁怨。杀彼龙逄，以服群凶[5]。众庶泯泯[6]，皆有远志，莫敢直言，其生若惊。大臣同患，弗周而畔[7]。桀愈自贤，矜过善非[8]，主道重塞，国人大崩。汤乃惕惧[9]，忧天下之不宁，欲令伊尹往视旷夏[10]，恐其不信，汤由亲自射伊尹。伊尹奔夏三年[11]，反报于亳[12]，曰："桀迷惑于末嬉[13]，好彼琬、琰[14]，不恤其众，众志不堪，上下相疾[15]，民心

译文

夏桀昏庸无道，残暴贪婪，天下人无不害怕、忧虑，人们议论纷纷，各有所怨，而天子却不能了解真实的情况。干辛逞威施虐，欺凌诸侯，压迫百姓，贤良的人怨恨郁结。夏桀杀死敢于直谏的龙逄，想以此来压服群臣的诤谏。百姓纷乱惊恐，都有弃他而去的打算，没有谁再敢说真话，所有人都生活在恐惧之中。大臣们全都很忧虑，他们不再和夏桀同心，怀有背叛之意。夏桀越发觉得自己英明，炫耀自己的过失，夸饰自己的缺点，为君之道被严重阻滞，国人也分崩离析。商汤感到很恐惧，忧虑天下百姓不能得到安宁，想派伊尹去夏国观察实情，又担心夏桀怀疑，于是扬言要亲自射杀伊尹。伊尹就逃到夏国，三年后，伊尹回到亳禀报说："夏桀迷恋末嬉，又宠爱琬、琰二妾，毫无怜民之心，民众已忍无可忍，官员和百姓互相怨

积怨，皆曰：‘上天弗恤，夏命其卒。’”汤谓伊尹曰：“若告我旷夏尽如诗。”汤与伊尹盟，以示必灭夏。伊尹又复往视旷夏，听于末嬉。末嬉言曰：“今昔天子梦西方有日，东方有日，两日相与斗，西方日胜，东方日不胜。”伊尹以告汤。商涸旱，汤犹发师，以信伊尹之盟，故令师从东方出于国，西以进。未接刃而桀走，逐之至大沙。身体离散，为天下戮[16]。不可正谏，虽后悔之，将可奈何？汤立为天子，夏民大说，如得慈亲。朝不易位，农不去畴[17]，商不变肆[18]，亲郼如夏[19]。此之谓至公，此之谓至安，此之谓至信。尽行伊尹之盟，不避旱殃，祖伊尹世世享商。

恨，民众心中充满怨气，纷纷说：‘老天不保佑夏国，夏国的气数已尽。’”商汤对伊尹说：“你所说的夏国情况都与民谣中唱的一样。”汤与伊尹订立了盟约，以示灭夏的决心。伊尹又去观察夏国的动静，听命于末嬉。末嬉说：“天子昨天夜里梦见西方和东方各有一个太阳，两个太阳相斗，西方的太阳胜利了，东方的太阳却失败了。”伊尹就把这话告诉了商汤。这时，商正逢大旱，但商汤仍然发兵攻夏，因为他要信守和伊尹订立的盟约，他命令军队从东面出国都，绕到西面进攻夏国。还没交战，桀就逃跑了，汤一直追赶至大沙，才把他杀死。桀身首异处，被天下人所羞辱。当初夏桀不听劝谏，如今即使后悔又有什么用？汤做了天子，夏国的民众非常拥护他，就如同得到了慈父。夏朝的官位一律不变更，农民不离开田亩，商贾不改变经商的市场，百姓对商朝的亲近同对夏朝一样。这就是最公正、最安定、最守信用的例子。汤完全兑现了他和伊尹的盟约，不避开旱灾而坚持发兵，最终取得了成功，也让伊尹世世代代享受商的祭祀。

注释

1 **颤**：惊恐状。

2 **分分**：这里是怨恨的意思。

3 **干辛**:人名,即高阳氏。 **任**:放纵。

4 **凌轹**(lì):欺压,凌迫。

5 **凶**:群臣的诤谏。

6 **泯泯**(mǐn):纷乱的样子。

7 **弗周**:不亲附。 **畔**:通“叛”。

8 **矜**:夸耀。 **善**:以……为善。

9 **惕惧**:恐惧。

10 **旷**:辽阔、大。

11 **奔**:逃亡。

12 **亳**(bó):商朝都城。

13 **末嬉**:即妺(mò)喜,有施氏之女,夏桀的王后。

14 **琬、琰**:夏桀的两个妾的名字。

15 **疾**:怨恨。

16 **戮**:羞辱,侮辱。

17 **畴**:田亩。

18 **肆**:古代的市场。

19 **郼**(yī):殷商的别称。

原文

武王胜殷,入殷,未下轝,命封黄帝之后于铸,封帝尧之后于黎,封帝舜之后于陈;下轝,命封夏后之后于杞,立成汤之后于宋,以奉桑林。武王乃恐惧,太息流涕,命周公旦进殷之遗老,而问殷之亡故,又问众之所说,民之所欲。殷之遗老

译文

周武王战胜殷纣,进入殷都还没有下车,就命令把黄帝的后代封于铸,把尧帝的后代封于黎,把帝舜的后代封于陈;下车后,命令把夏后氏的后代封于杞,立汤的后代为宋的国君,以便延续桑林的祭祀。即便如此,武王仍然感到很恐惧,叹息流泪,于是就命令周公旦领来殷朝的遗老,询问他们殷朝灭亡的原因,又问百姓喜欢什么,希望得到什么。遗老们回答:“希望能够恢复盘庚时的良善治理。”武

对曰："欲复盘庚之政。"武王于是复盘庚之政，发巨桥之粟，赋鹿台之钱[1]，以示民无私。出拘救罪，分财弃责[2]，以振穷困[3]。封比干之墓[4]，靖箕子之宫[5]，表商容之闾[6]，士过者趋，车过者下。三日之内，与谋之士封为诸侯，诸大夫赏以书社，庶士施政去赋。然后济于河，西归报于庙[7]。乃税马于华山[8]，税牛于桃林，马弗复乘，牛弗复服。衅鼓旗甲兵，藏之府库，终身不复用。此武王之德也。故周明堂外户不闭，示天下不藏也。唯不藏也可以守至藏。武王胜殷，得二虏而问焉，曰："若国有妖乎？"一虏对曰："吾国有妖。昼见星而天雨血，此吾国之妖也。"一虏对曰："此则妖也。虽然，非其大者也。吾国之妖，甚大者，子不听父，弟不听兄，君令不行，此妖之大

王于是恢复了盘庚时的治理，打开巨桥仓库，把米粟散发给百姓；打开鹿台钱库，把钱币分发给百姓，来表示自己的大公无私。释放殷朝被拘禁的人，广发钱财，免除债务，救济穷困。修葺了比干的坟墓，装饰了箕子的宫室，在商容的住所树立标志，要求行人经过时恭敬疾趋，乘车的人要下车致敬。三天之内，把参与伐殷的贤士都封为诸侯，把土地奖赏给大夫们，又减免了普通庶士的赋税。然后渡过黄河，回到西都丰镐，向太庙报告功绩。于是将马放于阳华山，将牛放于桃林，不再让马、牛驾车服役。又在战鼓、军旗、铁甲和武器上涂抹牲血，藏入府库，表示终身不再使用。这些都是周武王的仁德。所以周朝天子明堂的外门从不关闭，以此向天下人表示没有私藏。没有私藏才能保持高尚的内在仁德。周武王战胜殷纣后，进入殷都，捉到了两个俘虏，就问他们："你们的国家有怪异的事吗？"其中一个回答："有怪异的事。在我们的国家，白天能看到星星，天上降下血雨。"另一个俘虏回答："这确实是怪异的事。但这还不是大的怪异。我们国家特别大的怪异之事是，儿子不听父亲的，弟弟不听兄长的，君主的命令不能实行，这才是最大的怪异之事。"武王听后，急忙离开坐席，向他行再拜之礼。

者也。”武王避席再拜之。此非贵虏也，贵其言也。故《易》曰：“愬愬履虎尾[9]，终吉。”

这不是因为俘虏尊贵，而是他们的言辞可敬。所以《周易》讲：“一举一动都戒慎恐惧，就像脚踩在了虎尾上，最终定能大吉大利。”

注释

1 **赋**：给予，分发。

2 **责**(zhài)：同“债”，债务。

3 **振**：救济。

4 **封**：用土堆高，此处指修葺。

5 **靖**：通“旌”，表彰。　**宫**：室。

6 **表**：标记。

7 **庙**：宗庙，这里指文王之庙。

8 **税**：释放。

9 **愬愬**(shuòshuò)：恐惧的样子。

原文

赵襄子攻翟，胜老人、中人，使使者来谒之。襄子方食抟饭[1]，有忧色。左右曰：“一朝而两城下，此人之所以喜也，今君有忧色何？”襄子曰：“江河之大也，不过三日。飘风暴雨[2]，日中不须臾。今赵氏之德行无所于积，一朝而两城下，亡其及我乎？”孔子闻之曰：“赵氏

译文

赵襄子攻打翟国，攻下了老人城和中人城，使者来当面报告战况。赵襄子正吃着饭团，听后面露忧虑的神色。左右的侍从说：“一个早晨攻打下了两座城池，这是人们都高兴的事，而国君为何却面露忧色呢？”襄子说：“江河的水如果涨了，不超过三天就会回落。旋风和暴雨不能持续很久。而现在赵氏的品德，还没有得到充分的积累，一个早晨攻打下两个城邑，恐怕要轮到我灭亡了吧？”孔子听到后说：“赵氏是要昌盛了呀！”忧虑、恐惧是能够昌盛的

其昌乎！”夫忧所以为昌也，而喜所以为亡也。胜非其难者也，持之其难者也。贤主以此持胜，故其福及后世。齐、荆、吴、越皆尝胜矣，而卒取亡，不达乎持胜也。唯有道之主能持胜。孔子之劲，举国门之关[3]，而不肯以力闻。墨子为守攻，公输般服，而不肯以兵加。善持胜者，以术强弱。

原因，高兴和得意则是灭亡的原由。取得胜利不是困难的，如何能够保持胜利才是困难的。贤明的君主以此来保持胜利，所以他的福气能够传到子孙后代。齐、楚、吴、越都曾经胜利过，最后还是走向了灭亡，这是因为它们不懂得如何保持胜利啊。只有贤明的君主才能够保持胜利。孔子的力量那样大，能够举起国都城门的门闩，但他不愿以力大而闻名天下。墨子能够做攻守的准备，即使公输盘也很折服，但墨子不肯以善于用兵而被天下人知晓。善于保持胜利的人，能够凭借谋略，使弱小变成强大。

注释

1 **抟(tuán)饭**：饭团。

2 **飘风**：旋风。

3 **关**：门闩。

顺说

导读

本篇的主旨是阐明士人如何劝说国君，其法即为“顺说”。所谓顺说，就是能够因势利导，顺着听者的心理需求进行劝说，让对方认同自己的观点。文中列举惠盎、田赞、管仲的事例，说明“顺说”的必要性，并指出，能够顺势而说，顺势而为，就能够治理拥有万辆兵车的大国，那么成就霸业也不过是小事。

原文

善说者若巧士[1]，因人之力以自为力[2]，因其来而与来，因其往而与往，不设形象，与生与长，而言之与响[3]。与盛与衰，以之所归[4]。力虽多，材虽劲，以制其命。顺风而呼，声不加疾也；际高而望[5]，目不加明也。所因便也。

译文

善于劝说的人就像能工巧匠一样，将他人的力量当作自己的力量，凭借着别人的来势而来，凭借着别人的去势而去，不露痕迹，顺着劝说对象的出现、发展而出现、发展，如同说话与回声一样相互呼应。追随并呼应对方的兴盛和衰微，以便因势利导，让对方认同自己的观点。这样，尽管他的力量十足，才能强劲，也能控制他的命运。就像顺着风呼喊，声音并没有增大，可是远处却能听到；到高处眺望，眼睛并没有更亮，但却能看得很远。这是因为有所凭借。

注释

1 **说**:劝说。

2 **因**:借助。

3 **响**:回声。

4 **所归**:最终的目标。

5 **际**:达到。

原文

惠盎见宋康王[1]。康王蹀足謦欬[2],疾言曰:“寡人之所说者,勇有力也,而无为仁义者。客将何以教寡人?”惠盎对曰:“臣有道于此,使人虽勇,刺之不入;虽有力,击之弗中。大王独无意邪?”王曰:“善!此寡人所欲闻也。”惠盎曰:“夫刺之不入,击之不中,此犹辱也。臣有道于此,使人虽有勇弗敢刺,虽有力不敢击。大王独无意邪?”王曰:“善!此寡人之所欲知也。”惠盎曰:“夫不敢刺,不敢击,非无其志也。臣有道于此,使人本无其志也。大王独无意邪?”王曰:“善!此寡人之所愿也。”惠盎曰:“夫无其志也,未有爱利之

译文

惠盎谒见宋康王,康王顿足咳嗽,大声说:“我所喜欢的是勇敢而有力的人,而非行仁义的人。您有什么可以教寡人的?”惠盎回答说:“我有个方法,就算勇武之人,也刺不进您的身体;就算有力之人,也击不中您。您难道不想了解这种方法吗?”康王说:“好,这是我想要听的。”惠盎说:“即使刺不进您的身体,击不中您,但这仍然令您受到羞辱。我还有方法,使人即使勇武却不敢刺您,即使有力却不敢击您。大王您难道不想了解吗?”康王说:“很好!这正是我想了解的。”惠盎说:“那些人就算不敢刺您,不敢击您,并不表明没有刺和击的想法啊。我有个方法,使人根本就没有这样的想法。您难道不想了解吗?”康王说:“好,这是寡人所希望的。”惠盎说:“那些人即使没有攻击您的想法,却还没有爱您和有利于您的心。我还有一个方法,使天下的男男女女没有不欢快地对您怀有爱

心也。臣有道于此，使天下丈夫女子莫不欢然皆欲爱利之[3]。此其贤于勇有力也，居四累之上[4]。大王独无意邪？”王曰：“此寡人之所欲得。”惠盎对曰：“孔、墨是也。孔丘、墨翟，无地为君，无官为长，天下丈夫女子莫不延颈举踵而愿安利之[5]。今大王，万乘之主也，诚有其志，则四境之内皆得其利，其贤于孔、墨也远矣[6]。”宋王无以应。惠盎趋而出，宋王谓左右曰：“辨矣[7]！客之以说服寡人也。”宋王，俗主也，而心犹可服，因矣。因则贫贱可以胜富贵矣，小弱可以制强大矣。

利之心。这就胜过勇武有力了，这才是比上述四种行为更可取的一种。您难道不想了解吗？”康王说：“这是我想要得到的。”惠盎应对说：“孔子、墨子就是这样的人。孔丘、墨翟，没有封国，却能像国君那样被人尊敬；没有官职，但却能像当官长一样受到尊敬，天下的男男女女无不伸着脖子、抬起脚跟，殷切地盼望他们平安顺利。现在，您是拥有万辆兵车的大国君主，如果真有这样的志向，那么四境之内都会从您这里得到好处，您这样做又远远比孔子、墨子更加贤明了。”宋王无以应答。惠盎快步走了出去，宋王对身边人说：“此人很善辩。他已经说服我了。”宋王只是一个平庸的君主，可他的内心还是可以被说服的，这是惠盎能因势利导的结果。能因势利导，那么就能够以贫胜富，以弱胜强。

注释

1 **惠盎**(àng)：战国时宋国大臣。

2 **蹀**(dié)**足**：跺脚、顿足。　**謦欬**(qǐng kài)：咳嗽。

3 **丈夫**：成年男子。

4 **四累**：前文所述四种有害行为。

5 **举踵**：抬起脚跟。

6 **贤于**：比……贤明。

7 **辨**：通“辩”，指善于辩说。

原文

田赞衣补衣而见荆王[1]，荆王曰："先生之衣，何其恶也？"田赞对曰："衣又有恶于此者也。"荆王曰："可得而闻乎？"对曰："甲恶于此[2]。"王曰："何谓也？"对曰："冬日则寒，夏日则暑，衣无恶乎甲者。赞也贫，故衣恶也。今大王，万乘之主也，富贵无敌，而好衣民以甲，臣弗得也[3]。意者为其义邪[4]？甲之事，兵之事也，刈人之颈[5]，刳人之腹[6]，隳人之城郭[7]，刑人之父子也[8]。其名又甚不荣。意者为其实邪？苟虑害人，人亦必虑害之；苟虑危人，人亦必虑危之。其实人则甚不安。之二者，臣为大王无取焉。"荆王无以应。说虽未大行，田赞可谓能立其方矣。若夫偃息之义[9]，则未之识也[10]。

译文

田赞穿着有补丁的旧衣服拜见楚王，楚王说："先生的衣服怎么如此破旧呢？"田赞回答说："还有比破衣烂衫更糟糕的衣服。"楚王说："可以让我听听吗？"田赞回答说："铠甲比这更糟糕。"楚王说："为什么这么说？"田赞回答说："冬天穿上冷，夏天穿上热，没有比铠甲更糟糕的衣服了。我很贫穷，所以穿的衣服很坏。现在大王您是拥有万辆兵车的大国君主，富贵无比，却喜欢让人们穿铠甲，我不明白为何这样。我猜测这或许这是为了行仁义吧。铠甲的事就是有关战争的事，就是砍断别人的脖子，挖开别人的肚子，毁坏别人的城池，杀死别人的父子的事啊。兴兵好战，这种名声又很不荣耀。又或许这是为了谋取实际利益吗？如果一个人谋划损害别人，别人也必定谋划损害他；如果一个人思虑着让别人遭受危险，别人也必定思虑着让他遭受危险。这样实际上大家都会变很不安宁。这两种情况，我认为您还是不要选择。"楚王无以应答。田赞的主张虽然没有被全面采纳实行，但他也可以说是能够树立自己的主张了。至于偃兵息民，那田赞还没有做到这一点。

注释

1 **补衣**：打满补丁的破旧衣服。

2 **甲**：铠甲。

3 **弗得**：没有明白，不知晓。

4 **意者**：猜测，料想。

5 **刈**(yì)：砍断、割断。

6 **刳**(kū)：剖挖。

7 **隳**(huī)：毁坏。

8 **刑**：杀死。

9 **偃息**：偃兵息民。

10 **未之识**：还不能达到。

原文

管子得于鲁，鲁束缚而槛之[1]，使役人载而送之齐，其讴歌而引。管子恐鲁之止而杀己也，欲速至齐，因谓役人曰："我为汝唱，汝为我和。"其所唱适宜走，役人不倦，而取道甚速。管子可谓能因矣。役人得其所欲，己亦得其所欲。以此术也，是用万乘之国，其霸犹少，桓公则难与往也。

译文

管仲在鲁国被抓住，鲁国人把他捆起来装在囚车里，派差役驾车把他送到齐国，差役全都唱着歌拉车。管仲害怕鲁国羁留并且杀死自己，想赶快回到齐国，于是就对差役们说："我给你们引唱，然后你们应和我。"管仲唱歌的节拍正好适宜于快走，差役们不觉得疲倦，因而走路很快。管仲可以说是善于顺势而为了。差役得到了自己所希望的，管仲也达到了自己的目的。用顺势而为这个方法治理拥有万兵车的大国，成就霸业也不过是小事，只是齐桓公难以与管仲配合而已。

注释

1 **槛**(jiàn)：收押在囚笼中。

贵 因

导读

所谓贵因，就是因时而动的意思。本篇强调重视利用一切可以利用的条件，顺其势而成其功。文中列举大量的事例，反复强调贵因对于取得成功的重要性。同时，贵因、重时与自身的努力相辅相成。文章以武王克殷为例，指出武王通过实行仁政，为自身的成功创造条件。因而，贵因不是消极的坐等，而是主动创造条件。

原文

三代所宝莫如因[1]，因则无敌。禹通三江五湖，决伊阙[2]，沟回陆[3]，注之东海，因水之力也。舜一徙成邑，再徙成都，三徙成国，而尧授之禅位，因人之心也。汤、武以千乘制夏、商，因民之欲也。如秦者立而至，有车也；适越者坐而至[4]，有舟也。秦、越，远涂也，竫立安坐而至者，[5]因其械也。

译文

夏、商、周三代，没有什么比得上因势利导、凭借外物更宝贵的了，因势利导就能所向无敌。禹疏通三江五湖，挖凿伊阙山，疏通陆地沟渠，让水流入东海，这是顺应了水的力量。舜首次迁移就建成了城邑，再次迁移建成了都城，第三次迁移建立了国家，因而尧把帝位禅让给他，这是顺应了民心。汤、武王凭着区区千辆兵车的诸侯国地位征服夏、商，这是顺应了人民的期待。到秦国去的人，站在车上就可以到达，是因为有车；到越国去的人，坐在船上就可以到达，是因为有船。到秦、越两国路途遥远，但人平静地站着、安静地坐着就能到达，这是因为借助于车船等交通工具。

注释

1 **因**:因应、顺应。

2 **伊阙**:地名,即今河南洛阳的龙门。

3 **沟**:疏通。　**回陆**:沟渠,水道。

4 **适**:往,到。

5 **涂**:通"途"。　**竫**:安静。

原文

武王使人候殷[1],反报岐周曰:"殷其乱矣。"武王曰:"其乱焉至[2]?"对曰:"谗慝胜良[3]。"武王曰:"尚未也。"又复往,反报曰:"其乱加矣。"武王曰:"焉至?"对曰:"贤者出走矣。"武王曰:"尚未也。"又往,反报曰:"其乱甚矣。"武王曰:"焉至?"对曰:"百姓不敢诽怨矣。"武王曰:"嘻!"遽告太公[4]。太公对曰:"谗慝胜良,命曰戮;贤者出走,命曰崩;百姓不敢诽怨,命曰刑胜[5]。其乱至矣,不可以驾矣[6]。"故选车三百,虎贲三千[7],朝要甲子之期[8],而纣为禽[9],则武王固知其

译文

周武王派人到殷商打探消息,那人回到岐周报告说:"殷商一片混乱。"武王说:"混乱到什么程度?"他回答说:"奸邪的人压过了贤良的人。"武王说:"还没有混乱到极点。"那人又前去打探,回来禀报说:"殷商的混乱加重了。"武王说:"到了什么程度?"他回答说:"贤人纷纷出走了。"武王说:"还没有混乱到极点。"那人又前去打探,回来报告说:"实在是混乱得厉害。"武王说:"到了什么程度?"他说:"老百姓已经不敢表达心中的不满和怨恨了。"武王叹道:"嘻!"马上把这个情况告诉了太公望。太公望回答说:"邪恶的人压过贤良的人,叫作暴乱;贤人纷纷出走,叫作崩坏;百姓不敢表达怨恨和不满,叫作刑法太过严厉。殷商的混乱达到极点,无以复加。"因此精选战车三百辆,勇士三千名,与诸侯约好以甲子日为期兵伐殷纣,纣王兵败被擒,武王本来就知道纣

无与为敌也。因其所用，何敌之有矣？

王没有力量与自己为敌。善于利用敌方的劣势，哪里会有什么敌手呢？

注释

1 **候**：打探。

2 **焉至**：达到什么程度。

3 **谗慝**(tè)：奸邪小人。

4 **遽**(jù)：立刻，马上。

5 **刑胜**：刑法太过严厉。

6 **驾**：通"加"，增加。

7 **虎贲**：勇猛的武士。

8 **朝**：朝会。　**要**：约定。

9 **禽**：通"擒"，擒获。

原文

武王至鲔水[1]，殷使胶鬲候周师，武王见之。胶鬲曰："西伯将何之[2]？无欺我也。"武王曰："不子欺[3]，将之殷也。"胶鬲曰："曷至[4]？"武王曰："将以甲子至殷郊，子以是报矣。"胶鬲行。天雨，日夜不休，武王疾行不辍。军师皆谏曰："卒病，请休之。"武王曰："吾已令胶鬲以甲子之期报其主矣。今甲子不至，是令胶鬲不信

译文

武王伐纣行军到了鲔水，殷商派胶鬲打探周国军队的情况，武王会见了他。胶鬲说："西伯将要到哪里去？不要骗我。"武王说："不欺骗你，我们要去讨伐殷纣。"胶鬲说："何时到达？"武王说："将在甲子日到达殷郊，你就这样回去禀报吧。"胶鬲走了。天开始下雨，日夜不停地下，武王疾速行军，没有停止。军官们都劝谏说："兵士疲病，请让他们停下休息。"武王说："我已经让胶鬲禀报他的君主，我们会在甲子日到达殷郊。如果甲子日不能到达，这就是让腔鬲说话失信。腔鬲失信，他的君主一定会杀掉他。我

也。胶鬲不信也，其主必杀之。吾疾行，以救胶鬲之死也。”武王果以甲子至殷郊，殷已先陈矣[5]。至殷，因战，大克之。此武王之义也。人为人之所欲，己为人之所恶，先陈何益？适令武王不耕而获。

加速行军，就是为了救胶鬲啊。”武王果然在甲子日那天到达殷郊，殷商已经先摆好阵势。武王到达，双方就开始交战，殷商军队被打得大败。这就是武王的仁义。武王做的都是人们所希望的，纣王做的都是人们所厌恶的，事先摆好阵势又有什么益处？这正好让武王不战而胜。

注释

1 **鲔(wěi)水**：水名。

2 **西伯**：周文王的封号，这里实指周武王。

3 **不子欺**：不欺骗你。

4 **朅(qiè)**：通“曷”，何。

5 **陈**：同“阵”，此处作动词，摆开阵势。

原文

武王入殷，闻殷有长者，武王往见之，而问殷之所以亡。殷长者对曰：“王欲知之，则请以日中为期。”武王与周公旦明日早要期，则弗得也。武王怪之。周公曰：“吾已知之矣。此君子也。取不能其主，有以其恶告王，不忍为也。若夫期而不

译文

武王进入殷都，听说殷商有个德高望重的人，武王就前去见他，问他殷商之所以灭亡的原因。那人回答说：“大王如果想要知道，我们就约到明天中午再谈。”武王和周公旦第二天提前去赴约，却没有看到那个人。武王感到奇怪。周公说：“我已经知道他的意思了。他是个君子啊。他本来就持有不亲近自己君主的态度，现在又要向您述说自己君主的坏处，他不忍心这样做。至于约好了时间却不赴约，说了话又失信，这正是殷商之所以灭亡的原因。他已经用这种不赴约的方式告

当,言而不信,此殷之所以亡也。已以此告王矣。”

夫审天者,察列星而知四时,因也;推历者,视月行而知晦朔,因也;禹之裸国[1],裸入衣出,因也;墨子见荆王,锦衣吹笙,因也;孔子道弥子瑕见釐夫人[2],因也;汤、武遭乱世,临苦民,扬其义,成其功,因也。故因则功,专则拙[3]。因者无敌。国虽大,民虽众,何益?

诉您殷商灭亡的原因了。”

观测天象的人,观察众星的运行就知道四季的更替,这是因为凭借外物;推算历法的人,观看月亮运行的情况就能知道晦日和朔日,也是因为凭借外物;禹到赤裸身体的部族去,就赤裸着身体进去,出来再穿衣服,是为了入乡随俗;墨子虽主张节俭,但去见楚王时,穿着华丽的衣服,吹起笙管,是为了顺应楚王的心意;孔子通过弥子瑕去见釐夫人,是为了借此实现自己的主张;商汤、武王生逢乱世,面对贫苦的人民,发扬自己的道义,最终成就了自己的功德,是因为顺应历史的缘故。所以凭借外物、因势利导就能成功,依仗个人的力量独断专行就会失败。善于凭借外物、因势利导的人所向无敌。否则,即使国家广大、人民众多,又有什么益处呢?

注释

1 **裸国**:裸露身体的部族。

2 **弥子瑕**:春秋时卫灵公宠臣。 **釐夫人**:卫灵公夫人,即南子。

3 **拙**:失败。

察今

导读

本篇的主旨是阐明变法思想，时移世易，治国之法也要因时而变。在先秦时代，“法先王”思想有极大的市场：儒家力主“克己复礼”，回归三代的理想社会；墨家称颂夏禹时代的“尚同”“尚贤”；道家更向往“小国寡民”的远古之世。因此，提倡“因时变法”的思想，就必须首先打破根深蒂固的“法先王”的传统观念。

文章先指出古法“不可得而法”。其原因：一是“先王之法”经由上世流传下来，“人或益之，人或损之”，原貌难存。这就抽掉了“法先王”的现实基础。二是即便“先王之法”完整保留下来，也不可效法，因为时移世易。时势的变化决定了“先王之法”不能照搬沿用。文章引用了“荆人袭宋”“刻舟求剑”“引婴投江”三个寓言故事，形象地讽刺“今世之主法先王之法”“以此故法为其国”的荒唐可笑。在当今社会，人们更应与时俱进，这样才能适应社会的发展。

原文

上胡不法先王之法[1]？非不贤也，为其不可得而法[2]。先王之法，经乎上世而来者也，人或益之，人或损之，胡可得而法？虽人弗损益，犹若不可得

译文

当世的君主为何不效法古代帝王的法呢？并非古代帝王的法不好，而是因为它不可能被效法。古代帝王的法，是从古至今而流传下来的，人们对它增补或者删减过，如此，怎么可能效法先王的法呢？即使人们没有增补、删减过，还是没办法

而法。东夏之命[3]，古今之法，言异而典殊。故古之命多不通乎今之言者，今之法多不合乎古之法者。殊俗之民，有似于此。其所为欲同，其所为欲异。口惛之命不愉[4]，若舟车衣冠滋味声色之不同。人以自是，反以相诽。天下之学者多辩，言利辞倒，不求其实，务以相毁，以胜为故。先王之法，胡可得而法？虽可得，犹若不可法。凡先王之法，有要于时也[5]，时不与法俱至。法虽今而至，犹若不可法。故择先王之成法，而法其所以为法。先王之所以为法者何也？先王之所以为法者人也。而己亦人也，故察己则可以知人，察今则可以知古。古今一也，人与我同耳。有道之士，贵以近知远，以今知古，以益所见，知所不见。故审堂下之阴，而知日月之行，阴阳

效法。东夷和华夏对事物名称的称谓都不同，古代和现代法律的典制也不同。所以古时与当世的称谓大多并不相通，现在的法与古代的法大多也不能相对应。不同习俗的人民也存在相似的情形。他们想要的东西相同，他们的所作所为却不同。各地的口音方言不同而不相晓谕，如同船、车、衣、帽、滋味、音乐、颜色的不同一样。可是人们却都自以为正确，反过来又互相非难。天下有学识的人大多能言善辩、言谈锋利却颠倒是非，不切实际，以互相诋毁为能事，以言语上压倒对方为目的。因此，古代君主的法度，怎么可能被效法呢？即使可能得到先王之法，还是没有办法拿来效法。凡是古代帝王的法，都是与当时的时势相符合的，过去的时势不能与法共同流传下来。因此，古时的法即使能流传到现在，也还是不能效法。所以要放弃古代帝王的成法，而是要效法他们制法的依据。古代帝王是依据什么制法的呢？他们的依据是人。自己也是人，所以考察自己就可以了解别人，考察现在就可以了解古代。这个道理古今相同，别人与自己也是一样的。有道之士的可贵之处在于能由近而知远，由当世而知古代，由看得见的可以知道看不见的。由此，观察堂屋下面的阴影，就可以知道太阳和月

之变；见瓶水之冰，而知天下之寒，鱼鳖之藏也；尝一脟肉[6]，而知一镬之味[7]，一鼎之调。

亮的运行，阴阳的变化；看到瓶里的水变成了冰，就知道天下已经寒冷，鱼鳖已经潜藏；尝一块肉，就可以知道整锅肉的味道，就可以知道一鼎肉的味道是否合口味。

注释

1 **法先王**：效法先王。

2 **不可得**：不可能。

3 **夏**：中原各国。

4 **口惛**(hūn)：方言。 **愉**(yù)：通“谕”，晓谕。

5 **要于时**：符合时代的情况。

6 **脟**(luán)：肉块。

7 **镬**(huò)：无足的鼎，煮肉的器具。

原文

荆人欲袭宋，使人先表澭水[1]。澭水暴益[2]，荆人弗知，循表而夜涉，溺死者千有余人，军惊而坏都舍[3]。向其先表之时可导也，今水已变而益多矣，荆人尚犹循表而导之，此其所以败也。今世之主法先王之法也，有似于此。其时已与先王之法亏矣[4]，而曰“此先王之法也”而法之以为治，岂不悲哉？故治国无法

译文

楚国人想进攻宋国，派人先在澭水中做好渡河的标记。不久，澭水突然暴涨，楚国人不知道，仍然依照事先的标记在夜里渡河，结果淹死的有一千多人，军队惊恐失措，就像城市里的房屋坍塌一样。当初他们事先做标记时，是可以照着标记渡河的，现在河水已经上涨却还是按照标记渡河，这就是楚国人失败的原因。当世的君主要仿效古代帝王的法度，与这种情况有些相似。其所处的时代已与古代帝王的法度不相适应了，却又说“这是古代帝王的法度”而去效法它，用这种办法治理国家，难道不可悲吗？所以，治理国家没有法度就会混

则乱,守法而弗变则悖,悖乱不可以持国。世易时移,变法宜矣。譬之若良医,病万变,药亦万变。病变而药不变,向之寿民,今为殇子矣[5]。故凡举事必循法以动,变法者因时而化。若此论则无过务矣。

乱,死守成法不加变通就会悖谬,混乱和悖谬是不能保住国家的。时移世易,变法是应该的了。这就好比高明的医生,疾病是千变万化的,药也应该千变万化。病变了,药却不随之而改变,本来可以长寿的人就会成为短命的人了。所以凡是做事情一定要依照法度去行动,变法的人要随着时代而有所改变。如果懂得这个道理,那就不会做错事了。

注释

1 **表**:用作动词,做标记。

2 **益**:"溢" 的本字,水满外溢。

3 **都舍**:城市中的房屋。

4 **亏**:发生变化。

5 **殇子**:未成年就夭折的孩子。

原文

夫不敢议法者,众庶也[1];以死守者,有司也;因时变法者,贤主也。是故有天下七十一圣,其法皆不同。非务相反也,时势异也。故曰良剑期乎断,不期乎镆铘[2];良马期乎千里,不期乎骥骜[3]。夫成功名者,此先王之千里也。

译文

那些不敢议论成法的人,是普通的百姓;死守成法的人,则是各种官吏。按照时代的变化而变法的,是贤明的君主。因此,古代享有天下的七十一位圣王,他们的法度都不一样。并不是他们有意要和别人不同,而是因为时势的变化。所以说,能砍断东西的就是好剑,不一定非是镆铘那样的宝剑;能行千里的就是好马,不一定非是骥骜那样的千里马。成就功名,这正是古代帝王所追求的 "千里" 之志啊。

注释

1 **众庶**：百姓。

2 **镆铘**(mò yé)：古代著名铸剑者，代指宝剑名。

3 **骥**(jì)**骜**：千里马。

原文

楚人有涉江者，其剑自舟中坠于水，遽契其舟曰[1]："是吾剑之所从坠。"舟止，从其所契者入水求之。舟已行矣，而剑不行，求剑若此，不亦惑乎？以此故法为其国与此同。时已徙矣，而法不徙，以此为治，岂不难哉？有过于江上者，见人方引婴儿而欲投之江中，婴儿啼，人问其故，曰："此其父善游。"其父虽善游，其子岂遽善游哉？此任物亦必悖矣[2]。荆国之为政，有似于此。

译文

楚国有个渡江的人，他的剑从船上掉到水里，他马上在船边刻上记号，说："我的剑正是从这里掉下去的。"等船停了，他就从刻记号的地方下水去找剑。船已经移动了一段距离，可是剑却没有移动，像这样寻找剑，不是太荒谬了吗？用旧法来治理自己国家的人，正与这种情形相同。时代已经改变了，可是法度却没有改变，想用这种办法治理好国家，不是很困难吗？有个从江边走过的人，看见一个人正拉着小孩想把他扔到江中，小孩啼哭起来，于是他询问这人原因，这人说："这个小孩的父亲善于游泳。"就算父亲善于游泳，儿子难道就一定善于游泳吗？用这种方法来对待事物，必定是悖谬的。楚国治国理政的情况，与这很相似。

注释

1 **契**：刻画。

2 **任物**：对待事物。

观世

导读

本篇承接上篇，阐述君主应当求贤纳士的观点。作者把国家的治乱之因归结为“主贤世治，则贤者在上；主不肖世乱，则贤者在下”。文中通过许多事例，说明由于贤士难得，因而太平的世道短暂，而混乱的世道长久。国君要真正得到贤士，首先要对士人“必礼必知，然后其智能可尽也”。只有礼贤下士，才能让他们的聪明才智充分发挥出来，国家才会安稳。

原文

天下虽有有道之士，国犹少。千里而有一士，比肩也；累世而有一圣人[1]，继踵也[2]。士与圣人之所自来，若此其难也，而治必待之，治奚由至？虽幸而有，未必知也，不知则与无贤同。此治世之所以短，而乱世之所以长也。故王者不四[3]，霸者不六[4]，

译文

天下即使有有道之士，但在一国之内也是很少的。如果方圆千里之内能有一个贤士，那总的看来就非常多了，聚在一起就可以比肩而立；如果几个世代就能出现一个圣人，那聚在一起就不少了，可以称得上是接踵而立。贤士和圣人的出现，竟是这样的困难，可是国家的治理却必须要依靠他们，如果是这样，怎么才能实现国家太平的局面？即使有幸出现贤人，他也未必被人了解，有贤人而不被人了解，那就跟没有贤人一样。这就是太平的世道之所以

亡国相望，囚主相及。得士则无此之患。此周之所封四百余，服国八百余[5]，今无存者矣。虽存，皆尝亡矣。贤主知其若此也，故日慎一日，以终其世。譬之若登山，登山者，处已高矣，左右视，尚巍巍焉山在其上[6]。贤者之所与处，有似于此。身已贤矣，行已高矣，左右视，尚尽贤于己。故周公旦曰："不如吾者，吾不与处，累我者也[7]；与我齐者，吾不与处，无益我者也。"惟贤者必与贤于己者处。贤者之可得与处也，礼之也。主贤世治，则贤者在上；主不肖世乱，则贤者在下。今周室既灭，天子既废，乱莫大于无天子。无天子则强者胜弱，众者暴寡，以兵相刬[8]，不得休息。而佞进。今之世当之矣。故欲求有道之士，则于

很短暂而混乱的世道之所以很长久的原因。所以称得上王的人没有出现四位，能称霸天下的人没有出现六位，被灭亡的国家一个接着一个，被囚禁的君主一个连着一个。如果能得到士，就没有这样的祸患了。这就是周朝所封的四百多个诸侯、臣服的八百多个国家今天已经不复存在的原因。即便侥幸存在的，也都曾经灭亡过。贤明的君主知道这个情况，所以日益慎重，以保证国家在自己有生之年能够保全。这就好比登山，登山的人，已经登到很高的地方了，向左右看，更高峻的山还在上边呢。贤能的人与人相处，情况与此类似。自身已经很贤明，品行已经很高尚，可是向左右看看，全都是比自己更贤能的人。所以周公旦说："不如我的人，我不与他们相处，他们会拖累我；与我一样的人，我不与他们相处，他们对我没有益处。"贤人一定要与超过自己的人交往相处。跟贤人在一起是有办法实现的，那就是礼贤下士。君主贤明，天下太平，贤人就在上位；君主昏庸，天下混乱，贤人就在下位。如今周王室已经灭亡，天子已经不复存在，世道混乱没有比天子缺位更严重的了。没有天子，就会出现强的欺凌弱的，人多势众的欺凌势孤力单的，通过战争互相残杀，无法止息。奸佞之人受到重用。如今的世道就是如此。所以

江海之上，山谷之中，僻远幽闲之所，若此则幸于得之矣。太公钓于滋泉，遭纣之世也，故文王得之。文王，千乘也；纣，天子也。天子失之，而千乘得之，知之与不知也。诸众齐民，不待知而使，不待礼而令；若夫有道之士，必礼必知，然后其智能可尽也。

想要访求有道之士，就应该到江海之上、山谷之中、僻远幽静之处去寻找，这样做或许有幸能获得他们。太公望在滋泉边钓鱼，是因为他遭遇了商纣的乱世，所以周文王得到了他。文王只是一个诸侯，纣是天子。然而天子失去了太公望，而诸侯却得到了他，这是因为文王了解太公，而纣不了解太公。普通百姓，不用了解就可以驱使他们，不用礼遇就可以命令他们；如果是有道之士，就一定要礼遇他们，一定要了解他们，然后才可以让他们贡献出全部智慧。

注释

1 **累世**：接连几个世代。

2 **继踵**：接踵，脚跟着脚前后相接。形容人多。继，相连。踵，脚后跟。

3 **王者不四**：能称得上王的君主只有三个，即三王（夏禹、商汤、周文王）。

4 **霸者不六**：能称霸天下的君主只有五个，即春秋五霸。

5 **服国**：臣服的国家。

6 **巍巍焉**：高峻的样子。

7 **累**：拖累。

8 **刬**：通“铲”，铲除，削平。

原文

晏子之晋，见反裘负刍息于涂者[1]，以为君子也。使人问焉，曰：“曷为而至此？”对曰：“齐人累之[2]，名为越石

译文

晏子到了晋国，看见一个人反穿皮袄，背着草在路边休息，认为这个人是个君子。晏子派人问他说：“你怎么会陷入这样的困境？”那个人回答说：“我被齐国人拘囚，我名叫越石父。”晏子听后感叹了一声，立刻

父。”晏子曰：“嘻！”遽解左骖以赎之[3]，载而与归。至舍，弗辞而入。越石父怒，请绝。晏子使人应之曰：“婴未尝得交也。今免子于患，吾于子犹未邪也？”越石父曰：“吾闻君子屈乎不己知者，而伸乎己知者。吾是以请绝也。”晏子乃出见之，曰：“向也见客之容而已，今也见客之志。婴闻察实者不留声，观行者不讥辞[4]。婴可以辞而无弃乎？”越石父曰：“夫子礼之，敢不敬从。”晏子遂以为客。俗人有功则德，德则骄。今晏子功免人于厄矣，而反屈下之，其去俗亦远矣。此令功之道也。

解下车左边的马把这个人赎了出来，邀他一起乘车回去。到了馆舍，晏子没有向他告辞就进去了。越石父很生气，请求与晏子断绝来往。晏子派人回答他说：“我本来就不是你的朋友。现在我把你从患难中解救出来，还不够吗？”越石父说：“我听说君子在不了解自己的人面前，可以忍受各种屈辱，但在已经了解自己的人面前就要展现志气。因此，我要跟您断绝来往。”晏子于是出来见他说：“刚才我只是看到您的容貌而已，现在才看到了您的心志。我听说考察人的实际情况，就不用留意人的名声；观察人的行为，就不用查问人的言辞。我向您致歉，您可以不断绝与我交往吗？”越石父说：“您这么礼遇我，我怎么敢不恭敬从命。”晏子于是把他待为上宾。世俗之人，有功劳就自以为有恩德，自以为有恩德就骄矜。现在晏子有把人从困境中解救出来的功德，反而谦卑地对待被解救的人，他已经远远超出世俗之人了。这就是对待功德的恰当方法。

注释

1 **反裘**：皮向外穿皮袄，称反裘。　**刍**(chú)：喂牲畜的草。　**涂**：通“途”，道路。

2 **累**：通“缧”，指囚禁。

3 **左骖**(cān)：古代兵车左边驾车的马。

4 **讥**：这里指考察，查问。

原文

子列子穷[1]，容貌有饥色。客有言之于郑子阳者，曰："列御寇，盖有道之士也，居君之国而穷，君无乃为不好士乎？"郑子阳令官遗之粟数十秉[2]。子列子出见使者，再拜而辞。使者去，子列子入，其妻望而拊心[3]，曰："闻为有道者妻子，皆得逸乐。今妻子有饥色矣，君过而遗先生食，先生又弗受也。岂非命也哉！"子列子笑而谓之曰："君非自知我也，以人之言而遗我粟也，至已而罪我也，有罪且以人言。此吾所以不受也。"其卒民果作难，杀子阳。受人之养，而不死其难则不义，死其难则死无道也。死无道，逆也。子列子除不义、去逆也，岂不远哉！且方有饥寒之患矣，而犹不苟取，先见其化也。先见其化而已动，远乎性命之情也[4]。

译文

列子很贫困，脸上有饥饿之色。有个宾客告诉郑相子阳说："列御寇是个有道之士，居住在您的国家，却非常贫困，您恐怕是不好士吧？"子阳让官吏送给列子数十秉粮食。列子出来会见使者，拜了两拜谢绝了。使者离开后，列子进了家门，他的妻子望着他，怨恨地捶胸说："听说有道之人的妻子和儿女都可以生活得安逸。如今你的妻子和儿女都面有饥色，相国派人来看望你，还给你送来粮食，你又谢绝了。我们岂不是受穷的命？"列子笑着对她说："相国并不了解我，只是因为别人的话才送给我粮食，过不了多久，也会因为别人的话降罪于我。这就是我不能接受的原因。"结果民众果然发难杀死了子阳。接受了人家的供养，却不为他遭难而赴死，就是不义；为他遭难而赴死，就是死于无道。死于无道就是悖逆。列子能免除不义、避开悖逆，岂不是很有远见吗？他忍饥挨饿的时候，尚且不肯轻易接受别人的恩惠，这是因为事先预见到了事情的发展方向。事先预见到事物的发展方向并采取相应的行动，就是通晓性命的本质了。

注释

1 **子列子**:即列御寇,道家人物。

2 **秉**:古代计量单位,十六斛(hú)为一秉。

3 **拊**(fǔ):拍,打,捶。

4 **远**:疑为"达"字之误。

悔过

导读

本篇承接前篇,从反面阐述智力不及又不能听取谏言的严重后果。智士贤人别于常人者,在于能从小事中看到事物发展的趋向。如王孙满见晋师而知其必败,因为他看到了其队伍的"寡礼"和"骄态",这是观小而知大的智慧。相反,秦穆公不听蹇叔劝阻兴师伐郑,以致全军覆没,这说明智不及远、刚愎自用则必有过失。因此,智之高下表现在对事物的本质和趋势的认识是否深刻,即所谓"智接"或"智至"的问题。智力不及尚不可怕,刚愎自用带来的危害更大。

原文

穴深寻[1],则人之臂必不能极矣,是何也?不至故也。智亦有所不至。所不至,说者虽辩,为道虽精,不能见矣。

译文

洞穴深达八尺,那么人的手臂就一定不能探到底部了,为什么呢?是因为达不到的缘故。智力也有达不到的地方。智力达不到之处,游说的人即使能言善辩,阐发的道理即使精致微妙,也不能使他感受到。

故箕子穷于商，范蠡流乎江。

所以箕子被商纣囚禁，范蠡漂泊于江河之上。

注释

1 寻：古代长度单位，八尺为一寻。

原文

昔秦缪公兴师以袭郑[1]，蹇叔谏曰："不可。臣闻之，袭国邑，以车不过百里，以人不过三十里。皆以其气之趫与力之盛至[2]，是以犯敌能灭，去之能速。今行数千里，又绝诸侯之地以袭国[3]，臣不知其可也。君其重图之[4]。"缪公不听也。蹇叔送师于门外而哭曰："师乎！见其出而不见其入也。"蹇叔有子曰申与视，与师偕行。蹇叔谓其子曰："晋若遏师必于殽[5]。女死不于南方之岸[6]，必于北方之岸，为吾尸女之易。"缪公闻之，使人让蹇叔曰[7]："寡人兴师，未知何如。今哭而送之，是哭吾师也。"蹇叔对曰："臣

译文

从前，秦穆公将要兴兵偷袭郑国，蹇叔劝谏说："不可以。我听说，偷袭他国的城邑，用战车不能超过百里，用步兵不能超过三十里。凡偷袭能够成功，都是凭着军队士气旺盛和力量强大，因而到达后能够消灭敌人，撤退时能够行动迅速。如今您要行军数千里，又要越过其他诸侯国的领地去袭击他国，我不知道这如何可行。您还是再考虑考虑吧。"穆公不听劝谏。蹇叔送军队到城门外时，哭着说："将士们啊！我看到你们出去，却看不到你们回来了。"蹇叔的两个儿子，分别叫申和视，也随同军队一起出征。蹇叔对儿子们说："晋国如果阻击我军，一定是在崤山。你们如果战死，不死在山的南面，就一定会死在山的北面，这样我就容易给你们收尸了。"穆公听说了这件事，派人去责怪蹇叔说："我的军队出征，还不知道胜负如何。现在你哭着为他们送行，这是在为我的军队哭丧啊。"蹇叔回答说："我不敢给军队哭丧啊。我老了，有两个儿子都跟随军队

不敢哭师也。臣老矣，有子二人，皆与师行。比其反也，非彼死则臣必死矣，是故哭。”师行过周，王孙满要门而窥之[8]，曰：“呜呼！是师必有疵[9]。若无疵，吾不复言道矣。夫秦非他，周室之建国也。过天子之城，宜橐甲束兵[10]，左右皆下，以为天子礼。今袀服回建，左不轼，[11]而右之超乘者五百乘[12]。力则多矣，然而寡礼，安得无疵？”

出征。等到军队返回的时候，不是他们战死，就是我老死了，我为此才哭泣呀。”秦军经过周的都城，王孙满关上城门从门缝里窥视秦军，说：“哎呀！这支军队必定存有缺陷。如果它没有缺陷，我就不再论道了。秦国非他国可比，它是周王室所分封的诸侯国。经过天子的都城，应该收起铠甲兵器，战车上左右的士兵都应下车，以此表示向天子致礼。现在这支军队中，将帅与士兵的服装一色，左边的将士不凭轼致敬，右边的骖乘刚一下车就又跳上车，存在这种情况的兵车有五百辆。这些人力气确实是很大，然而缺乏礼数，这样的军队怎么能没有缺陷？”

注释

1 **缪**：通“穆”。
2 **趫**(qiáo)：盛壮。
3 **绝**：跨过，穿越。
4 **图**：谋划、考虑。
5 **遏**：阻击。
6 **女**：通“汝”，你们。
7 **让**：责怪。
8 **要门**：闭门。
9 **疵**：缺陷。
10 **橐**(tuó) **甲**：把甲放进甲衣。
11 **袀**(jūn) **服**：同样的衣服。 **回**：违背。 **建**：建置。 **轼**：车前横木。
12 **超乘**：下车后又立即跃上车，极为不合礼制。

原文

师过周而东。郑贾人弦高、奚施将西市于周[1]，道遇秦师，曰："嘻！师所从来者远矣，此必袭郑。"遽使奚施归告[2]，乃矫郑伯之命以劳之，曰："寡君固闻大国之将至久矣。大国不至，寡君与士卒窃为大国忧，日无所与焉，惟恐士卒罢弊与糗粮匮乏[3]。何其久也！使人臣犒劳以璧，膳以十二牛。"秦三帅对曰："寡君之无使也，使其三臣丙也、秫也、视也于东边候晤之道[4]，过是，以迷惑陷入大国之地。"不敢固辞，再拜稽首受之[5]。三帅乃惧而谋曰："我行数千里，数绝诸侯之地以袭人，未至而人已先知之矣，此其备必已盛矣。"还师去之。当是时也，晋文公适薨，未葬。先轸言于襄公曰："秦师不可不击也，臣请

译文

秦军通过了周的都城，继续向东行进。郑国商人弦高、奚施向西到周的都城去做生意，路上遇到了秦国军队，弦高说；"啊！这支军队是从远方来的，它必定是要去偷袭郑国。"于是弦高立即让奚施回郑国报告情况，自己谎称奉国君的命令前来慰劳秦军，说："我们的国君很久以前就听说贵国军队要来了。贵国军队这么久都没有来，我们的国君和士兵都真心为贵军感到担忧，每日都感到不愉快，担心贵军士兵疲困又缺乏军粮。为什么这么久才到啊！我们的国君因而委派在下前来，用玉璧慰问贵军，并献上十二头牛作为膳食。"秦军三个主帅回答说："我们的国君没有合适的人可派遣，只好派了丙、秫和视三个臣子，到东方去查探去晋国的道路，不想却走过了头，迷了路才误入贵国境内。"三人不敢执意推辞，于是拜了两拜，稽首致谢后接受了弦高犒劳的东西。三个主帅很担心地说："我们行军数千里，穿越几个诸侯国的领地去实施偷袭，大军未到，人家就早已知道了。如此，他们必定是已经准备充分。"于是只好率领军队回国了。在那个时候，晋文公刚好去世，还没有来得及安葬。先轸对晋襄公说："秦国军队不可以不攻击，请允许臣下去攻打他们。"襄公说："先君刚刚去世，

击之。”襄公曰:“先君薨,尸在堂,见秦师利而因击之,无乃非为人子之道欤?”先轸曰:“不吊吾丧,不忧吾哀,是死吾君而弱其孤也。若是而击,可大强。臣请击之。”襄公不得已而许之。先轸遏秦师于殽而击之,大败之,获其三帅以归。缪公闻之,素服庙临[6],以说于众曰:“天不为秦国,使寡人不用蹇叔之谏,以至于此患。”此缪公非欲败于殽也,智不至也,智不至则不信。言之不信,师之不反也从此生。故不至之为害大矣。

遗体还在大堂上安放,如今看到了袭击秦国军队的有利机会就去袭击他们,恐怕不是当儿子的应该做的吧?”先轸说:“秦国不派人到我国来吊唁先君,对我们的哀痛不表示哀伤,这是因为他们目无我们的先君,又欺凌您还年幼。如果我们因此而去袭击,可大振国家的声威。请您允许我去攻击他们。”襄公不得已而答应了他。先轸在崤山阻击秦军,把它打得大败,俘获了秦军的三个主帅后胜利回国。秦穆公听闻战败的消息,身穿丧服,到宗庙里哭告祖先,向众人说道:“这是上天不帮助秦国,使我不能听从蹇叔的劝谏,最终遭遇这样的祸患。”这当然不是穆公自己想兵败于崤山,而是因为他智力不及的缘故,智力不及就没有办法听信蹇叔的话。不听信蹇叔的话,结果导致秦军全军覆没。所以,智力不及带来的危害实在是太大了。

注释

1 **市**:做买卖。

2 **遽**:立即。

3 **罢弊**:劳累过度。　**糗**(qiǔ)**粮**:炒制的干粮。

4 **丙、术**(shù)**、视**:指白乙丙、西乞术、孟明视三位秦军将领。　**晋**(jìn):同“晋”,指晋国。

5 **稽首**:跪拜礼。

6 **临**:哭。

察　微

导读

“察微”即见微知著的意思。文章指出，往往是一些不容易引人注意的细节，决定着事物发展的最终结果。“治乱存亡，其始若秋毫。察其秋毫，则大物不过矣。”文中列举楚吴边邑采桑女戏耍中引起的争端而引发两国连年大战的事例，来说明小处不察，可能会造成大的祸患的道理。后文又以子贡赎鲁人而不取金和子路拯溺者而受其牛为例，称赞孔子“见之以细，观化远也”。这说明对看似微不足道的小事，唯圣人能够从中揭示其本质和意义。小事并非只如其表象那样微不足道，它往往隐藏着事物的本质和趋向。

原文

使治乱存亡若高山之与深溪，若白垩之与黑漆[1]，则无所用智，虽愚犹可矣。且治乱存亡则不然，如可知，如可不知；如可见，如可不见。故智士贤者相与积心愁虑以求之，犹尚有管叔、蔡叔之事与东夷八国不听之谋。

译文

假如太平和混乱、生存和灭亡的区别像高山和峡谷、白土和黑漆一样分明，那就不必运用智慧了，即使愚笨之人也可以知道。然而太平和混乱、生存和灭亡的区别并非这样清楚，它们好像可知道，又好像不可知道；好像可以看见，又好像不可以看见。所以智慧之人、贤明之士都在用尽心思去探求其中的征兆，尽管如此，还是出现了管叔、蔡叔的叛乱，还有东夷八

故治乱存亡,其始若秋毫。察其秋毫,则大物不过矣。

鲁国之法,鲁人为人臣妾于诸侯[2]、有能赎之者,取其金于府。子贡赎鲁人于诸侯,来而让不取其金。孔子曰:"赐失之矣[3]。自今以往,鲁人不赎人矣。"取其金则无损于行,不取其金则不复赎人矣。子路拯溺者,其人拜之以牛[4],子路受之。孔子曰:"鲁人必拯溺者矣。"孔子见之以细,观化远也[5]。

国不听王命的阴谋。所以治乱存亡,它们刚刚出现的时候就像秋天生出的毛发那样微细。如果能够明察秋毫,在大的方面就不会有过失了。

鲁国的法令规定,在别的诸侯国中给人当奴隶的鲁国人,国家可以从国库中支取金钱把他们赎出来。子贡从别的诸侯国赎出了鲁国人,回来却不去国库中支取金钱。孔子说:"端木赐做得不对。从今以后,鲁国人不会再去赎人了。"支取金钱,不会损害自己的品行;不支取金钱,就不会有人再赎人了。子路救起一个落水的人,那个人用牛来感谢他,子路收下了。孔子说:"鲁国人一定会有人拯救溺水者。"孔子能从细微之处,观察到事物长远的发展变化。

注释

1 **白垩**:白色泥土。

2 **臣**:男奴仆。　**妾**:女奴仆。

3 **赐**:端木赐,即子贡,孔子弟子。　**失**:过失。

4 **拜**:谢。

5 **化**:变化。

原文

楚之边邑曰卑梁,其处女与吴之边邑处女桑于境上[1],戏而伤卑梁之处

译文

楚国边境上有个城邑叫卑梁,那里的姑娘和吴国边邑的姑娘一起采桑叶,嬉戏时,吴国的姑娘不小心弄伤了卑梁的姑

女。卑梁人操其伤子以让吴人[2]，吴人应之不恭，怒杀而去之。吴人往报之，尽屠其家。卑梁公怒，曰："吴人焉敢攻吾邑？"举兵反攻之，老弱尽杀之矣。吴王夷昧闻之怒，使人举兵侵楚之边邑，克夷而后去之。吴、楚以此大隆[3]。吴公子光又率师与楚人战于鸡父，大败楚人，获其帅潘子臣、小帷子、陈夏齧，又反伐郢，得荆平王之夫人以归，实为鸡父之战。凡持国，太上知始，其次知终，其次知中。三者不能，国必危，身必穷。《孝经》曰："高而不危，所以长守贵也；满而不溢，所以长守富也。富贵不离其身，然后能保其社稷，而和其民人。"楚不能之也。

娘。卑梁人带着受伤的姑娘去责问吴国人，吴国人应答很不恭敬，卑梁人恼怒而杀死了那个吴国人，然后就离开了。吴国人去报复，杀死了那个楚国人的全家。卑梁的地方官员大怒，说："吴国人竟敢攻击我的城邑？"于是发兵去攻打吴国人，把老弱都杀光了。吴王夷昧听闻后大怒，派人率兵入侵楚国的边境城邑，把它夷为平地后才离开。吴国、楚国因此展开了一场大战。吴公子光亲自率军与楚军在鸡父交战，大败楚军，俘虏了楚军的统帅潘子臣、小帷子和陈夏齧，又接着攻打郢都，把楚平王的夫人劫回吴国，这就是鸡父之战。凡是要保全国家，最上策是洞察事情的开端，其次是预见到事情的结局，再次是了解事情在发展中的变化。这三样都做不到，国家必然危险，自身一定会陷入困窘。《孝经》上说："虽高却并不危险，因此能够长期守住尊贵；虽满却并不外溢，因此能够长期守住富足。富贵不离其身，然后才能保全国家，使人民生活和谐。"楚国恰恰做不到这些。

注释

1 **桑**：采桑叶。

2 **操**：带着。　**让**：责备，责问。

3 **隆**：冲突、相斗。

原文

郑公子归生率师伐宋。宋华元率师应之大棘[1],羊斟御[2]。明日将战,华元杀羊飨士,羊斟不与焉。明日战,怒谓华元曰:“昨日之事,子为制;今日之事,我为制。”遂驱入于郑师。宋师败绩,华元虏。夫弩机差以米则不发。战,大机也。飨士而忘其御也,将以此败而为虏,岂不宜哉?故凡战必悉熟偏备[3],知彼知己,然后可也。

译文

郑公子归生率领军队攻打宋国。宋国的华元率领军队在大棘迎战,羊斟给他驾车。第二天临战前,华元杀羊犒劳士卒,羊斟却不在其中。第二天作战时,羊斟愤怒地对华元说:“昨天杀羊犒劳的事由你决定,今天驾车的事该由我决定。”于是故意把车一直赶到郑国军队里。宋国军队大败,华元被郑国俘获。弩机相差米粒之长就不能发射。作战正像一个大弩机。犒劳士卒却忘了自己的驾车人,因此而战败被俘,难道这应该发生吗?所以,凡作战一定要完全熟悉情况,做好全面准备,知己知彼,才可以作战。

注释

1 **华元**:春秋时宋国大夫。

2 **羊斟**:春秋时宋国人。

3 **偏(biàn)备**:全面准备。偏,通“遍”,普遍,全面。

原文

鲁季氏与郈氏斗鸡[1]。郈氏介其鸡[2],季氏为之金距[3]。季氏之鸡不胜。季平子怒,因归郈氏之宫而益其宅[4]。郈昭伯怒,伤之于昭公[5],曰:“禘于襄公之庙也[6],舞者二人而已[7],其

译文

鲁国的季氏与郈氏斗鸡。郈氏给自己的鸡披上了甲衣,季氏则给鸡套上金属爪。结果季氏的鸡斗败了。季平子大怒,于是侵占郈氏的房屋来扩大自己的住宅。郈昭伯非常气愤,就在昭公面前中伤季氏,说:“在襄公庙祭的时候,舞蹈的人仅有十六人而已,其余的人都到季氏家去跳

余尽舞于季氏。季氏之舞道，无上久矣，弗诛，必危社稷。”公怒，不审，乃使郈昭伯将师徒以攻季氏，遂入其宫。仲孙氏、叔孙氏相与谋曰：“无季氏，则吾族也死亡无日矣。”遂起甲以往，陷西北隅以入之，三家为一，郈昭伯不胜而死。昭公惧，遂出奔齐，卒于乾侯。鲁昭听伤而不辩其义，惧以鲁国不胜季氏，而不知仲、叔氏之恐而与季氏同患也，是不达乎人心也。不达乎人心，位虽尊，何益于安也？以鲁国恐不胜一季氏，况于三季？同恶固相助。权物若此其过也[8]。非独仲、叔氏也，鲁国皆恐。鲁国皆恐，则是与一国为敌也，其得至乾侯而卒犹远。

舞了。季氏家舞蹈人数超越礼制，他目无君主由来已久，不杀掉他，国家必然受到危害。”鲁昭公大怒，没有核实情况就派郈昭伯率领军队去讨伐季氏，攻入了他的庭院。仲孙氏、叔孙氏商量说：“如果没有了季氏，那我们这一族离灭亡也不远了。”于是发兵救援季氏，攻破院墙的西北角进入季氏庭院，三家合兵一处，郈昭伯兵败被杀。昭公惧怕，逃亡到了齐国，后来死在乾侯。鲁昭公听信中伤季氏的话，却不分辨其中的是非，他只害怕鲁国不能战胜季氏，却不知道仲孙氏、叔孙氏也很恐惧，他们与季孙氏是患难与共的，这是由于他对人心不了解啊。不了解人心，即便地位尊贵，对安稳又有什么益处呢？以鲁国之力尚且害怕不能胜过一个季氏，更何况是三个季氏呢？他们都厌恶昭公，必然会互相救助。昭公考虑问题竟有如此严重的失误。不只是仲孙氏、叔孙氏，整个鲁国都会感到恐惧。让整个鲁国都感到恐惧，就是与整个鲁国为敌，昭公能够逃亡到乾侯才死去，也算是有幸死得远了。

注释

1 **郈(hòu)氏**：即郈孙，鲁国大夫。

2 **介**：为……披甲。

3 **金距**：金属爪子。金，金属。距，爪。

4 **归**:应为“侵”字之误。

5 **伤**:中伤。

6 **禘**(dì):古代祭祀名。 **襄公**:即鲁襄公。

7 **二人**:应为“二八”之误。

8 **权物**:考虑问题。

去宥

导读

《去宥》又作《去尤》,即去除人固有之成见,不以主观的喜恶判断是非。本文旨在说明人应去除主观偏见,才能正确认识事物,即“故凡人必别宥然后知,别宥则能全其天矣”。因此,“接万物以别宥为始”。反之,心有所蔽则不能听言。知人听言的基本态度应是“愉易平静以待之,使夫自得之;因然而然之,使夫自言之”。听言者持有不带主观偏见的态度,才会明其度,知其理。

原文

东方之墨者谢子[1],将西见秦惠王。惠王问秦之墨者唐姑果[2]。唐姑果恐王之亲谢子贤于己也,对曰:“谢子,东方之辩士也,其为人甚险[3],将奋于说以

译文

东方的墨家学者谢子将要到西方去见秦惠王。惠王向秦国的墨家学者唐姑果了解情况。唐姑果担心秦王亲近谢子超过自己,就说:“谢子是东方善于辩说的人,为人很阴险,他这次来,会竭力游说以取悦太子。”秦王于是愤怒地等待谢

取少主也。”王因藏怒以待之。谢子至，说王，王弗听。谢子不说，遂辞而行。凡听言，以求善也。所言苟善，虽奋于取少主，何损？所言不善，虽不奋于取少主，何益？不以善为之悫[4]，而徒以取少主为之悖，惠王失所以为听矣。用志若是，见客虽劳，耳目虽弊[5]，犹不得所谓也。此史定所以得行其邪也[6]，此史定所以得饰鬼以人，罪杀不辜，群臣扰乱，国几大危也。人之老也，形益衰，而智益盛。今惠王之老也，形与智皆衰邪？

子的到来。谢子来后劝说秦王，秦王不听。谢子很不高兴，辞别而去。凡是听人说话，是为了听取好的意见。如果所说的意见很好，即便是竭力想博取太子的欢心，又有什么害处？如果所说的意见不好，即便不是要竭力博取太子的欢心，又有什么好处？不因为某人意见好就认为他忠厚，而只是因为想取悦太子就认为他悖逆，惠王丧失了听取意见的初衷。如果像这样运用心智，即使辛劳地会见宾客，耳目疲惫不堪，还是不能领会宾客言谈的要旨。这就是史定能够干坏事的原因，这就是史定能让人装神弄鬼、滥杀无辜，以致群臣骚乱、国家几乎灭亡的原因。人到年老，身体越来越衰弱，而智慧却越来越旺盛。秦惠王已到了老年，身体和智慧难道都衰弱了吗？

注释

1 **墨者**：墨家学派的学者。

2 **唐姑果**：墨家学派的人物。

3 **险**：阴险、邪恶。

4 **悫**(què)：诚信、忠厚。

5 **弊**：疲劳。

6 **史定**：秦惠王的史官。

原文

荆威王学书于沈尹华[1]，昭釐恶之。威王好制[2]，有中谢佐制者[3]，为昭釐谓威王曰："国人皆曰王乃沈尹华之弟子也。"王不说，因疏沈尹华。中谢，细人也[4]，一言而令威王不闻先王之术，文学之士不得进[5]，令昭釐得行其私。故细人之言不可不察也。且数怒人主，以为奸人除路[6]，奸路以除而恶壅却[7]，岂不难哉？夫激矢则远[8]，激水则旱[9]，激主则悖，悖则无君子矣。夫不可激者，其唯先有度[10]。

译文

荆威王向沈尹华学习文献典籍，昭釐很忌恨这件事。威王喜好法典制度，有个协助制定法令的中谢官，因向着昭釐，就对威王说："国人都说国君您是沈尹华的弟子。"威王听了不高兴，因而就疏远了沈尹华。中谢官是个卑微的小人，他的一句话就让威王不再听到先王的治国之道，使那些有学问的人得不到重用，让昭釐得以实现自己的私利。所以，对卑微小人的话不可不明察。他们多次激起君主对人、事的恼怒，借此为奸臣扫除障碍，奸人的道路扫清了，却又厌恶贤人的道路壅塞，这难道不困难吗？用力拉弓，箭射得远；激流的水，势猛难遏；激怒了君主就会产生悖谬，悖谬就没有君子来辅佐了。不可激怒的，大概只有心中事先有法度的君子。

注释

1 **荆威王**：即楚威王，楚国国君。 **书**：文献典籍。 **沈尹华**：威王的大臣。

2 **制**：法典制度。

3 **中谢**：侍奉君主左右的小官。 **佐制**：协助。

4 **细人**：地位卑微的下人。

5 **文学之士**：有学问的人。

6 **除路**：扫除路上的障碍。

7 **壅(yōng)却**：壅塞。

8 **激矢**：奋力拉弓以向后引箭。

9 旱：通“悍”，形容水的汹涌澎湃。

10 度：法度。

原文

邻父有与人邻者，有枯梧树。其邻之父言梧树之不善也，邻人遽伐之。邻父因请而以为薪。其人不说曰：“邻者若此其险也，岂可为之邻哉？”此有所宥也[1]。夫请以为薪与弗请，此不可以疑枯梧树之善与不善也。齐人有欲得金者，清旦，被衣冠[2]，往鬻金者之所[3]，见人操金，攫而夺之[4]。吏搏而束缚之，问曰：“人皆在焉，子攫人之金，何故？”对吏曰：“殊不见人，徒见金耳。”此真大有所宥也。夫人有所宥者，固以昼为昏，以白为黑，以尧为桀，宥之为败亦大矣。亡国之主，其皆甚有所宥邪！故凡人必别宥然后知[5]，别宥则能全其天矣。

译文

有个老人与人为邻，他家中有棵干枯的梧桐树。他邻家的一位老人说这棵梧桐不好，他就马上把树砍了。那位老者于是请求拿走砍下的梧桐树，想拿回去当柴烧。他很不高兴地说：“邻居如此阴险，怎么能同他做邻居呢？”这是有所蔽塞啊。要梧桐树做柴薪，或是不要，都不能以此来怀疑梧桐树好还是不好。齐国有个人想得到黄金，大清早就穿衣戴帽，到卖黄金的人那里，看到有人拿着金子，就一把夺了过去。官府的人把他捆了起来，问他：“怎么当着人的面抢夺黄金？”他回答说：“我没有看到人，只看到了黄金。”这实在是荒谬到极点了。有所蔽塞的人，本来就以昼为夜，以白为黑，认为尧是桀，蔽塞带来的失败实在是太严重了。亡国的君主大概都是蔽塞到极点了吧！所以，凡是人一定要能够辨别蔽塞，然后才能了解事物；能够识别何为蔽塞，就能保全自身。

注释

1 宥：通“囿”，拘泥、局限、蔽塞。

2 **被**:通“披”。

3 **鬻**(yù):卖。

4 **攫**:夺取。

5 **别宥**:识别蔽塞。

任 数

导读

本篇论述君主统驭群臣的方法。具体而言就是君主要无为而治,不要事必躬亲,造成君臣不分的乱局。治国的大忌,在于君主喜欢展示自己的才能,喜欢自夸自耀;群臣以不进谏来保持官职,以听从君主来求得君主的欢喜。当君主的原则是无知无为。这才是真正的为君之道,胜过有知有为。

原文

凡官者,以治为任[1],以乱为罪。今乱而无责,则乱愈长矣[2]。人主以好暴示能[3],以好唱自奋[4],人臣以不争持位,以听从取容,是君代有司为有司也,是臣得后随以进其业[5]。君臣不

译文

凡是当官的,治理得好就是能胜任,治理得不好就要被治罪。如果治理得不好却没有加以责备,那么混乱就会越来越严重。君主喜欢显露自己的才能,喜欢做先导来自我夸耀,群臣以不进谏来保持官职,以顺从来求得君主的欢喜,这就是君主代替群臣来做群臣应该做的事,这样群臣只要跟随君主来做就可以得到晋升了。君臣的关系不确

定，耳虽闻不可以听，目虽见不可以视，心虽知不可以举，势使之也。凡耳之闻也借于静[6]，目之见也借于昭[7]，心之知也借于理。君臣易操[8]，则上之三官者废矣[9]。亡国之主，其耳非不可以闻也，其目非不可以见也，其心非不可以知也，君臣扰乱，上下不分别，虽闻曷闻？虽见曷见？虽知曷知？驰骋而因耳矣[10]，此愚者之所不至也。不至则不知，不知则不信。无骨者不可令知冰[11]。有土之君，能察此言也，则灾无由至矣。

定，即使耳朵能听见也不能听清，眼睛能看见也不能看清，内心知道也无法做出选择，这是君臣位置颠倒的局面造成的。凡耳朵能听见是凭借宁静，眼睛能看见是凭借光明，内心能知晓是凭借理解。君臣如果交换各自的职守，那么上面列举的三种器官的功能就无效了。亡国的君主，他的耳朵不是不能听到，他的眼睛不是不能看到，他的内心不是不能知晓，君臣的职责混乱，上下不分，即使听到，又能真正听到什么？即使看到，又能真正看到什么？即使知晓，又能真正知晓什么？要想治理得好，只要任凭世间万物在自然中驰骋而加以顺应就可以了，这是愚昧的人所不能达到的境界。不能达到这种境界就不能知道这种境界，不能知道这种境界就不相信它。没有骨骼的虫子不可能使它知道有冰雪的存在。拥有国土的君主，如果能明白这些话的含义，那么灾祸就不会平白无故地发生。

注释

1 **任**：胜任。

2 **长**：大。

3 **暴**(bào)：显露、显示。

4 **唱**：通“倡”，倡导。　**奋**：矜夸。

5 **进其业**：即实现“持位”和“取容”。

6 **借**：依靠、凭借。

7 **昭**：明亮。

8 **易操**:交换职守或职分。易,交换。操,职分。

9 **三官**:指耳、目、心三个器官。

10 **因**:顺应,顺。

11 **无骨者**:无骨之虫。

原文

且夫耳目知巧固不足恃,惟修其数、行其理为可。韩昭釐侯视所以祠庙之牲[1],其豕小[2],昭釐侯令官更之。官以是豕来也,昭釐侯曰:"是非向者之豕邪?"官无以对。命吏罪之。从者曰:"君王何以知之?"君曰:"吾以其耳也。"申不害闻之[3],曰:"何以知其聋?以其耳之聪也。何以知其盲?以其目之明也。何以知其狂?以其言之当也。故曰去听无以闻则聪,去视无以见则明,去智无以知则公。去三者不任则治,三者任则乱。"以此言耳目心智之不足恃也。耳

译文

再说,耳朵、双眼、智力、内心,本来就不足以依靠它们来治理国家,只要掌握好治国的方法,顺应治国的道理就可以了。韩昭釐侯去查看祭祀祠庙的牲畜,看到猪很瘦弱,就下令官员换一头。那官员又把原来的那头猪带回来了,昭釐侯说:"这不是刚才的那头猪吗?"官员无言以对。昭釐侯就下令治他的罪。昭釐侯的侍从说:"君主您是依据什么发现的呢?"昭釐侯说:"我是根据猪的耳朵发现的。"申不害听说这件事后,说:"怎么知道是聋的呢?要看耳朵能否听得到。怎么知道是瞎的呢?要看眼睛是否看得见。怎么知道是不是狂妄呢?要看他的言语是否得当。所以说,去掉听觉就不能听到,那么听觉就灵敏了;去掉视觉就不能看见,那么目光就敏锐了;去掉智力不能思考,那么内心就公正无私了。去掉耳朵、眼睛、内心三者不用,就可以治理好国家;三者都运用了,国家反而会治理得混乱。"这就表明了耳朵、眼睛、内心、智力不足以依靠。耳朵、眼睛、内心、智力所能了解的事理缺乏,它们能

目心智，其所以知识甚阙[4]，其所以闻见甚浅。以浅阙博居天下，安殊俗，治万民，其说固不行。十里之间，而耳不能闻；帷墙之外，而目不能见；三亩之宫，而心不能知。其以东至开梧，南抚多颢，西服寿靡，北怀儋耳，[5]若之何哉？故君人者，不可不察此言也。治乱安危存亡，其道固无二也。故至智弃智，至仁忘仁，至德不德。无言无思，静以待时，时至而应，心暇者胜。凡应之理，清净公素[6]，而正始卒。焉此治纪，无唱有和，无先有随。古之王者，其所为少，其所因多。因者，君术也；为者，臣道也。为则扰矣，因则静矣。因冬为寒，因夏为暑，君奚事哉？故曰君道无知无为，而贤于有知有为，则得之矣。

看到和听到的东西也很肤浅。凭借肤浅贫乏的知识来占有广博的天下，平定不同习俗的地区，治理天下的百姓，这种说法本来就行不通。十里的范围内，耳朵不能听到声音；帷幔之外，眼睛就看不见了；三亩大的宫室，人们不能相互了解。而要想靠贫乏肤浅的知识往东到开梧国，往南安抚多颢国，往西使寿靡国归服，往北使儋耳国归降，这怎么行呢？所以为君主者，不能不思考这些话。治乱安危和国家生死存亡，本来就没有其他道理。所以，最大的智慧就是摒弃智慧，最大的仁义就是忘记仁义，最高的道德就是不要道德。不说话，不思考，宁静地等待时机的到来，时机一到就马上响应，内心无虑的人就能获胜。凡是行动，从始至终都要坚持清净、公正、简单、朴素。从始至终按照这样的纲要和纪律治理国家，即使没有倡导，也有人响应；即使没人带头，也有人追随。古代为王者，他们做事很少，但所凭借的却很多。凭借，是古代君主治国的方法；执行，是群臣的义务。君主亲自去做就会令人困扰，善于凭借就清静得多。适应冬天带来的寒冷，适应夏天带来的炎热，君主还需要做什么呢？所以说，当好一国之君的方法，就是无知无为，而这比去精心治理和勤奋做事要高明得多，这样就算是掌握了做君主的方法了。

注释

1 **韩昭釐侯**:即韩昭侯。

2 **豕**(shǐ):猪。

3 **申不害**:战国时法家,为韩昭侯的相。

4 **阙**:缺少,贫乏。

5 **开梧、多颗**(yǐng)、**寿靡、儋**(dān)**耳**:分别是传说中古代最东、最南、最西、最北的国家。

6 **公素**:公正朴素。

原文

有司请事于齐桓公。桓公曰:"以告仲父[1]。"有司又请。公曰:"告仲父。"若是三。习者曰:"一则仲父,二则仲父。易哉为君!"桓公曰:"吾未得仲父则难,已得仲父之后,曷为其不易也?"桓公得管子,事犹大易,又况于得道术乎?

孔子穷乎陈、蔡之间,藜羹不斟[2],七日不尝粒。昼寝。颜回索米,得而爨之[3],几熟,孔子望见颜回攫其甑中而食之[4]。选间[5],食熟,谒孔子而进食。孔子佯为不见之。孔子起曰:"今者梦见先

译文

主管官吏的官员向齐桓公请示。齐桓公说:"去告诉仲父。"这个官员又一次向齐桓公请示。齐桓公又说:"去告诉仲父。"像这样连续了三次。齐桓公的近臣们说:"第一次请示,说去找仲父;第二次请示,又说去找仲父。这样说,当君主岂不是很容易!"齐桓公说:"我没有得到仲父时当君主很难,得到仲父后,怎么不容易呢?"齐桓公得到了管仲,国家就容易管理了,更何况得到了道术呢?

孔子被困在陈国、蔡国之间,连野菜汤都喝不到,七天没有吃过一粒米。白天也只能躺在床上睡觉。有一次,颜回向别人求取大米,得到后就烧火做饭,快煮熟了的时候,孔子看见颜回用手抓锅里的饭吃。过了一会儿,饭煮熟了,颜回拜见孔子并奉上米饭。孔子假装没有看到,起身说:"今天我梦见了先祖,要把食物弄干净

君，食洁而后馈[6]。”颜回对曰：“不可。向者煤室入甑中，弃食不祥，回攫而饭之。”孔子叹曰：“所信者目也，而目犹不可信；所恃者心也，而心犹不足恃。弟子记之，知人固不易矣。”故知非难也，孔子之所以知人难也。

了然后去祭祀先祖。”颜回回答说：“不可以。刚才有煤灰掉到了锅中，扔掉沾着煤灰的食物不吉利，我就用手抓出来吃了。”孔子叹息说：“人所相信的是眼睛，然而眼睛看到的不足以相信；所依靠的是心，但内心揣度还是不足以依靠。学生们记住了，了解人本来就不容易啊！”所以了解事物并不难，但掌握孔子用来了解别人的方法就难了。

注释

1 **仲父**：即管仲。

2 **斟**：当是“糂(sǎn)”之讹。不糂，无米的羹。

3 **爨**(cuàn)：烧火做饭。

4 **甑**(zèng)：蒸饭的器具。

5 **选间**：过了一会儿。

6 **馈**：祭祀。

知 度

导读

本篇接着讲述君主的用人之道，强调有道术的君主，不是一切都要亲力亲为，而是懂得治理百官的根本。文中通过援引赵襄子之事，说明君主普遍的弊病是委人以官职，却不能让他安心做事，即“人主之患，必在任人而不能用之，用之而与不知者议之也”。君主用人的正确方法是“既知其为贤，则用之不疑”。

原文

明君者，非遍见万物也，明于人主之所执也。有术之主者，非一自行之也[1]，知百官之要也。知百官之要，故事省而国治也[2]。明于人主之所执，故权专而奸止。奸止则说者不来，而情谕矣[3]；情者不饰，而事实见矣[4]。此谓之至治。

译文

贤明的君主，不需要普遍地洞悉世间万物，而要洞悉君主应该掌握的东西。有道术的君主，不是一概都要亲力亲为，而是要懂得治理百官的根本方法。因为君主懂得了治理百官的根本方法，所以事情少而国泰民安。因为君主明白了所应掌握的东西，所以能权力集中，奸佞止息。奸佞止息，那么巧言游说的人就不会前来，而真情也能知晓；真情没有掩饰，事实自然就能显现了。这就叫作至善之治。

注释

1 **一**：一概。

2 **故**：所以。　**事**：事情。

3 **谕**：使人知晓。

4 **见**：显露，显现。

原文

至治之世，其民不好空言虚辞，不好淫学流说[1]，贤不肖各反其质。行其情，不雕其素[2]，蒙厚纯朴[3]，以事其上。若此

译文

治理得最完美的社会，人民不好说空言虚话，不好邪僻之说和无稽之谈，贤德的与不肖的人各自都返回其本来面目。依照真情行事，为人质朴而不雕饰，品行敦厚质朴，以此来侍奉自己的君主。这

则工拙、愚智、勇惧可得以故易官，易官则各当其任矣。故有职者安其职，不听其议；无职者责其实，以验其辞。此二者审，则无用之言不入于朝矣。君服性命之情，去爱恶之心，用虚无为本，以听有用之言，谓之朝。凡朝也者，相与召理义也，相与植法则也[4]。上服性命之情，则理义之士至矣，法则之用植矣，枉辟邪挠之人退矣[5]，贪得伪诈之曹远矣[6]。故治天下之要存乎除奸，除奸之要存乎治官，治官之要存乎治道，治道之要存乎知性命。故子华子曰："厚而不博，敬守一事，正性是喜。群众不周[7]，而务成一能。尽能既成，四夷乃平。唯彼天符[8]，不周而周。此神农之所以长，而尧、舜之所以章也[9]。"

样，灵巧与笨拙的人、愚蠢与智慧的人、勇敢与怯懦的人，就都可以因此而调整他们的官职，官职调整了，他们就能胜任各自的职务了。所以，对有职位的人就要求他们安于职位，不必听他们的议论；对没有职位的人，就要求他们做好实事，以此来检验他们的言论。这两种情况都审明了，那么无用之言就不能进入朝廷了。君主遵照自己的天性行事，舍弃爱憎之心，以虚无为根本，听取有用的话，这就是听朝。凡是听朝，都是君臣共同昭明义理，一起确立法度。君主遵照天性行事，那么讲求理义的贤士就会到来，法度的实效就会树立了，邪僻乖戾之人就会退避，贪得无厌、诈伪之徒就会远离。所以，治理天下的关键就在于除奸，除奸的关键在于治理百官，治理百官的关键在于修习道术，修习道术的关键在于懂得天性与命运。所以子华子说："深入而不求广博，谨慎地守住根本，喜爱端正的天性。与众不调，务必学得驾驭百官的能力。尽自己最大的能力学到了这种道术，四方就会平定。只有那些符合天道的人，不求统一却能达到统一。这就是神农之所以兴盛，尧、舜之所以声名显赫的原因。"

注释

1 **淫学**：邪僻的学说。　**流说**：没有根据的话，无稽之谈。

2 **雕**:雕饰。 **素**:质朴。

3 **蒙厚**:敦厚。

4 **植**:确立、制定。

5 **邪挠**:邪僻。

6 **曹**:辈。

7 **周**:合,调。

8 **天符**:所谓上天的命符。

9 **章**:通“彰”,显赫。

原文

人主自智而愚人[1],自巧而拙人[2],若此则愚拙者请矣,巧智者诏矣。诏多则请者愈多矣,请者愈多,且无不请也。主虽巧智,未无不知也。以未无不知,应无不请,其道固穷。为人主而数穷于其下,将何以君人乎?穷而不知其穷,其患又将反以自多[3],是之谓重塞之主[4],无存国矣。故有道之主,因而不为[5],责而不诏,去想去意,静虚以待,不伐之言[6],不夺之事,督名审实,官使自司,以不知为道,以奈何为实[7]。尧曰:“若何而

译文

君主自以为有智慧而认为别人愚蠢,自以为灵巧而认为别人笨拙,那么愚蠢笨拙的人遇事就要来请示,自以为灵巧的君主就要发布指示。指示越多则请示者就越多,请示者越多,最终将无事不请求指示。君主即使灵巧智慧,也不可能无所不知。不能无所不知,却要应付无穷尽的请示,必定会穷尽道术。作为君主而经常被臣下弄得没有办法,又将怎样治理百姓呢?道术穷尽却不知道已经穷尽,又将冒着自高自大的危险,这就叫遭遇双重阻塞的君主。受到双重滞塞的君主,就无法保全国家。因此,有道之君依靠臣子做事,自己并不亲自做事;督促臣子做事,自己却不发布指示;去掉臆想,去掉猜度,清静地等待时机,不说夸耀的言辞,不代替臣子做事情,审察名分和实际,让臣子自己管理职分内的事;以不知为治理之道,以无可奈何为宝物。尧说:

原文	译文
为及日月之所烛？”舜曰：“若何而服四荒之外？”禹曰：“若何而治青北，化九阳、奇怪之所际？”[8]	“怎样才能像日月那样照耀人间？”舜说：“怎样才能使四方边远之地的人民归服？”禹说：“怎样才能治理好青北国，才能教化好九阳山、奇肱国的人民呢？”

注释

1 **愚人**：认为别人愚昧。

2 **拙人**：认为别人笨拙。

3 **自多**：自高自大。

4 **是之谓重塞**：“重塞”二字当叠，即“是之谓重塞。重塞之主，无存国矣”。重塞(chóng sè)，双重阻塞。

5 **因而不为**：依靠臣子做事，自己不亲自去做。

6 **伐**：夸耀。

7 **实**：当作“宝”。

8 **青北**：传说中的东方之国。 **九阳**：传说中的南方之国。 **奇怪**：当作“奇肱”，传说中的西方之国。

原文	译文
赵襄子之时，以任登为中牟令[1]。上计，言于襄子曰：“中牟有士曰胆、胥己[2]，请见之。”襄子见而以为中大夫。相国曰：“意者君耳而未之目邪？为中大夫若此其易也，非晋国之故。”襄子曰：“吾举登也，已耳而目之矣。登所举，吾	赵襄子在位时，启用任登为中牟令。任登在上呈年度计簿时，对襄子说道：“中牟有两个贤人，分别是胆和胥己，请您召见他。”襄子召见他们两人后让他们担任中大夫。相国说：“我料想您对他们只是耳闻而已，还尚未亲眼看到他们的真实为人吧？当中大夫竟是这样容易，这可不是晋国的老规矩。”襄子说：“我提拔任登时，已经耳闻并且目睹了他的情况了。任登所举荐的人，我还要耳闻目睹实际情况，如果这

又耳而目之，是耳目人终无已也。”遂不复问，而以为中大夫。襄子何为任人，则贤者毕力。

样，用耳朵听、用眼睛观察人就始终没有完了。”于是就不再询问，而让胆和胥己担任了中大夫。如此用人，则贤士会把自己的全部才干贡献出来。

注释

1 **任登**：赵襄子之臣。

2 **胆、胥己**：都是赵襄子的大臣。

原文

人主之患，必在任人而不能用之，用之而与不知者议之也。绝江者托于船[1]，致远者托于骥，霸王者托于贤。伊尹、吕尚、管夷吾、百里奚，此霸王者之船骥也。释父兄与子弟[2]，非疏之也；任庖人钓者与仇人仆虏[3]，非阿之也[4]。持社稷立功名之道，不得不然也。犹大匠之为宫室也，量小大而知材木矣，訾功丈而知人数矣[5]。故小臣[6]、吕尚听，而天下知殷、周之王也；管夷吾、百里奚听，而天下知齐、秦之霸也。岂特骥远哉[7]？

夫成王霸者固有人，

译文

君主的弊病，必定是委人以官职却不能让他安心做事，或者虽然让他做事，却又与不了解他们的人议论他们。横渡长江的人靠船，到远处去的人靠千里马，成就王霸之业的人靠贤士。伊尹、吕尚、管夷吾、百里奚，这些人都是成就王霸之业的人所依靠的船和千里马。不任用父兄与子弟，并非有意疏远他们；任用厨师、钓者、仇人和奴仆，并非偏爱他们。保全国家、建立功名的内在原则，要求君主不能不这样啊。这就如同杰出的工匠建筑宫室一样，测量宫室的大小就知道需要的木材的数量了，度量工程的尺寸就知道需要人工的数量了。所以重用小臣伊尹、吕尚，天下人就知道殷、周要成就王业了；重用管夷吾、百里奚，天下人就知道齐、秦要成就霸业了。他们哪里仅仅是横渡江河、奔赴远处的船和千里马呢？

亡国者亦有人。桀用羊辛[8]，纣用恶来，宋用唐鞅，齐用苏秦，而天下知其亡。非其人而欲有功，譬之若夏至之日而欲夜之长也，射鱼指天而欲发之当也。舜、禹犹若困，而况俗主乎？

成就王霸之业当然要有人，亡国也要有人。桀重用干辛，纣重用恶来，宋国重用唐鞅，齐国重用苏秦，因而天下人就知道这些国家行将灭亡了。未获得贤人却想建功立业，这就好像在夏至却想让黑夜长久，对着天射鱼却想射中一样。对此，舜、禹尚且感到困难，更何况普通的君主呢？

注释

1 **绝**：横渡。

2 **释**：废弃，放弃。这里指不任用。

3 **庖人**：厨师，这里指伊尹。

4 **阿**：徇私，偏袒。

5 **訾**：同"赀"，度量，计算。

6 **小臣**：指伊尹。

7 **岂特骥远哉**：当为"岂特船骥哉"。

8 **羊辛**：当作"干辛"。

慎势

导读

本篇讲述君主如何利用权势稳固统治。文中强调君主保持权势的重要性，“王也者，势也；王也者，势无敌也。势有敌则王者废矣”。君主欲定世安邦，必定要增强自己的权势与实力，能够以大使小，以重使轻。保持权势就是要树立统治者的威信，统治者地位尊贵，权势得到彰显，自然能够使奸邪自止，教化得以申明。“权钧则不能相使，势等则不能相并，治乱齐则不能相正。”君主确立权势的方法是正名定分，从天子到诸侯到大夫，大到国家，小到家庭，都要各安其分，各负其责，否则就会导致秩序混乱。

原文

失之乎数，求之乎信，疑[1]。失之乎势，求之乎国，危。吞舟之鱼，陆处则不胜蝼蚁。权钧则不能相使[2]，势等则不能相并[3]，治乱齐则不能相正。故小大、轻重、少多、治乱不可不察，此祸福之门也。

凡冠带之国[4]，舟车之所通，不用象、译、狄鞮[5]，方三千里。古之王者，择天下之中而立国，择国之中而立宫，择宫之中而立庙。天下之地，方千里以为国，所以极治任也[6]。非不能大也，其大不若小，其多不若少。众封

译文

失去了被信任的条件，却要求他人信任，这就会招致怀疑。失去了君主的权势，却想着保住自己的地位，这就会招致危险。能够吞下船只的大鱼，在陆地上还不如蚂蚁。权力对等就不能相互使唤对方，势力相当就不能兼并对方，国家同样混乱或安定就不能互相匡正。所以，大与小、轻与重、少与多、安定与混乱的关系，不可以不研究，因为这是通向祸福的大门。

凡是戴帽子束腰带的文明国家，车船所能到达之处，还有那些不需要带上象、译、狄鞮做翻译的地方，这些国家的领土估计方圆三千里。古代称王的人，选择天下的正中来建立都城，选择国家的正中来建立宫殿，选择宫殿的中央来建立宗庙。天子都是以方圆千里的土地来建立自己的都城，这是因为要最大限度地执行好治理国家的重任。都城并非不可增大，而是大了还不如小一点好，多了还不如少一点好。广泛的分封诸侯国，

建，非以私贤也，所以便势全威，所以博义。义博利则无敌，无敌者安。故观于上世，其封建众者[7]，其福长，其名彰。神农十七世有天下，与天下同之也。

不是因为偏向贤能的人，而是为了便于巩固势力和保全威严，便于宣扬道义。道义广博，就会天下无敌；天下无敌的君主，就会安宁。所以观察古代的国家，那些分封建国数量多的，福分就会长久，名声也会彰显。神农氏十七代都是天下的君主，这是因为他们与天下人共享天下的缘故。

注释

1 **疑**：怀疑，不相信。

2 **钧**：通“均”，相同，相等，对等。

3 **并**：吞并、兼并。

4 **冠带之国**：戴帽子束腰带的文明国家。

5 **象、译、狄鞮**(dī)：都是古代通译各地民族语言的官职。

6 **治任**：治理国家的重任。

7 **封建**：通过分封建立诸侯国。

原文

王者之封建也，弥近弥大，弥远弥小，海上有十里之诸侯。以大使小，以重使轻，以众使寡，此王者之所以家以完也。故曰，以滕、费则劳[1]，以邹、鲁则逸[2]，以宋、郑则犹倍日而驰也，以齐、楚则举而加纲旃而已

译文

称王的人分封诸侯国，离都城越近的国家就越大，越远的国家就越小，海滨竟有方圆十里的诸侯国。用大的诸侯国来使唤小的诸侯国，用权势重的诸侯国来使唤权势轻的诸侯国，用人多的诸侯国来使唤人少的诸侯国，这就是称王的人能治理好天下的原因。所以说身为滕、费这样小国的国君使唤他国就会费力，身为邹、鲁国的国君使唤他国就会容易一些，身为宋、郑国的国君，做起事来就好像一天可以做两天的事情那样快，而身为齐、楚这样

矣[3]。所用弥大，所欲弥易。

汤其无鄣[4]，武其无岐[5]，贤虽十全，不能成功。汤、武之贤，而犹借知乎势，又况不及汤、武者乎？故以大畜小吉，以小畜大灭，以重使轻从，以轻使重凶。自此观之，夫欲定一世，安黔首之命，功名著乎槃盂[6]，铭篆著乎壶鉴[7]，其势不厌尊，其实不厌多。多实尊势，贤士制之，以遇乱世，王犹尚少。天下之民穷矣苦矣。民之穷苦弥甚，王者之弥易。凡王也者，穷苦之救也。水用舟，陆用车，涂用辅[8]，沙用鸠[9]，山用樏[10]，因其势也。〔因势〕者令行。

的大国，只需要起身挥挥旗帜，发布命令即可。因此所利用的诸侯国越大，达到自己的目的也就越容易。

商汤如果当初没有鄣这块土地，武王如果当初没有岐山这块土地，即使他们的贤德十全十美，也不能成就王业。以商汤、武王那样的贤德，依然还要借助于权势，更何况那些贤德不及商汤、武王的人呢？因此，用大的诸侯国驯服小的诸侯国就吉祥，用小的诸侯国驯服大的诸侯国就会导致灭亡，用权势重的诸侯国使唤权势轻的诸侯国就会顺从，用权势轻的诸侯国使唤权势重的诸侯国就会招致灾祸。这样看来，一个人想要平定一个国家，使百姓安居乐业，使功名刻在盘盂上，使铭文刻在壶鉴上，这样权势自然就越尊贵越好，资产自然是多多益善。拥有雄厚的实力和尊贵的权势，再加上贤德之人的辅佐，就算遇到乱世，至少也可以称王天下。天下的百姓都很贫穷困苦。百姓越贫困，称王就越容易。凡是称王的人，都是救贫苦百姓于水深火热之中。过河则用船，陆地上出行就用马车，泥泞路上行走就使用辅，沙土路上行走就使用鸠，山路上行走就使用樏，这都是根据不同的地形作出的判断。能顺应形势变化的人就能变通自己而继续前进。

注释

1 **滕**：一个小的封国的名字。 **费**：鲁国季氏的私邑。

2 **邹**:即邾(zhū)国。
3 **旃**(zhān):指代小国。
4 **郼**(yī):商汤早期的封国,亦作殷商之别称。
5 **岐**:周封国的所在地,即岐山。
6 **槃盂**:古代盛水的青铜器皿。
7 **铭篆**:铭刻。 **鉴**:古代的青铜镜子。
8 **涂**:通"途",泥路。 **輴**(chūn):古代交通工具,用于泥路上出行。
9 **鸠**:一种小车,可行于沙地。
10 **樏**(léi):一种登山的工具。

原文

位尊者其教受,威立者其奸止,此畜人之道也。故以万乘令乎千乘易,以千乘令乎一家易,以一家令乎一人易。尝识及此,虽尧、舜不能。诸侯不欲臣于人,而不得已。其势不便,则奚以易臣?权轻重,审大小,多建封,所以便其势也。王也者,势也;王也者,势无敌也。势有敌则王者废矣。有知小之愈于大、少之贤于多者,则知无敌矣。知无敌,则似类嫌疑之道远矣[1]。故先王之法,立天子不

译文

地位尊贵的人,其教化就能被接受;具有威严的人,就能制止奸诈的行为,这是教育人民的方法。所以,用拥有万辆兵车的国家去号令拥有千辆兵车的国家就容易,用拥有千辆兵车的国家去号令一个家族就容易,用一个家族对一人发号施令就容易。反过来,即使是尧、舜也不能推行其教化。诸侯都不想臣服于人,然而不得不这样。君王的权势如果很轻,那么怎能使唤群臣呢?称王的人权衡轻重,辨别大小,广泛地分封诸侯,是为了使自己的权势处于有利的地位。所谓王者,凭借的是权势;所谓王者,其权势天下无敌。如果有人的权势超过他,那么王位就被废弃了。能知道以小超大、以少胜多的人,那么他的智力就无人可及了。知道自己的智力无人能及,那么类似疑惑难辨的事就会远远离开了。所以

使诸侯疑焉[2]，立诸侯不使大夫疑焉，立適子不使庶孽疑焉[3]。疑生争，争生乱。是故诸侯失位则天下乱，大夫无等则朝廷乱，妻妾不分则家室乱，適孽无别则宗族乱。慎子曰[4]："今一兔走，百人逐之。非一兔足为百人分也，由未定。由未定，尧且屈力[5]，而况众人乎？积兔满市，行者不顾。非不欲兔也，分已定矣。分已定，人虽鄙不争。故治天下及国，在乎定分而已矣。"

古代先王的方法是，册立天子不使诸侯怀疑，册立诸侯不使大夫怀疑，册立嫡长子不使庶子怀疑。怀疑就会产生争夺，争夺就会导致混乱。因此，诸侯失去了官位，天下就会混乱；大夫之间没有等级，朝廷就会混乱；妻妾的名分不分，家庭就会混乱；嫡庶之间没有区别，宗族就会混乱。慎子说："如果有一只兔子在前面跑，会有上百人追赶它。而一只兔子不足以被一百个人分，这是因为兔子的归属没有确定。归属没有确定，尧尚且要竭力追赶，更何况寻常人呢？市场上兔子遍地都是，走路的人看都不看。这不是说他们不想要兔子，而是因为兔子的归属已经确定了。归属确定，即使卑微的人也不去争夺。所以治理天下和国家，只要名分得以确定就可以了。"

注释

1 **嫌疑**：疑惑难辨的事。

2 **疑**：怀疑，不相信。

3 **庶孽**：非正妻所生的儿子。

4 **慎子**：即慎到，法家代表人物。

5 **屈**：竭，尽。

原文

庄王围宋九月，康王围宋五月，声王围宋十月。楚三围宋矣，而

译文

楚庄王围攻宋国九个月，楚康王围攻宋国五个月，楚声王围攻宋国十个月。楚国三次围攻宋国，但不能灭亡它，并不是宋

不能亡，非不可亡也，以宋攻楚[1]，奚时止矣？凡功之立也，贤不肖强弱治乱异也。

齐简公有臣曰诸御鞅，谏于简公曰："陈成常与宰予，之二臣者，甚相憎也，臣恐其相攻也。相攻唯固则危上矣。愿君之去一人也。"简公曰："非而细人所能识也。"居无几何，陈成常果攻宰予于庭[2]，即简公于庙[3]。简公喟焉太息曰："余不能用鞅之言，以至此患也。"失其数，无其势，虽悔无听鞅也，与无悔同。是不知恃可恃，而恃不恃也。周鼎著象[4]，为其理之通也。理通，君道也。

国不可被攻下，让一个像宋国一样无德的楚国去攻打一个像楚国一样无德的宋国，战争何时才能结束呢？凡是功业的建立，都是因为君主的贤能与不贤能、国家的强大与弱小以及混乱与安定方面的不同。

齐简公有个臣子叫诸御鞅，他向简公进谏说："陈常与宰予，这两个人仇恨很深，我担心他们会相互攻击。他们一味地要互相攻击，就会危害您。希望您罢免他们二人中的一个。"简公说："这不是你这样的肤浅之人所能了解的。"没过多久，陈常果然带兵进入朝廷攻击宰予，还将简公刺杀于宗庙中。简公叹息说："都怪我没有采纳诸御鞅的意见，才遇到这样的祸患。"简公失去了驾驭群臣的方法，丧失了君主的权势，即使后悔没有听从诸御鞅的劝谏，与不后悔也没有区别。这是因为简公不知道依靠可以依靠的，反而依靠不可依靠的。周鼎上刻铸的物像，是为了阐明安定和谐可以树立君主的威严。依据这个道理来治理国家，才是真正的为君之道。

注释

1 **以宋攻楚**：宋无德，楚亦无德，古文曰"以宋攻楚"，意思是，以一个像宋国那样无德的楚国去攻打一个像楚国一样无德的宋国。

2 **宰予**：即宰我，孔子弟子。

3 **即**：《说苑·正谏》篇作"贼简公于朝"。贼，刺杀。

4 **著象**：指刻铸上人、物的图像。

精 谕

导读

本篇的主旨是阐明人的内心可以从精神体现出来。文中以孔子与温伯雪子为例，两人见而不言，是因为两人“目击而道存”，“故未见其人而知其志，见其人而心与志皆见”。又举桓公欲伐卫的事例，管子以容貌声音判断桓公的真实想法。这就是察其容色，审其征表而先知其意。因此，“言不足以断事，唯知言之谓者可为”，言意相符则可依言察意，而言意相离就是所谓的“淫辞”。对于“淫辞”，单凭言语来判断事情的真伪是不够的，只有洞察了别人所说的真实意图才能做出决定。

原文

圣人相谕不待言[1]，有先言言者也。海上之人有好蜻者，每居海上，从蜻游，蜻之至者百数而不止，前后左右尽蜻也，终日玩之而不去。其父告之曰：“闻蜻皆从女居[2]，取而来，吾将玩之。”明日之海上，而蜻无至者矣。

胜书说周公旦曰[3]：

译文

圣人之间相互知晓不须言语来表达，有先于言语表达思想的东西。海边有个喜欢蜻蜓的人，当他停留在海边时，喜欢追逐着蜻蜓嬉戏，此时会有不计其数的蜻蜓飞过来，围绕在他前后左右，整天都不离开。他的父亲告诉他说：“听说蜻蜓都跟着你停息，你把它们带回来，我也要和它们一起玩。”第二天他来到了海边，一只蜻蜓也没有来。

胜书对周公旦说道：“廷小而人多，如

"廷小人众，徐言则不闻，疾言则人知之，徐言乎？疾言乎？"周公旦曰："徐言。"胜书曰："有事于此，而精言之而不明，勿言之而不成，精言乎？勿言乎？"周公旦曰："勿言。"故胜书能以不言说，而周公旦能以不言听，此之谓不言之听。不言之谋，不闻之事，殷虽恶周，不能疵矣[4]。口喑不言[5]，以精相告，纣虽多心，弗能知矣。目视于无形，耳听于无声，商闻虽众，弗能窥矣。同恶同好，志皆有欲，虽为天子，弗能离矣。

果轻声说，则您听不到；大声说，别人就知道了，所以是轻声说呢，还是大声说呢？"周公旦说："轻声说。"胜书说："现在有一件事，如果说得微妙就说不清楚，不说就办不了，是微妙地说呢，还是不说呢？"周公旦说："不说。"所以胜书能凭着不说话劝说周公，而周公旦也能从对方的无言中明白他的意思，这就是不用别人说话就能知晓没说出来的计谋和事情。未说出来的计谋，未能听到的事情，殷商虽然厌恶周，但也找不出其缺点。嘴上不讲，表情也可以告诉对方，纣虽然疑心重，但也不知周的计谋。眼睛看到的都是无形的，耳朵听到的都是无声的，殷商的耳目虽然很多，但也不能窥探周的机密。听者与说者喜好相同，志向和欲望也一样，即使是天子也不能背离这个道理。

注释

1 **谕**：明白、知晓。

2 **女**：通"汝"。　**居**：停息。

3 **胜书**：人名。

4 **疵**：小病。引申为过失、缺点。

5 **喑**(wěn)：同"吻"，嘴唇。

原文

孔子见温伯雪子，不言而出。子贡曰："夫子之

译文

孔子去见温伯雪子，还没说话就出来了。子贡说："先生您希望见到温伯雪

欲见温伯雪子好矣，今也见之而不言，其故何也？”孔子曰：“若夫人者[1]，目击而道存矣，不可以容声矣[2]。”故未见其人而知其志，见其人而心与志皆见，天符同也[3]。圣人之相知，岂待言哉？

白公问于孔子曰：“人可与微言乎[4]？”孔子不应。白公曰：“若以石投水，奚若？”孔子曰：“没人能取之[5]。”白公曰：“若以水投水，奚若？”孔子曰：“淄、渑之合者[6]，易牙尝而知之。”白公曰：“然则人不可与微言乎？”孔子曰：“胡为不可？唯知言之谓者为可耳[7]。”白公弗得也。知谓则不以言〔言〕矣。言者，谓之属也。求鱼者儒[8]，争兽者趋[9]，非乐之也。故至言去言，至为无为。浅智者之所争则末矣。此白公之所以死于法室[10]。

子已经很久了，现在见到他却不说话，这是为什么呢？”孔子说：“像他那样的人，一眼就知道是有学问的人，不必再交谈了。”因此，还没见到那人时就了解他的志向，见到本人以后，就不难知道他的内心和志向，因为彼此都与天道相符合。圣人相互了解，哪里还用得着开口说话呢？

白公问孔子：“能和人密谋吗？”孔子不回答。白公说：“如果密谋像石头投到水里那样不为人知，怎么样？”孔子说：“潜水的人会得到，所以你的秘密会被发现。”白公说：“如果能像把水投到水里，怎么样？”孔子说：“即使使淄水和渑水汇合，易牙也能品尝出是哪条水的味道。”白公说：“这样说来，人与人之间就不能密谋吗？”孔子说：“为什么不可以呢？只要明白说话人的意思就可以了。”白公不懂得说话人的意思。懂得意思就可以不需要言语表达了。这是因为言语是表达真实意图的。捕鱼人的衣服会被弄湿，争抢野兽的人要快速奔跑，并不是他们愿意弄湿衣服或奔跑。所以，语言的最高境界是没有语言，行动的最高境界是无所作为。智商低下的人追求的是一些细枝末节的东西。这也是白公后来死在刑室里的原因。

注释

1 **夫人**:那个人,即温伯雪子。

2 **容声**:交谈、交流。

3 **天符**:天道。 **同**:相符合。

4 **微言**:密谋,暗中进言。

5 **没人**:潜水者。

6 **淄、渑**:水名,都在齐国境内。 **合**:汇合。

7 **谓**:含意、意思。

8 **儒**:应作"濡",湿。

9 **趋**:奔跑。

10 **法室**:刑室。

原文

齐桓公合诸侯,卫人后至。公朝而与管仲谋伐卫。退朝而入,卫姬望见君,下堂再拜,请卫君之罪。公曰:"吾于卫无故,子曷为请?"对曰:"妾望君之入也,足高气强,有伐国之志也。见妾而有动色,伐卫也。"明日君朝,揖管仲而进之。管仲曰:"君舍卫乎?"公曰:"仲父安识之[1]?"管仲曰:"君之揖朝也恭,而言也徐,见臣而有惭色,臣是以知之。"君曰:"善。仲父治外,夫人治内,

译文

齐桓公会晤诸侯,卫国人迟到了。桓公上朝时与管仲谋划攻打卫国。桓公退朝以后进入内室,卫姬看到后就下堂向桓公拜了两拜,为卫国君主请罪。桓公说:"我与卫国又没有结怨,你为什么要请罪?"卫姬回答说:"我看见您进来的时候,趾高气扬,有攻打别国的意思。见到我后就变了脸色,这表明是要攻打卫国啊。"第二天桓公上朝,桓公作揖请管仲进来。管仲问:"您不攻打卫国了吧?"桓公吃惊地说:"仲父您怎么知道的?"管仲说:"您上朝时作揖很恭敬,讲话非常慢,见到我时面有愧色,我就知道了。"桓公说:"好。由仲父治理宫外,夫人治理宫内,这样我就知道自己始终不会被诸侯

寡人知终不为诸侯笑矣。”桓公之所以匿者不言也，今管子乃以容貌音声，夫人乃以行步气志。桓公虽不言，若暗夜而烛燎也。

们耻笑了。”桓公之所以企图用不说话来掩盖自己的意图，是因为管仲能通过容貌声音，夫人则凭借步伐和神情来判断他的内心活动。即使桓公不说话，他的内心所想依然像夜晚的烛光一样明亮。

注释

1 识：知道。

原文

晋襄公使人于周曰："弊邑寡君寝疾，卜以守龟[1]，曰：'三涂为祟[2]。'弊邑寡君使下臣愿借途而祈福焉。"天子许之。朝，礼使者事毕，客出。苌弘谓刘康公曰："夫祈福于三涂，而受礼于天子，此柔嘉之事也[3]。而客武色，殆有他事，愿公备之也。"刘康公乃儆戎车卒士以待之[4]。晋果使祭事先，因令杨子将卒十二万而随之，涉于棘津[5]，袭聊、阮、梁蛮氏，灭三国焉。此形名不相当，圣人之所察也，苌弘则审矣。故言不足以断小事[6]，唯知言之谓者可为[7]。

译文

晋襄公派人去周朝说："我国国君最近卧病在床，用龟甲占卜，卦象显示说：'是三涂山山神降下灾祸。'国君派我来，希望能借道贵国去三涂山祈福。"周天子答应了。上朝的时候，按礼节接待完使者，宾客就退下了。苌弘对刘康公说："既向三涂山山神求福，又受到天子的礼遇，这是柔和美善的事情。可是来客却面带勇武之色，只怕有不测之事，希望您有所防备。"刘康公就加强兵力、准备战车以防备敌军。晋国果然先做祭祀的事，乘机派杨子率领十二万士兵紧随其后，渡过棘津，袭击聊、阮、梁等蛮人居住的城池，灭掉了这三国。这就是实际和当初所言不一致，这种情况是圣人所能明察的，苌弘对此就洞若观火。因此，单凭说的话来判断事情的真伪是不够的，只有洞察了别人所说的真实意图才能作出决断。

注释

1 **守龟**:作预测、占卜用的龟甲。

2 **三涂**:山名。 **祟**(suì):鬼神的祸害、灾祸。

3 **柔嘉**:柔和美善。

4 **儆**:戒备,防备。

5 **棘津**:古黄河渡口。

6 **小**:应为衍文。

7 **可为**:应作“为可”。

离 谓

导读

本文的主旨是阐明言辞之不足信,言辞常与人的本意相违背。文章指出“言者以谕意也。言意相离,凶也”。接着又说乱国的习俗是流言很多,而且不根据事实,极力互相诋毁,极力互相吹捧,贤人与愚者分辨不清。文中列举邓析的例子,说明不合理的善辩是伪作,不合理的聪明就是狡诈,狡诈伪作的人,是必须要被惩处的。君主被迷惑后,最大的祸患是自己不感到疑惑。而聪明的人能在疑惑之中领悟事物的道理,能在世道昏暗之中看到光明的前景。

原文

言者以谕意也。言意相离,凶也。乱国之俗,

译文

说话原本是用来表达意思的。如果和意思背离就会有危险。乱国的习俗是流言

甚多流言，而不顾其实，务以相毁，务以相誉，毁誉成党，众口熏天，贤不肖不分。以此治国，贤主犹惑之也，又况乎不肖者乎？惑者之患，不自以为惑，故惑惑之中有晓焉[1]，冥冥之中有昭焉[2]。亡国之主，不自以为惑，故与桀、纣、幽、厉皆也[3]。然有亡者国，无二道矣。

郑国多相县以书者[4]。子产令无县书，邓析致之。子产令无致书，邓析倚之[5]。令无穷，则邓析应之亦无穷矣。是可不可无辨也[6]。可不可无辨，而以赏罚，其罚愈疾[7]，其乱愈疾，此为国之禁也。故辨而不当理则伪[8]，知而不当理则诈[9]，诈伪之民，先王之所诛也。理也者，是非之宗也。

很多，而且不根据事实，极力互相诋毁，极力互相吹捧，诋毁与被诋毁的人、吹捧与被吹捧的人分别结党而营私，众人争相喧嚣一片，贤人与愚者分辨不清。如果这样来治理国家，连贤明的君主都会迷惑，更何况是不肖的君主呢？被迷惑的人的最大祸患是自己不感到疑惑，所以聪明的人能在迷惑中洞悉事理，能在昏暗中看到光明。亡国的君主从来不认为自己糊涂，所以就与夏桀、商纣、周幽王、周厉王等不肖君主一样了。这样看来，那些已经灭亡的国家，除了灭亡，就没有第二条道路可以走了。

郑国有很多人把新法令悬挂起来。子产下令不准悬挂法令，邓析就对新法加以修饰。子产又命令不准修饰新法，邓析就把新法曲解。子产的命令无穷无尽，邓析的对策无穷无尽。这样一来，可与不可就无法辨别了。可与不可没法辨别，却又用来作为施加赏罚的标准，那么赏罚越急剧而猛烈，国家治理就越是混乱，这是治理国家的大忌。所以，不合理的辩言是伪作，不合理的聪明就是狡诈，狡诈伪作的人，是先王要惩处的。事理才是判断是非的标准。

注释

1 **惑惑**：迷惑混乱的样子。

2 **冥冥**：昏暗不清的样子。

3 **皆**：通“偕”，相同。

4 **相县以书**：悬挂法令以示人。县，同“悬”，悬挂。

5 **倚**：不正，偏侧。

6 **辨**：辨别。

7 **疾**：急剧而猛烈。

8 **辨**：通“辩”，辩言。

9 **知**：通“智”，聪明。

原文

洧水甚大[1]，郑之富人有溺者，人得其死者[2]。富人请赎之，其人求金甚多，以告邓析。邓析曰：“安之。人必莫之卖矣[3]。”得死者患之，以告邓析。邓析又答之曰：“安之。此必无所更买矣。”夫伤忠臣者有似于此也。夫无功不得民，则以其无功不得民伤之；有功得民，则又以其有功得民伤之。人主之无度者，无以知此，岂不悲哉？比干、苌弘以此死，箕子、商容以此穷[4]，周公、召公以此疑，范蠡、子胥以此流。死生存亡安危，从此生矣。

子产治郑，邓析务难

译文

洧水发了大水，郑国有个富人在水里溺死了，别人得到了他的尸体。富人的家属请求赎买尸体，得到尸体的那个人索要金子太多，于是富人的家属求告于邓析。邓析说：“不要担心。那个人一定无处去卖。”得到尸体的人很担忧死者的家属不来赎买尸体，也去求告于邓析。邓析又回答说：“放心。富人的家属绝对没有别的买处。”诋毁忠臣的人与此很相似。如果忠臣没有功劳而不得民心，中伤者就以此来中伤他们；如果他们有功劳而得到民心，中伤者就又拿他们有功劳而得到民心来中伤他们。没有判断标准的君主，就无法了解这种情况，这难道不是很可悲吗？这正是比干和苌弘惨死的原因，箕子和商容也因此而困窘，周公和召公也因此受到君主猜忌，范蠡和伍子胥也因此而流亡。生死存亡与安危，都由此而发端。

子产治理郑国，邓析处处为难他。邓

之。与民之有狱者约："大狱一衣，小狱襦裤[5]。"民之献衣襦裤而学讼者，不可胜数。以非为是，以是为非，是非无度，而可与不可日变。所欲胜因胜，所欲罪因罪。郑国大乱，民口讙哗。子产患之，于是杀邓析而戮之[6]，民心乃服，是非乃定，法律乃行。今世之人，多欲治其国，而莫之诛邓析之类，此所以欲治而愈乱也。

析跟有官司的人约定："大的官司要送上一套长袍，小的官司要送上一套短衣裤。"献上大小衣服以便掌握官司胜负的人不计其数。邓析以是为非，以非为是，是非没有标准，可与不可的标准每天都在变。谁希望官司获胜，他就有办法获胜；谁希望别人获罪，他就可以让人获罪。于是郑国大乱，人民一片哗然。子产非常忧虑，于是就杀死了邓析，并且陈尸示众，民心才得以安定，是非的标准才得以确定，法律才得以实行。如今世上的人，大多想使国泰民安，可是却不诛杀邓析这样的人，这就是想治理好国家却越治越乱的原因。

注释

1 **洧(wěi)水**：水名。

2 **死**：尸体。

3 **莫之卖**：无处去卖。

4 **穷**：困窘。

5 **襦裤**：短衣和裤子。襦(rú)，短衣。

6 **戮**：杀。

原文

齐有事人者，所事有难而弗死也。遇故人于涂，故人曰："固不死乎[1]？"对曰："然。凡事人，以为利也。死不利，故不死。"

译文

齐国有个人侍奉别人，所侍奉的人遇难而他却不为主人殉死。他在路上遇到熟人，熟人说："你执意不殉死吗？"这个人回答说："是的，当然不会。凡是侍奉人都是为了获得利益。殉死就不能获得利

故人曰："子尚可以见人乎？"对曰："子以死为顾可以见人乎[2]？"是者数传。不死于其君长，大不义也，其辞犹不可服，辞之不足以断事也明矣。夫辞者，意之表也。鉴其表而弃其意，悖[3]。故古之人，得其意则舍其言矣。听言者以言观意也。听言而意不可知，其与桥言无择[4]。

齐人有淳于髡者，以从说魏王[5]。魏王辩之，约车十乘[6]，将使之荆。辞而行，有以横说魏王[7]，魏王乃止其行。失从之意，又失横之事。夫其多能不若寡能，其有辩不若无辩。周鼎著倕而龁其指[8]，先王有以见大巧之不可为也。

益，所以我不会殉死。"熟人说："您这样还有脸面见人吗？"这个人回答说："你认为殉死后倒可以见人吗？"这样的话他说了多次。不为自己的君主或上司殉死，是非常不义的行为，他的言辞更是不能让人信服的，由此可见，通过言辞是不能判断是非的。言辞表达的是思想。只是欣赏外在的言辞却不顾它的思想，这是荒谬的。所以古人懂得了人的思想，就不需要言辞了。听别人讲话就要通过他的言语来了解他的真实意思。听别人讲话却弄不清他的真实意思，那样的言语就与虚假的言辞没有不同了。

齐国有个人叫淳于髡，他劝说魏王实行合纵之术。魏王觉得他能言善辩，就套好十辆车，派他出使楚国。可是，在他辞别的时候，又劝说魏王实行连横之术，魏王就制止了他的出行。此人既不能坚持合纵，又不能坚持连横。这样的人，他的才能多就不如才能少，有辩才就不如没有辩才。周鼎铸刻着巧匠倕咬断自己手指的图像，先王借此来说明过于聪明是不可取的。

注释

1 **固**:副词，一再，执意、坚决地。

2 **顾**:反，反而。

3 **悖**:悖谬，荒唐。

4 **桥**:虚假。 **择**:不同、区别。

5 **从**:通“纵”,合纵。

6 **约车**:套车。

7 **有**:通“又”。 **横**:连横。

8 **倕**:相传为尧时的能工巧匠。 **龁**(hé):咬。

不屈

导读

本篇阐述诡辩之说的危害,指出善辩的人认为掌握了真理,实则未必。善辩如果用以掩饰错误、迷惑愚笨者,那么善辩就是祸害了。文中列举惠子在反驳白圭对他的责备时,惠子不但不觉得自己有不足之处,而且还引用诗书,用其诡辩思维来粉饰自己的错误。作者认为惠子的应对虽然振振有词,旁征博引,但他的言论只是“以治之为名”,而“以贼天下为实”,其结果必然是使君主受辱,使国家衰微。

原文

察士以为得道则未也[1]。虽然,其应物也,辞难穷矣。辞虽穷,其为祸福犹未可知。察而以达理明义,则察为福矣;察而以饰非惑愚[2],则察为

译文

善辩的人认为掌握了真理,实则未必。即使这样,他们在应对事物时,言辞也是难以穷尽的。即使言辞穷尽了,这到底是福是祸,也无从得知。善辩如果用来通晓事理、阐明道义,那么善辩就是福了;善辩如果用以掩饰错误、惑弄愚笨的人,

祸矣。古者之贵善御也[3]，以逐暴禁邪也。

魏惠王谓惠子曰："上世之有国，必贤者也。今寡人实不若先生，愿得传国[4]。"惠子辞[5]。王又固请曰："寡人莫有之国于此者也，而传之贤者，民之贪争之心止矣。欲先生之以此听寡人也。"惠子曰："若王之言，则施不可而听矣[6]。王固万乘之主也，以国与人犹尚可。今施，布衣也，可以有万乘之国而辞之，此其止贪争之心愈甚也。"惠王谓惠子曰："古之有国者，必贤者也。"夫受而贤者，舜也，是欲惠子之为舜也；夫辞而贤者，许由也，是惠子欲为许由也；传而贤者，尧也，是惠王欲为尧也。尧、舜、许由之作，非独传舜而由辞也，他行称此。今无其他，而欲为尧、舜、许由，故惠王布冠而拘于鄄[7]，齐威

那么善辩就是祸害了。古人之所以尊重善于驾车的人，正是为了驱逐暴虐，禁止邪恶。

魏惠王对惠子说："上古时代拥有国家的，一定是贤德之人。现在我确实不如先生您，我希望能把国家禅让给您。"惠子谢绝了。魏惠王又坚决请求说："如果我在这里不占有这个国家，而把它传给贤德之人，那么民众的贪婪争夺之心就会停止了。希望您因此而答应我的请求。"惠子说："若像大王您说的那样，那我就不能听从您的话了。您本来就是享有万乘之尊的大国君主，把国家让给别人，尚且可以阻止贪争之心。如今我惠施只是个平民百姓，可以成为大国君主而拒绝了，这样更能够制止民众的贪婪争夺之心。"魏惠王对惠子说："古代的国君，一定是贤德之人。"接受王位且贤德的人是舜，惠王这样是想让惠子成为舜那样的人；谢绝王位且贤德的人是许由，惠子这样是想成为许由那样的人；将王位传给别人且贤德的人是尧，所以惠王是想成为尧那样的人。尧、舜、许由之所以名扬天下，并不仅仅是尧禅位给舜而舜接受了，尧禅位给许由而许由谢绝了，他们其他的行为也符合圣人的做法。如今没有其他的行为，却想成为尧、舜、许由那样的人，所以惠王穿着丧国之

王几弗受；惠子易衣变冠，乘舆而走[8]，几不出乎魏境。凡自行不可以幸，为必诚。

服而将自己拘禁在鄄城，意欲投降齐国，而齐威王差一点没接受；惠施乔装打扮，乘车出逃，却差一点在魏国境内遇难。大凡行动，不能心存侥幸，必须要心诚。

注释

1 **察士**：此处指善辩之人。
2 **惑愚**：使愚笨的人迷惑。
3 **贵善御**：尊重善于驾车的人。
4 **传**：禅让。
5 **辞**：谢绝。
6 **不可而听**：不可以听从。
7 **布冠**：丧国的服饰。
8 **舆**：车。

原文

匡章谓惠子于魏王之前曰："蝗螟[1]，农夫得而杀之，奚故？为其害稼也。今公行，多者数百乘，步者数百人；少者数十乘，步者数十人。此无耕而食者，其害稼亦甚矣。"惠王曰："惠子施也，难以辞与公相应。虽然，请言其志。"惠子曰："今之城者，或者操大筑乎城上[2]，或负畚而赴乎城下[3]，或

译文

匡章在魏王面前议论惠子说："农夫只要捉住蝗虫和螟虫，就要把它们弄死，为什么呢？因为它们祸害了庄稼。如今惠施出行，多的时候有数百辆车，几百个人步行跟随；少的时候数十辆车，几十个人步行跟随。这些都是不耕田就吃饭的人，他们对庄稼的危害也很严重啊。"魏惠王说："惠施很难用言辞与你应答。即使如此，请让我来说说惠子的想法吧。"惠子说："如今修建城池的人中，有的拿着大杵在城上夯土，有的背着箕畚到城下来回运土，有的拿着标尺在看方位的斜正。像我惠施这样的，就

操表掇以善睎望[4]。若施者，其操表掇者也。使工女化而为丝，不能治丝；使大匠化而为木，不能治木；使圣人化而为农夫，不能治农夫。施而治农夫者也。公何事比施于螣螟乎[5]？”惠子之治魏为本，其治不治。当惠王之时，五十战而二十败，所杀者不可胜数，大将、爱子有禽者也[6]。大术之愚，为天下笑，得举其讳[7]，乃请令周太史更著其名。围邯郸三年而弗能取，士民罢潞[8]，国家空虚，天下之兵四至。众庶诽谤，诸侯不誉，谢于翟翦[9]，而更听其谋，社稷乃存。名宝散出，土地四削，魏国从此衰矣。仲父，大名也；让国，大实也。说以不听、不信。听而若此，不可谓工矣。不工而治，贼天下莫大焉，幸而独听于魏也。以贼天下为实，以治之为名，匡章之非，不亦可乎？

是手拿标尺查看方位的人啊。假如善于织丝的女子变成丝线，她们就不能织丝了；假如巧匠变成木材，他们就不能加工木材了；假如圣人变成农夫，他们就不能管理农夫了。我惠施就是管理农夫的人啊。你因何将我比作螣虫、螟虫之类的害虫呢？”惠子的根本任务就是治理魏国，可他治理得并不好。在魏惠王时期，打五十次仗有二十次都是失败的，被杀的人不计其数，惠王的大将、爱子都有被俘虏的。这种愚蠢的治国之术，为天下人所耻笑，天下人都能列举出惠子的过错，惠王这才请周天子的太史更改对惠子仲父的尊称。魏国围攻邯郸三年而未能将邯郸攻下，士兵和百姓都疲惫羸弱，国库空虚，各路诸侯的救兵从四面八方前来解救邯郸之围。平民百姓责难他，诸侯们对他也毫不称道，惠王这才向翟翦道歉，并改听翟翦的谋略，魏国社稷才得以保存。但名贵的宝物失散在外，土地也被四邻割去，魏国从此就衰落了。仲父，是显赫的名号；将国君之位禅让给他人，是高尚的行为。惠子用不可听、不可信的言论劝说惠王。惠王像这样听从他的意见，可不能叫作善于听取意见。不善于听取意见而去治理国家，对天下的危害没有比这更大的了，幸好惠子的话只是在魏国被听从了。惠子以治理国家之名，而行危害天下之实，匡章对他的非难，难道不是应该的吗？

注释

1 **螟**(míng):一种农田里的害虫。

2 **筑**:捣土的杵(chǔ)。

3 **乎**:应为“于”。

4 **表掇**(duō):楷模、标志。 **晞**(xī)**望**:观望方位的斜正。

5 **螣**(tè):食苗叶的害虫。

6 **禽**:擒获,俘虏。

7 **讳**:过错。

8 **罢潞**:疲惫羸弱。罢,通“疲”。

9 **谢**:道歉。

原文

白圭新与惠子相见也,惠子说之以强,白圭无以应。惠子出,白圭告人曰:“人有新取妇者[1],妇至,宜安矜烟视媚行[2]。竖子操蕉火而巨[3],新妇曰:‘蕉火大巨[4]。’入于门,门中有歛陷[5],新妇曰:‘塞之,将伤人之足。’此非不便之家氏也[6],然而有大甚者。今惠子之遇我尚新,其说我有大甚者。”惠子闻之曰:“不然。《诗》曰:‘恺悌君子,民之父母。’恺者,大也;悌者,长也。君子之德,长且大者,则为民父母。父母之教子

译文

白圭和惠子初次相见,惠子就跟他谈论如何使国家强大,白圭无话可答。惠子出去后,白圭就告诉别人说:“有人刚娶了媳妇,新媳妇到时,应当安详稳重,烟视慢行。童仆拿的火把烧得太旺,新媳妇就说:‘火把太旺。’新媳妇进门后,门里面有个陷坑,新媳妇就说:‘把坑填上,不然会伤了人的脚。’这不是对夫家不利,但是有些太过分了。如今惠子与我初次见面,他对我说的话有些太过分了。”惠子听说以后,就说:“不对。《诗经》上说:‘恺悌君子,民之父母。’其中的恺,是大的意思;悌,是长的意思。君子的品德高尚,胸怀宽广,就可以成为百姓的父母。父母教育子女,难道要等很久吗?为什么要把我比作

也，岂待久哉？何事比我于新妇乎？《诗》岂曰‘恺悌新妇’哉？”诽污因污[7]，诽辟因辟[8]，是诽者与所非同也。白圭曰：“惠子之遇我尚新，其说我有大甚者。”惠子闻而诽之，因自以为为之父母，其非有甚于白圭（亦）〔之〕有大甚者。

新媳妇呢？《诗经》里难道有说‘新媳妇道德高尚’吗？”用污秽责难他人污秽，用邪僻责难他人邪僻，这样责难者和被责难者就一样了。白圭说：“惠子与我初次见面，他对我说的话有些太过分了。”惠子听说后就责难白圭，是因为惠子自以为道德高尚，可以成为白圭的父母，他的错误比白圭说的太过分还要严重。

注释

1 **取**：通“娶”。

2 **安矜**：安稳。　**烟视**：形容微微看见。烟，谓由于烟的刺激而使眼睛流泪或睁不开。　**媚行**：缓慢前进。

3 **竖子**：童仆。

4 **蕉火**：火把。

5 **欲**(hān)：疑为“欲”字之误。“欲陷”，陷坑。

6 **家氏**：夫家。

7 **诽**：责难。

8 **辟**：通“僻”，邪僻。

高义

导读

本篇阐明“义”的重要性。文中以孔子不受齐景公赐廪丘以为养之例，赞扬孔子高尚的品行，指出孔子以布衣的身份，却能够使万乘难与比行，三王之佐不显，这都是他高尚人格的表现。又以墨子不受越王赏赐为例，说明“君子之穷通，有异乎俗者也”，君子“动必缘义，行必诚义”的行动准则。

原文

君子之自行也，动必缘义，行必诚义，俗虽谓之穷，通也。行不诚义，动不缘义，俗虽谓之通，穷也。然则君子之穷通，有异乎俗者也。故当功以受赏，当罪以受罚。赏不当，虽与之必辞；罚诚当，虽赦之不外[1]。度之于国[2]，必利长久。长久之于主，必

译文

君子自身的行动，必须根据义的要求，严格按照义的规定去行动，世俗的观念虽然认为这样行不通，但君子认为最终会行得通。如果不严格按照义的规定，不根据义的要求去行动的话，即使世俗的观念认为这样可以行得通，但在君子看来，最终也会行不通。如此，君子的所谓穷困或通达，就跟世俗的观念不同了。所以有功劳就接受相应的奖赏，有罪过就接受相应的惩罚。如果赏赐和功劳不相称，即使赏给他，他也一定谢绝；如果处罚和罪过相称，即使赦免他，他也不敢逃避惩罚。以这种原则来为人处世，一定会有利于国家的长远利益，并

宜内反于心，不惭然后动。

孔子见齐景公，景公致廪丘以为养[3]。孔子辞不受，入谓弟子曰："吾闻君子当功以受禄。今说景公，景公未之行而赐之廪丘，其不知丘亦甚矣。"令弟子趣驾[4]，辞而行。孔子布衣也，官在鲁司寇，万乘难与比行[5]，三王之佐不显焉，取舍不苟也夫[6]！

且也能长久的对君主有利。对于一个君主而言，如果想要长治久安，就要对自己的行为做到内心反省，感到不愧对人民才可以行动。

孔子拜见齐景公，景公把廪丘赏赐给孔子作为封地。孔子谢绝了，没有接受，出来后对学生们说："我听说君子接受俸禄是因为有功劳。现在我劝说景公听从我的主张，景公还没有施行，却要赏赐给我廪丘，他太不了解我孔丘了。"随后，孔子让学生们赶紧驾车，辞别景公后就走了。作为平民百姓的孔子在鲁国当过司寇的官，那个时候，即使拥有万辆兵车的大国君主都难以跟他并肩而行，三位帝王的辅佐大臣在他面前都显得黯淡无光，这是因为孔子在对待取舍的时候不苟且妄为的缘故啊！

注释

1 **不外**：不敢逃避惩罚。
2 **度**(duó)：度量，用以计量长短和容量的标准。
3 **以为养**：作为封地。
4 **趣**(cù)：赶紧。
5 **万乘**：代指大国君主。 **比**：比肩，并列。
6 **不苟**：不苟且妄为。

原文

子墨子游公上过于越[1]。公上过语墨子之义，越王说之，谓公上过曰："子之师苟肯至越，请以故

译文

墨子让弟子公上过到越国出使。公上过对越王讲述了墨子的治国主张，越王很高兴地对公上过说："你的老师如果肯到越国来，我愿把过去吴国的土地，阴

吴之地，阴江之浦[2]，书社三百[3]，以封夫子。”公上过往复于子墨子。子墨子曰：“子之观越王也，能听吾言、用吾道乎？”公上过曰：“殆未能也[4]。”墨子曰：“不唯越王不知翟之意，虽子亦不知翟之意。若越王听吾言、用吾道，翟度身而衣，量腹而食，比于宾萌[5]，未敢求仕。越王不听吾言、不用吾道，虽全越以与我，吾无所用之。越王不听吾言、不用吾道，而受其国，是以义翟也。义翟何必越，虽于中国亦可[6]。”凡人不可不熟论。秦之野人[7]，以小利之故，弟兄相狱[8]，亲戚相忍[9]。今可得其国，恐亏其义而辞之，可谓能守行矣。其与秦之野人相去亦远矣。

江沿岸的三百社土地和民众封给他老先生。”公上过回去后告诉了墨子。墨子说：“你看越王能听从我的话，采纳我的治国主张吗？”公上过说：“恐怕不能。”墨子说：“不仅越王不了解我的意思，即使是你也不一定了解我的意思。如果越王听从我的话，采纳我的治国主张，我将衡量自己的身体来穿衣，估量自己的肚子来吃饭，和客居之民没有区别，不敢要求做官。如果越王不听从我的话，不采纳我的治国主张，即使把整个越国给我，我也用不着它。越王不听从我的话，不采纳我的治国主张，我却接受他的国家，这就成了出卖道义来换取俸禄的行为。如果是出卖道义来求得俸禄，何必到越国去？即使是中原之国也是可以的。”人们不能不仔细地了解和辨别。秦国的乡野之民，会因为一点小利的缘故，弟兄之间相互打官司，亲戚之间相互残害。现在墨子可以得到越王的封土，却担心损害了道义，因而推辞了，墨子可以说是遵守行为操守的人了。秦国的乡野之人与他相比相差太远了。

注释

1 **游**：使……出使。

2 **浦**：江边。

3 **社**：战国时基层行政单位，二十五家为一社。

4 **殆**:恐怕。

5 **宾萌**:从外地迁入的客居者。萌,通“氓”,百姓,黎民。

6 **中国**:指中原各国。

7 **野人**:乡野之民。

8 **狱**:打官司。

9 **忍**:残害。

原文

荆人与吴人将战,荆师寡,吴师众。荆将军子囊曰[1]:“我与吴人战,必败。败王师,辱王名,亏壤土,忠臣不忍为也。”不复于王而遁。至于郊,使人复于王曰:“臣请死。”王曰:“将军之遁也,以其为利也。今诚利,将军何死?”子囊曰:“遁者无罪,则后世之为王将者,皆依不利之名而效臣遁。若是,则荆国终为天下挠[2]。”遂伏剑而死。王曰:“请成将军之义。”乃为之桐棺三寸,加斧锧其上[3]。人主之患,存而不知所以存,亡而不知所以亡,此存亡之所以数至也。

译文

楚国人与吴国人要打仗了,楚国军队人少,吴国军队人多。楚国将军子囊说:“我国与吴国作战,必将失败。王师溃败,玷辱君主名声,损失国家的土地,这是忠臣不忍心做的。”于是子囊没有向楚王禀告就逃跑了。等逃到了郊外,派人向楚王禀告说:“我请求被处死。”楚王说:“将军你逃走,是认为这样做有利。事实上也确实有利,将军你为什么要死呢?”子囊说:“如果临阵脱逃没有罪的话,那么后世作为君主将领的人,都会以作战不利为借口,像我一样临阵脱逃。如果是这样,楚国最终会被天下的诸侯所削弱。”说完就拔剑自杀了。楚王说:“让我成全将军你的大义吧。”于是,楚王命人做了三寸厚的桐木棺盛放子囊的尸体,把斧锧刑具放在棺上表示处以死刑。作为君主,最大的忧患就是存在的时候不知道为什么可以存在,灭亡的时候不知道为什么会灭亡,这就是国家灭亡和生存不断交替出现的原因。而这也正是郼地和岐地的

鄣、岐之广也，万国之顺也，从此生矣。荆之为四十二世矣，尝有乾谿、白公之乱矣，尝有郑襄、州侯之避矣，而今犹为万乘之大国，其时有臣如子囊与？子囊之节，非独厉一世之人臣也。

领土得以扩大、天下的诸侯国臣服于商汤王和周武王的原因。楚国已经经历四十二代了，曾经有过发生在乾谿的混乱，也有白公胜那样的祸乱，也曾经发生过郑襄、州侯祸乱朝政的事情，可是如今仍然是个拥有万辆兵车的大国，这大概就是因为时不时地出现子囊这样的臣子吧？子囊的气节，不单单是激励了一代臣子那么简单。

注释

1 **子囊**：楚庄王之子。

2 **挠**：弱，削弱。

3 **锧**：砍头时所用的砧木。

原文

荆昭王之时，有士焉曰石渚。其为人也，公直无私，王使为政。道有杀人者，石渚追之，则其父也。还车而反[1]，立于廷曰："杀人者，仆之父也。以父行法，不忍；阿有罪[2]，废国法，不可。失法伏罪，人臣之义也。"于是乎伏斧锧，请死于王。王曰："追而不及，岂必伏罪哉？子复事矣。"石渚辞曰："不私其亲，不可谓孝

译文

楚昭王在位时，有个贤士名叫石渚。他公正无私，所以昭王让他处理朝政。有一个杀了人的人，石渚去追捕他，等抓到后发现原来是他父亲。于是他掉转车头返回，站在朝堂上说："杀人的是我父亲。对父亲施加刑法，我不忍心；但是偏袒有罪的父亲，是废弃国家刑法，这也不可以。执法不严就要接受惩处，这是作为臣子应遵守的道义。"于是石渚背着斧锧，请求昭王处死他。昭王说："追赶罪犯没有追上，就一定要受到法律的处罚吗？你还是继续做你的事情吧！"石渚推辞说："不偏爱自己的双亲，不能叫孝子；侍奉君主却违

子；事君枉法，不可谓忠臣。君令赦之，上之惠也。不敢废法，臣之行也。”不去斧锧，殁头乎王廷[3]。正法枉必死，父犯法而不忍，王赦之而不肯，石渚之为人臣也，可谓忠且孝矣。

反法律，不能叫忠臣。您下令赦免我，这是圣上您的恩惠。不敢使法律废弃，这是臣子的操行。”最终石渚没有放下斧锧，在朝堂上刎颈自杀。根据公正的刑法，违法者必定处死，父亲犯法而他不忍心看到父亲处以死刑，君主赦免了他，他却不肯接受赦免，作为臣子的石渚可以说是既忠诚又孝顺了。

注释

1 **还车**：掉转车头。 **反**：返回。

2 **阿**(ē)：偏袒。

3 **殁头**：刎颈自杀。

上 德

导读

上德即崇尚道德的意思，本篇的要旨是提倡德治。作者指出“为天下及国，莫如以德，莫如行义。以德以义，不赏而民劝，不罚而邪止”。统治者施行德政，爱戴百姓，人民才会亲附，并且愿意为国家献出生命。作者的这种观点有其现实的针对性。商鞅变法之后，法家思想一直是秦国的治国策略，它强调严刑峻法。本文认为治国仅凭严刑峻法是不够的，并说“严罚厚赏，此衰世之政也”，反对严刑苛法，强调民本和德治。

原文

为天下及国[1]，莫如以德，莫如行义。以德以义，不赏而民劝，不罚而邪止。此神农、黄帝之政也。以德以义，则四海之大，江河之水，不能亢矣[2]；太华之高[3]，会稽之险，不能障矣；阖庐之教，孙、吴之兵[4]，不能当矣。故古之王者，德回乎天地，澹乎四海[5]，东西南北，极日月之所烛[6]。天覆地载，爱恶不臧[7]。虚素以公，小民皆之，其之敌而不知其所以然，[8]此之谓顺天；教变容改俗，而莫得其所受之，此之谓顺情。故古之人，身隐而功著，形息而名彰[9]，说通而化奋[10]，利行乎天下而民不识[11]。岂必以严罚厚赏哉？严罚厚赏，此衰世之政也。

三苗不服，禹请攻之。舜曰："以德可也。"

译文

治理天下和国家的关键，莫过于施以仁德和道义了。施行仁德和道义，即使不奖赏百姓，民心也会努力向善；即使不施行惩罚，邪恶的行为也会被制止。神农、黄帝就是这样治国理政的。如果能施以仁德与道义，那么无论四海有多么广阔，江河多么深，都不能与之抗衡；即使是华山的高大，会稽山的险峻，也不能成为屏障；即使是阖庐的教化，或孙武、吴起训练的军队，都不能抵挡。所以古代的圣王，他们的仁德道义布满天地之间，充溢四海之内，东西南北，远到日月所能照耀的全部地方。他们的道德仁义像天一样覆盖万物，像地一样承载万物，从不隐藏自己的喜好与厌恶。他们淡泊明志，一心为公，黎民百姓们也都紧密追随，这就叫作顺应天意；君主的教化改变了黎民百姓的面貌和习俗，黎民百姓们自己却不知道受了教化，这就叫作顺乎人情。所以古代有道德仁义的人，虽然他们隐姓埋名，但功绩却很显著，身体即使消逝，名声也会远扬，能够感化人的心灵，他们给天下人带来利益，可是人民并不知晓。治理好一个国家，难道一定要用严刑厚赏吗？严刑厚赏，这是落后衰败社会的政治。

三苗国不肯臣服，禹请求讨伐三苗。舜说："用道德感化就可以了。"于是实行德政

行德三年而三苗服。孔子闻之,曰:"通乎德之情,则孟门、太行不为险矣。故曰德之速,疾乎以邮传命[12]。"周明堂,金在其后,有以见先德后武也[13]。舜其犹此乎!其臧武通于周矣[14]。

三年,三苗就臣服了。孔子听到了这件事,说:"能明白德政的作用,那么即使像孟门和太行那样的高山都算不得险阻了。所以说道德教化成效迅速,比用邮驿送信的速度还快。"周代的朝堂把金属乐器和器物摆在堂后,由此显示先行德教、后用武力的态度。舜大概就是这样做的吧!他慎重对待武力的精神已经流传到周代了。

注释

1 **为**:治理。
2 **亢**:通"抗",抗衡、抵挡。
3 **太华**:华山。
4 **孙**:孙武。　**吴**:吴起。
5 **澹**:通"赡",充满。
6 **烛**:照亮。
7 **臧**:隐匿。
8 **敌**:通"适",往。
9 **形息**:身体死去。
10 **化奋**:教化得以施行。
11 **识**:知道,知晓。
12 **疾**:迅速。　**邮**:供应传递文书的车马食宿的驿站。
13 **见**(xiàn):显示。
14 **臧**:通"藏"。

原文

晋献公为丽姬远太子。太子申生居曲沃,公子重耳居蒲,公子夷吾居

译文

晋献公因为丽姬的谗言而疏远了太子。太子申生住在曲沃,公子重耳住在蒲城,公子夷吾住在屈城。丽姬对太子说:

屈。丽姬谓太子曰："往昔君梦见姜氏[1]。"太子祠而膳于公[2]，丽姬易之。公将尝膳，姬曰："所由远，请使人尝之。"尝人，人死[3]；食狗[4]，狗死。故诛太子。太子不肯自释，曰："君非丽姬，居不安，食不甘。"遂以剑死。公子夷吾自屈奔梁。公子重耳自蒲奔翟[5]。去翟过卫，卫文公无理焉。过五鹿如齐，齐桓公死。去齐之曹，曹共公视其骈胁[6]，使袒而捕池鱼[7]。去曹过宋，宋襄公加礼焉[8]。之郑，郑文公不敬，被瞻谏曰："臣闻贤主不穷穷。今晋公子之从者，皆贤者也。君不礼也，不如杀之。"郑君不听。去郑之荆，荆成王慢焉[9]。去荆之秦，秦缪公入之[10]。晋既定，兴师攻郑，求被瞻。被瞻谓郑君曰："不若以臣与之。"郑君曰："此孤之过也。"被瞻曰："杀臣

"前几天夜里你父王梦到你母亲。"于是太子就到祠堂拜祭了母亲，并给晋献公献上了食物，丽姬却在暗地里把食物调换了。献公要用膳，丽姬说："这食物远道而来，请先让别人尝尝。"结果，让人尝后人死了，让狗吃后狗也死了。晋献公大怒，要杀掉太子。太子不肯为自己申辩，说："父王如果没有丽姬，睡觉就不安稳，吃饭就不香甜了。"于是太子拔剑自刎而死。公子夷吾从屈城逃奔到梁国。公子重耳从蒲城逃到翟。重耳离开翟，经过卫国，卫文公没有礼遇他。经过五鹿，到了齐国，正赶上齐桓公去世。于是又离开齐国到了曹国，曹共公看到重耳有骈胁的毛病，就让他袒胸露背到池里去抓鱼，以此来取笑他。离开曹国，经过宋国，宋襄公以礼相待。到了郑国，郑文公不礼遇他，被瞻劝告说："我听说贤明的君主不轻视、侮辱处于困境的人。现在陪同晋公子的人，都是贤德之人。如果您不想对他们礼遇的话，不如杀了他们。"郑国君主没有采纳被瞻的劝告。离开郑国，到了楚国，楚成王怠慢他。离开楚国，到了秦国，秦穆公将他送回晋国。后来，晋国内部稳定，晋文公重耳兴师攻打郑国，索要被瞻。被瞻对郑国君主说："不如把我交给晋国。"郑文公说："这是我的过错。"被瞻说："如果杀了臣，可以

以免国，臣愿之。”被瞻入晋军，文公将烹之，被瞻据镬而呼曰[11]：“三军之士皆听瞻也：自今以来，无有忠于其君，忠于其君者将烹。”文公谢焉[12]，罢师，归之于郑。且被瞻忠于其君，而君免于晋患也；行义于郑，而见说于文公也[13]。故义之为利博矣。

免除国家的灾难，我死而无憾，我愿意这样做。”被瞻到了晋国军队里，晋文公要煮死他，他抓住大锅喊道：“三军的将士都听我说：从今以后，再也不要忠于自己的君主了，因为忠于你们的君主会被煮死。”文公听后，向他道歉，撤回了军队，还把被瞻送回了郑国。被瞻忠于自己的君主，因而使君主避免了被晋国攻打的祸患；晋文公对郑国宽厚大德，郑文公非常悦服。因此，道义所带来的利益，真是太巨大了。

注释

1 **昔**：通“夕”，夜。

2 **膳**：这里用作动词，意为贡奉食物。

3 **尝人**：让人品尝。

4 **食(sì)狗**：让狗吃。

5 **翟**：通“狄”，古部落族名。

6 **骈胁**：一种肋骨的生理畸形。

7 **袒**：裸露、脱去衣服。

8 **加**：施加。

9 **慢**：怠慢、傲慢。

10 **入之**：文中指将重耳送回晋国。

11 **镬(huò)**：一种无足的像锅形状的鼎。

12 **谢**：致歉。

13 **说**：通“悦”，悦服。

原文

墨者巨子孟胜[1]，善荆之阳城君。阳城君令守于国，毁璜以为符[2]，约曰："符合听之。"荆王薨[3]，群臣攻吴起，兵于丧所[4]，阳城君与焉，荆罪之。阳城君走，荆收其国。孟胜曰："受人之国，与之有符。今不见符，而力不能禁，不能死，不可。"其弟子徐弱谏孟胜曰："死而有益阳城君，死之可矣；无益也，而绝墨者于世，不可。"孟胜曰："不然。吾于阳城君也，非师则友也，非友则臣也。不死，自今以来，求严师必不于墨者矣，求贤友必不于墨者矣，求良臣必不于墨者矣。死之，所以行墨者之义而继其业者也。我将属巨子于宋之田襄子[5]。田襄子，贤者也，何患墨者之绝世也？"徐弱曰："若夫子

译文

墨家学派的巨子孟胜，与楚国的阳城君交好。阳城君下令让孟胜守卫自己的领地，并把璜玉剖开当作凭证，与他约定说："只有符信相吻合了，军令才可以被执行。"不久，楚王死了，大臣们进攻吴起，一直打到停放楚王尸体的灵堂，阳城君也参与了这件事，楚国新君惩治了这些大臣。阳城君不得已而逃走，楚国新君要收回他的领地。孟胜说："接受阳城君守卫领地的重任，与他约定以符信为凭证。现在没有见到符信，而自己的力量又不能禁止楚国收回领地，那么，我只有一死了。"他的学生徐弱劝阻他说："如果死了对阳城君有益，那死也是可以的；如果没有益处，却又使墨家绝灭了，那就不可以了。"孟胜说："不对。我对于阳城君来说，不是老师就是朋友，不是朋友就是臣子。如果我不死的话，从今以后，人们寻求严师一定不会从墨家中寻求了，寻求贤友一定不会从墨家中寻求了，寻求良臣一定不会从墨家中寻求了。我甘愿去死，是为了推行墨家的道义从而使墨家的事业后继有人啊！现在，我将把巨子的称号托付于宋国的田襄子。田襄子是贤德的人，哪里用得着担心墨家后继无人呢？"徐弱说："如果按照您的说法，那我请求先死，以便为您扫清道路。"于是徐弱转过身去

之言,弱请先死以除路[6]。”还殁头前于孟胜[7]。因使二人传巨子于田襄子。孟胜死,弟子死之者百八十。三人以致令于田襄子[8],欲反死孟胜于荆,田襄子止之曰:“孟子已传巨子于我矣,当听。”遂反死之。墨者以为不听巨子不察。严罚厚赏,不足以致此。今世之言治,多以严罚厚赏,此上世之若客也[9]。

在孟胜之前刎颈而死。孟胜就派两个人把巨子的称号传给田襄子。孟胜死了,学生们为他殉死的有一百八十人。那两个人因而把孟胜的命令传达给田襄子,也想返回去在楚国为孟胜殉死,田襄子制止他们说:“孟子已把巨子的称号传给我了,你们应当听我的。”两个人没有听劝告,最后还是返回楚国为孟胜殉死。墨家学派认为不听从巨子的话就是不遵守墨家的道义。事实上,即便是严刑厚赏,也无法达到墨家这种程度。现在世上谈到如何治理天下国家,大多认为要用严刑厚赏,而这在古代被认为是有害的。

注释

1 **巨子**:墨家对本学派有重大成就的人的尊称。

2 **璜**:玉器名。 **符**:古代朝廷传达命令或征调兵将用的凭证,双方各执一半,合之以验真假。

3 **薨**:古代诸侯死去的说法。

4 **丧所**:停尸的地方。

5 **属**:通“嘱”,托付。

6 **除路**:清除道路。

7 **还**:通“旋”,转身。 **殁头**:刎颈自杀。

8 **三人**:当作“二人”。 **以**:因而。

9 **若客**:义未详。姑且根据上文之意,将其译为“有害”。

贵信

导读

本篇强调“信”的重要性。文章一开篇就指出，“凡人主必信。信而又信，谁人不亲？”能够坚守信义，就能像齐桓公那样九合诸侯，一匡天下。如果不诚信，做什么事都不能成功。作者指出，“信”不仅是行义的必然要求，也是施行赏罚的基本原则。文中又列举鲁国曹翙劫齐桓公的事例，并引管仲语评论道：“以四百里之地见信于天下，君犹得也。”由此赋予信义极其重要的地位。

原文

凡人主必信。信而又信，谁人不亲？故《周书》曰[1]：“允哉[2]！允哉！”以言非信则百事不满也[3]。故信之为功大矣。信立，则虚言可以赏矣[4]。虚言可以赏，则六合之内皆为己府矣。信之所及，尽制之矣。制之而不用，人之有也；制之而用之，己之有也。己有之，

译文

作为君主务必要讲求诚信。一次次在人前表现出诚信，谁还会不前来归附呢？所以《周书》中说：“诚信啊！诚信啊！”这句话说的就是如果不诚信，万事都不能成功。因此，诚信对于治理国家的功效是巨大的。诚信树立了，那么虚妄悖谬之言就可以鉴别了，如此，君主就可以拥有整个天下了。诚信所覆盖的地方，全都能够被它的力量所控制了。能够控制却不加以利用，仍然是属于别人所有；能够控制而又加以利用，才属于自己所有。属于自己所有，那

则天地之物毕为用矣[5]。人主有见此论者，其王不久矣；人臣有知此论者，可以为王者佐矣。

么天地万物就都可以为自己所利用了。君主中如果有明白这个道理的，那么他离称王天下就不远了；人臣中如果有知道这个道理的，那么他就可以充当国君的辅佐之臣了。

注释

1 **《周书》**：记载周代事迹、言论的文献。

2 **允**：诚信。

3 **满**：成功。

4 **赏**：鉴别。

5 **毕**：尽，全部。

原文

天行不信[1]，不能成岁；地行不信，草木不大。春之德风[2]，风不信，其华不盛，华不盛，则果实不生；夏之德暑，暑不信，其土不肥，土不肥，则长遂不精[3]；秋之德雨，雨不信，其谷不坚，谷不坚，则五种不成；冬之德寒，寒不信，其地不刚，地不刚，则冻闭不开。天地之大，四时之化，而犹不能以不信成物，又况乎人事？君臣不信，则百姓诽谤，社稷不宁；处官不信[4]，则少

译文

如果天道运转背离了它自身的规律，就不可以生成四季的变化；如果大地的运行不遵循自身规律，草木就不能长大。春天以多风为特征，如果春风不能按时到来，植物的花就稀疏而不能盛开，那么果实就不能生长；夏天以炎热为特征，如果到了夏天还不炎热，土壤就不会肥沃，那么谷物最终的生长情况就不好；秋天以多雨为特征，如果秋雨不能按时降下，谷粒就不坚实，那么五谷就没有收成；冬天以寒冷为特征，到了冬天还不寒冷，地冻得就不坚实，那么大地就不能冻开裂缝。天地之大，四季尚且不能以违反规律而化育万物，更何况人情事理呢？如果君臣不诚信，那百姓就会批评指责，国家就不得太平；如果做官不诚

不畏长，贵贱相轻；赏罚不信，则民易犯法，不可使令；交友不信，则离散郁怨，不能相亲；百工不信，则器械苦伪[5]，丹漆染色不贞[6]。夫可与为始，可与为终，可与尊通，可与卑穷者，其唯信乎！信而又信，重袭于身[7]，乃通于天。以此治人，则膏雨甘露降矣[8]，寒暑四时当矣。

信，那年轻的就不尊敬年长的，上下贵贱之间就会互相轻视；赏罚不诚信，那么人民就容易违反法令，因而没有办法利用；结交朋友不诚信，那么就会离散愤恨，不能相亲相近；各种工匠不诚信，那么他们制造的器物、工具就会粗劣不实，染色时颜色就不纯正。可以跟它一同开始、一同结束，可以跟它一同尊贵显达、一同卑微穷困的，大概只有诚信吧！一次又一次的诚信，严谨地修养自身，就能与上天相互沟通。靠诚信来治理百姓，那么丰沛的雨水和甘露就会降下来，寒暑四时就会得当了。

注释

1 **不信**:不遵循规律。
2 **德**:以……为特征。
3 **遂**:终、成。
4 **处官**:做官，为官。
5 **苦**(gǔ):粗劣。　**伪**:不实，弄虚作假，与“真”相对。
6 **丹漆**:红色和黑色的颜料。　**贞**:纯正。
7 **重袭**:叠加。
8 **膏雨**:使大地肥沃的雨水。

原文

齐桓公伐鲁。鲁人不敢轻战，去鲁国五十里而封之[1]，鲁请比关内侯以听[2]，桓公许之。曹翙

译文

齐桓公讨伐鲁国。鲁国人不敢轻率迎战，在距离鲁国都城五十里的地方，与齐国划地为界，并恳求作为齐国的附庸服从齐国，桓公答应了。曹翙对鲁庄公

谓鲁庄公曰："君宁死而又死乎？其宁生而又生乎？"庄公曰："何谓也？"曹翙曰："听臣之言，国必广大，身必安乐，是生而又生也；不听臣之言，国必灭亡，身必危辱，是死而又死也。"庄公曰："请从。"于是明日将盟，庄公与曹翙皆怀剑至于坛上[3]。庄公左搏桓公，右抽剑以自承[4]，曰："鲁国去境数百里，今去境五十里，亦无生矣。钧其死也[5]，戮于君前。"管仲、鲍叔进，曹翙按剑当两陛之间[6]，曰："且二君将改图[7]，毋或进者。"庄公曰："封于汶则可，不则请死。"管仲曰："以地卫君，非以君卫地。君其许之。"乃遂封于汶南，与之盟。归而欲勿予。管仲曰："不可。人特劫君而不盟，君不知，不可谓智；临难而不能勿听，不可谓勇；许之而不予，不可谓信。不智不勇

说："国君您是愿意万劫不复，还是愿意更好的活着呢？"庄公问："你这是什么意思呢？"曹翙说："您若能听从我的话，国土必定广大，自身必定安乐，这就是生而又生；若不听从我的话，国家必定灭亡，自身必然遭到耻辱，这就是死而又死。"庄公说："就听从你的话吧。"于是第二天将要盟会时，庄公与曹翙都怀揣着利剑，来到为盟会而修筑的土坛之上。庄公左手抓住桓公，右手拔剑对着自己，说："以前鲁国都城离边境几百里，如今离边境只有五十里了，反正也没有办法再生存下去了。无论如何都是死，就让我死在您面前，与您同归于尽吧。"管仲、鲍叔要上去，曹翙手握利剑站在台阶之间，说："现在两位君主将改变计划，谁都不许上去。"庄公说："以汶水为界就可以，否则的话就请求一死。"管仲对桓公说："领土是用来保卫君主的，而不是用君主来保卫领土的。您还是答应了吧。"于是齐国最终在汶水之南划界，与鲁国订立了盟约。桓公回国以后，想反悔，不想归还鲁国土地。管仲说："这不可以。鲁国只是要劫持您，并不想订立盟约，可是您却不能事先预知，这不能算是有智慧；面临危难却不能不听任别人胁迫，这不能算是勇敢；向别人许诺了却反悔而不归还土地，这不能算是诚信。不智、不勇、不信，

不信，有此三者，不可以立功名。予之，虽亡地亦得信。以四百里之地见信于天下，君犹得也。”庄公，仇也；曹翙，贼也[8]。信于仇贼，又况于非仇贼者乎？夫九合之而合，壹匡之而听[9]，从此生矣。管仲可谓能因物矣。以辱为荣，以穷为通，虽失乎前，可谓后得之矣。物固不可全也[10]。

这三个缺点集于一身，就不可以建立功名。还给他们土地，虽说失去了土地，但得到了诚信。用四百里土地就让天下人知道您的诚信，国君您还是有所收获的。”庄公，是齐桓公的仇敌；曹翙，是想杀害桓公的人。对仇敌都讲诚信，更何况对那些不是仇敌的人呢？桓公能够九合诸侯、一匡天下，都是诚信的结果。管仲也可以说是能凭借外物了。他能化耻辱为荣耀，变穷困为通达，虽说先前有所失误，也可以算是后来终有所得了。事情本来就不可能完美无缺。

注释

1 **去**：距离。 **国**：都城。
2 **听**：听众，服从。
3 **坛**：盟誓时积土而成的建筑。
4 **自承**：这里指把剑对着自己。
5 **钧**：通“均”，同。
6 **陛**：宫殿门前的台阶。
7 **改图**：改变计划。
8 **贼**：敌人。
9 **壹**：一切。 **听**：听从。
10 **全**：完美。

长 利

导读

本篇阐明治国行政应以天下长远利益为重的道理。文章列举“伯成子高辞诸侯而耕”，周公建都于鲁，戎夷解衣救活弟子等例子，来说明“天下之士也者，虑天下之长利”。即使有极其丰厚的待遇，如果不利于后世，他们也不会去做；即使能安定久远，如果只是给子孙谋私利，他们也不会去做。

原文

天下之士也者，虑天下之长利，而固处之以身若也。利虽倍于今，而不便于后，弗为也；安虽长久，而以私其子孙，弗行也。自此观之，陈无宇之可丑亦重矣[1]，其与伯成子高、周公旦、戎夷也[2]，形虽同，取舍之殊，岂不远哉？

译文

天下的贤士从长远利益的角度考虑问题，而自己也必定要身体力行。即使有比眼前多数倍的利益，如果不利于后世，他们也不会去做；即使能长久安定，如果只是给子孙谋私利，他们也不会去做。由此看来，陈无宇的可耻行为也算严重的了，他与伯成子高、周公旦、式夷三位相比，形体虽然相同，但面对取舍的态度却不同，他们难道不是相差很远吗？

注释

1 **陈无宇**：春秋时齐国大夫。 **丑**：耻辱。

2 **伯成子高**：尧、舜时代的诸侯。 **戎夷**：齐国贤人。

原文

尧治天下，伯成子高立为诸侯。尧授舜，舜授禹，伯成子高辞诸侯而耕。禹往见之，则耕在野。禹趋就下风而问曰[1]："尧理天下，吾子立为诸侯[2]。今至于我而辞之，故何也？"伯成子高曰："当尧之时，未赏而民劝，未罚而民畏。民不知怨，不知说[3]，愉愉其如赤子[4]。今赏罚甚数[5]，而民争利且不服，德自此衰，利自此作，后世之乱自此始。夫子盍行乎？无虑吾农事。"协而耰[6]，遂不顾。夫为诸侯，名显荣，实佚乐[7]，继嗣皆得其泽[8]，伯成子高不待问而知之，然而辞为诸侯者，以禁后世之乱也。

译文

尧在治理天下时，伯成子高为诸侯。尧把帝位授予舜，舜把帝位授予禹，伯成子高就辞去诸侯的爵位而选择耕耘的生活。禹去看望他，他正在田间耕作。禹快步走到下风头问道："尧治理天下时，先生被立为诸侯。现在帝位传到我这里，先生却辞去诸侯的爵位，这是为何呢？"伯成子高说："当尧帝在位时，不需要奖赏而人们自发向善，不需要惩罚而人们自发遵守律法。百姓们不知道怨恨是什么，喜悦是什么，天下和悦的就像小孩子的笑容那样。如今赏罚过于频繁，而且百姓们还争名夺利，不服治理，道德就开始衰微了，自私自利的事从此也就兴起了，后世的混乱也从此开始了。您为什么不走呢？不要影响我的农事劳作。"说完后，继续态度温和地用农具播种作物，而不再回头看禹。身为诸侯，拥有显赫荣耀的名声，实际生活又很安乐，子孙后嗣也都能得到恩惠，这些好处，伯成子高不必问也是知道的，然而他却推辞不做诸侯，这是为了遏止后世的混乱啊。

注释

1 **禹趋就下风**：趋，以小碎步快步走。就，走到，走向。下风，下风头。这句话表示大禹的谦卑。

2 **吾子**：对人的敬称。

3 **说**:通“悦”,喜悦。

4 **愉愉**:和悦的样子。

5 **数**(shuò):频繁。

6 **协**:态度温和。 **耰**(yōu):播种后覆上土。

7 **佚乐**:安乐。

8 **继嗣**:后嗣,后代。

原文

辛宽见鲁缪公曰[1]:“臣而今而后知吾先君周公之不若太公望封之知也。昔者太公望封于营丘之渚[2],海阻山高,险固之地也,是故地日广,子孙弥隆。吾先君周公封于鲁,无山林溪谷之险,诸侯四面以达,是故地日削,子孙弥杀。”辛宽出,南宫括入见。公曰:“今者宽也非周公,其辞若是也。”南宫括对曰[3]:“宽少者,弗识也。君独不闻成王之定成周之说乎[4]?其辞曰:‘惟余一人[5],营居于成周。惟余一人,有善易得而见也,有不善易得而诛也。’故曰善者得之,不善者失之,古之道也。夫贤者岂欲其子孙

译文

辛宽拜见鲁穆公说:“从今以后,我知道我们先王周公在分封土地上不如太公望明智。从前太公望被封到营丘滨海之地,这里有大海高山的阻挡,地势又险固,所以齐国的领土面积越来越广,他的子孙后代也越来越繁荣昌盛。我们的先王周公被封到鲁国,这里没有山林溪流峡谷的险要,诸侯可以从四面八方到达,因此地域面积日益缩小,子孙也越来越衰败。”辛宽出去以后,南宫括进来拜见穆公。穆公说:“今天辛宽责难周公,他又把辛宽的话重复说了一遍。”南宫括回答说:“辛宽年少无知。您难道没有听说过成王建周时说过的话吗?他说:‘我建立周并且居住在这里。只有我能轻易地发现美好的事物,也能轻易地发现不和谐的地方从而改善。’所以说,得天下的人广为行善,失天下的人作恶多端,这是自古以来的道理。贤能的人难道想让自己的子孙依靠山林的险要而长期无所作为吗?这样看,

之阻山林之险以长为无道哉？小人哉宽也！”今使燕爵为鸿鹄凤皇虑[6]，则必不得矣。其所求者，瓦之间隙，屋之翳蔚也[7]，与一举则有千里之志，德不盛、义不大则不至其郊。愚庳之民[8]，其为贤者虑，亦犹此也。固妄诽訾[9]，岂不悲哉？

辛宽是一个小人了！”现在如果让燕雀来为鸿鹄、凤凰出谋划策，那一定不会是妥当的。燕雀们所需要的，不过是瓦缝之间、屋檐之下能遮蔽的地方罢了，哪里可与鸿鹄凤凰一飞千里的志向相比，君主如果品德不厚博、道义不宏大，那么他的品德和道义就不能到达郊野地区。愚昧卑微的人，让他们为贤德的人谋虑，和这个例子相似。一味地毁谤他人，这难道不是一件悲哀的事情吗？

注释

1 **辛宽**：战国时鲁缪公的大臣。

2 **营丘**：古邑名，齐国国都。

3 **南宫括**：春秋时鲁国人。

4 **成周**：古邑名，在今河南省洛阳附近。

5 **余一人**：古代帝王的自称。

6 **爵**：通“雀”。燕雀皆为小鸟，喻胸无大志的人。 **凤皇**：即凤凰。鸿鹄、凤凰都比喻志向远大者。

7 **翳蔚**：障蔽，遮蔽。

8 **庳**(bì)：地位低下。

9 **诽訾**：诽谤，毁谤。

原文

戎夷违齐如鲁[1]，天大寒而后门，与弟子一人宿于郭外，寒愈甚，谓其弟子曰：“子与我衣，我活

译文

戎夷离开齐国去往鲁国，天气异常寒冷，等到城门关闭后才抵达，就与一个学生露宿在城外。此时天气越来越寒冷，他就对自己的学生说：“你把你的衣服脱给我，

也；我与子衣，子活也。我，国士也，为天下惜死；子，不肖人也，不足爱也。子与我子之衣。”弟子曰：“夫不肖人也，又恶能与国士之衣哉[2]？”戎夷太息叹曰：“嗟乎！道其不济夫。”解衣与弟子，夜半而死。弟子遂活。谓戎夷其能必定一世，则未之识。若夫欲利人之心，不可以加矣[3]。达乎分，仁爱之心识也[4]，故能以必死见其义。

我就能活下来；我把我的衣服脱给你，你就能活命。我是国家的贤士，一心为天下着想，这样死去会很可惜；你是个不贤德的人，你的生命不值得爱惜。你把你的衣服脱给我吧。”学生说：“不贤德的人，又怎么能把衣服给予国家的贤士呢？”戎夷长叹一声后，说：“唉！道义可能无法施行了。”说完就脱下自己的衣服给了学生，半夜里他就冻死了。戎夷的学生于是就活下来了。若说戎夷的才能一定可以使天下得到安定，那还言之过早。但说到他造福于百姓的愿望，那是没人能超过他了。他知晓生死的区别，仁爱之心也是真诚的，所以他选择牺牲自己来显示自己的道义。

注释

1 **违**：离开。如：到，往。

2 **恶(wū)能**：怎么。

3 **加**：超过。

4 **识**：当为“诚”字之误。

知分

导读

本篇阐述明辨生死之分，应以义为标准。文章开篇提出："达士者，达乎死生之分。达乎死生之分，则利害存亡弗能惑矣。"文中举了晏子与崔杼盟而不变其义的例子，表达士人宁可被杀也不愿意失节违义。又援引郄公子夏后启的话，把士节概括为"利不能使，威不能禁"，士之品德在于求己之义，而不在外物之变化和他人之赞誉。此外，作者也提出人有贤和不肖之分，贤者用德义可以驱使，不肖者则必须用赏罚才能驱使。因此治国的办法是以义为本，赏罚并用。

原文

达士者，达乎死生之分。达乎死生之分，则利害存亡弗能惑矣。故晏子与崔杼盟而不变其义。延陵季子，吴人愿以为王而不肯。孙叔敖三为令尹而不喜，三去令尹而不忧。皆有所达也。有所达则物弗能惑。

荆有次非者，得宝

译文

通情达理的人士，知晓生与死的区别。知晓生与死的区别，就不会为利害与存亡感到迷惑了。所以，晏子与崔杼互相结盟时，双方都没有违背自己尊崇的道义。吴国人想让延陵季子做君主，可是他拒绝了。孙叔敖即使三次当令尹也没有洋洋得意，三次被勒令辞职也没有感到忧愁。这是因为他们都知晓其中的道理。知晓其中的道理，外物就很难迷惑他们。

楚国有个叫次非的人，在吴国干遂得到

剑于干遂。还反涉江，至于中流，有两蛟夹绕其船。次非谓舟人曰：“子尝见两蛟绕船能两活者乎？”船人曰：“未之见也。”次非攘臂祛衣[1]，拔宝剑曰：“此江中之腐肉朽骨也。弃剑以全己，余奚爱焉！”于是赴江刺蛟，杀之而复上船，舟中之人皆得活。荆王闻之，仕之执圭[2]。孔子闻之曰：“夫善哉！不以腐肉朽骨而弃剑者，其次非之谓乎？”

了一把宝剑。然后乘船渡江返回楚国，等船到了江中心时，突然游来两条蛟龙围绕着船游动。次非向船夫问道：“你曾见到过有两条蛟龙绕着船的两边游动，蛟龙和船上的人都能活命的吗？”船夫说：“没见过。”于是次非捋衣露臂，撩起衣服，拔出宝剑，说：“这两条蛟龙只不过是江中的腐肉朽骨罢了。为了保全自己的性命，即使舍弃这把宝剑，也没什么可惜的！”说完就手持宝剑跳进江里向蛟龙刺去，杀死那两条蛟龙后又上了船，这样全船的人就都活了下来。楚王听说了这事后，立刻把执圭的爵位赏赐给了他。孔子听到这事后说：“好！不因为腐肉朽骨而丢弃自己宝剑的人，说的就是次非这样的人吧？”

注释

1 **攘臂祛衣**：（为表决心而）捋衣露臂，撩起衣服。

2 **执圭**：先秦时楚国爵位名。圭以区分爵位等级，使执圭朝见，故称执圭。

原文

禹南省，方济乎江，黄龙负舟。舟中之人五色无主。禹仰视天而叹曰：“吾受命于天，竭力以养人。生，性也；死，命也。余何忧于龙焉？”龙俯耳低尾而逝。则禹

译文

禹南巡视察，当他正在渡江时，一条黄龙游过来把船给驮了起来。船上的人吓得六神无主，惊慌失措。禹仰视苍天感叹地说：“我接受上天的旨意和使命，竭力爱护百姓。活着就是天命，死亡也是命中注定的。我何必因为龙而担心呢？”最后，黄龙伏下耳朵、垂下尾巴游走了。由此看来，

达乎死生之分、利害之经也。凡人物者，阴阳之化也。阴阳者，造乎天而成者也。天固有衰嗛废伏[1]，有盛盈坌息[2]；人亦有困穷屈匮[3]，有充实达遂。此皆天之容物理也，而不得不然之数也。古圣人不以感私伤神，俞然而以待耳。

这是禹明白了生与死、利与害的道理。凡是人和物，皆是阴阳的交相转化而演化出来的。阴阳又是由上天创造而形成的。上天本来就有衰败亏损、毁坏潜伏的时候，也有昌盛盈余、积聚生息的时候；人有穷困潦倒、穷尽匮乏的时候，也有充实富足、达官显贵的时候。这都是上天包罗万象的道理，而命运不得不如此。古代的圣人为了不劳形伤神而不去考虑自私自利的事，只是安然地等待命运的安排。

注释

1 **嗛**(qiàn)：通“歉”，亏损，不足。 **伏**：潜藏。

2 **坌**(bèn)：同“蚡”，聚积。

3 **屈**(jué)：竭尽，穷尽。

原文

晏子与崔杼盟，其辞曰：“不与崔氏而与公孙氏者，受其不祥。”晏子俯而饮血[1]，仰而呼天曰：“不与公孙氏而与崔氏者，受此不祥！”崔杼不说，直兵造胸[2]，句兵钩颈[3]，谓晏子曰：“子变子言，则齐国吾与子共之；子不变子言，则今是已。”晏子曰：“崔子！子独不为夫《诗》

译文

晏子与崔杼盟誓，崔杼的誓词是：“不援助崔氏而援助齐国公室的，必遭灾祸。”晏子俯下身子饮了些血，仰天发誓说：“不援助齐国公室而援助崔氏的，必遭灾祸！”崔杼就不高兴了，命令士兵用矛抵着晏子的胸，用戟勾住晏子的脖子，对他说：“你改变你说的话，我就同你共享齐国；你若不改变你说的话，那么现在你就完了。”晏子说：“崔子！难道你没有看过《诗经》吗？《诗经》中说：‘枝叶繁密的葛藤，蜿蜒地爬上树干枝头。平易近人的君子，不以歪门邪

乎？《诗》曰：‘莫莫葛藟[4]，延于条枚。凯弟君子[5]，求福不回。’婴且可以回而求福乎？子惟之矣！”崔杼曰：“此贤者，不可杀也。”罢兵而去。晏子援绥而乘[6]，其仆将驰，晏子抚其仆之手曰：“安之！毋失节。疾不必生，徐不必死。鹿生于山而命悬于厨[7]。今婴之命有所悬矣。”晏子可谓知命矣。命也者，不知所以然而然者也。人事智巧以举错者不得与焉。故命也者，就之未得，去之未失。国士知其若此也，故以义为之决而安处之。

道来祈福。’我难道能通过歪门邪道来祈福吗？你还是揣摩揣摩这些话吧！”崔杼听后说：“这是个贤德的人，不能杀了他。”于是崔杼撤兵离开了。这时，晏子拉着缰绳登上了马车，车夫准备驾马奔走，晏子抚摸车夫的手说：“安稳为重！不要失去平常的状态。走得快不一定就能活，走得慢也不一定就会死。鹿在大山中生长，可是厨师却掌握着它的命运。现在我的命运也找到归宿了。”晏子可以说是明白生死由命的人了。命运，就是不明白为什么会这样，然而实际上它就是这样。靠人情事理和投机取巧的手段来为人处世的人是得不到美好命运光顾的。所以说命运，接近它不意味着得到它，离开它不意味着失去它。国家的贤士明白命运就是这样的道理，所以把道义作为判断是非的准则，坦然接受命运的安排。

注释

1 **饮血**：即歃血，订立盟约时的一种仪式。参加者用口微吸所杀牲之血，以示诚意。

2 **造**：触到。

3 **句**(gōu)：兵器名。

4 **莫莫**：繁茂状。　**葛藟**(lěi)：树木名。

5 **凯弟**：平易近人。

6 **绥**：挽绳。

7 **悬**：决定，掌握。

原文

白圭问于邹公子夏后启曰："践绳之节，四上之志[1]，三晋之事，此天下之豪英。以处于晋，而迭闻晋事，未尝闻践绳之节、四上之志。愿得而闻之。"夏后启曰："鄙人也，焉足以问？"白圭曰："愿公子之毋让也。"夏后启曰："以为可为，故为之；为之，天下弗能禁矣。以为不可为，故释之；释之，天下弗能使矣。"白圭曰："利弗能使乎？威弗能禁乎？"夏后启曰："生不足以使之，则利曷足以使之矣？死不足以禁之，则害曷足以禁之矣？"白圭无以应。夏后启辞而出。凡使贤不肖异：使不肖以赏罚，使贤以义。故贤主之使其下也必义，审赏罚，然后贤不肖尽为用矣。

译文

白圭向邹公子夏后启问道："正直人士的节操，国君的志向，三家分晋之事，这些都是与天下英雄豪杰相关。因为我在晋国居住，所以时常听说晋国的事情，却没有听说过正直人士的节操、国君的志向。希望从您这儿能有所闻。"夏后启说："我是个粗鄙的人，哪里值得您来听我说。"白圭说："希望您不要推辞。"夏后启说："认为可以做，所以就去做；做到了，天下就没人能禁止你了。认为不可以做，所以就放弃了；放弃了，天下谁也不能使唤你了。"白圭说："利益是否可以驱使他？威严是否可以禁止他呢？"夏后启说："生存都不足以驱使他，那利益又如何能驱使他呢？死亡都不足以禁止他，那么祸害又如何能禁止他呢？"白圭无言以对。夏后启于是就告辞出去了。凡是役使贤德之人和不肖之人的方法是不同的：用赏罚来役使不肖之人，用道义来役使贤德之人。所以贤明的君主一定要通过道义来役使臣下，一定要根据道义，慎重地对待赏罚，然后贤德之人与不肖之人皆能为君主所用了。

注释

1 **四上**：国君。

观 表

导读

本篇论述君主应该善于通过观察人和事物的表象而洞察其实质。文中举了郈成子与右宰穀臣的例子，赞扬郈成子善于观察，由此说明贤人之所以先知，是因为他能从事物的表象中看出其本质和发展的趋势。能辨别细微之处，并能由此认识到历史的趋势和事物本质的人，就是孔子所说的“智可以微谋、仁可以托财者”。君主如果能够通过考察事物之外观而知其征兆，就会谋于未动，先机而发。

原文

凡论人心，观事传[1]，不可不熟，不可不深。天为高矣，而日月星辰云气雨露未尝休矣；地为大矣，而水泉草木毛羽裸鳞未尝息也[2]。凡居于天地之间、六合之内者，其务为相安利也，夫为相害危者，不可胜数。人事皆然。事随心，心随欲。欲无度者，

译文

凡是评价人心，观察事物，不可以不细致，不可以不深入。天是很高的，而日月星辰云气雨露却从未停止过；地是很大的，而水泉草木飞禽走兽却从未灭绝过。凡是停留在天地之间、六合之内的，都应该致力于做到互安互利，可是事实上它们之间发生互相危害的，却不可胜数。人和事也都是这样。事情随人心而定，人心随欲望而定。欲望是没有限度的，人心也没有限度；人心没有限度，人的行为就不可以探知了。人心隐匿而难以窥视，就像深渊难以探测一样。因此，

其心无度；心无度者，则其所为不可知矣。人之心隐匿难见，渊深难测。故圣人于事志焉[3]。圣人之所以过人以先知，先知必审征表[4]。无征表而欲先知，尧、舜与众人同等。征虽易，表虽难，圣人则不可以飘矣[5]。众人则无道至焉。无道至则以为神，以为幸。非神非幸，其数不得不然。郈成子、吴起近之矣。

圣人通过记录具体的事情来观察人的心志。圣人因为能先知先觉而超过一般人，要先知先觉就必须首先审察征兆和表象。不通过考察征兆、表象却想先知先觉，就是尧、舜这样的圣人也不可能做到。虽然征兆容易捕捉，表象却难于捉摸，圣人无论对哪种情况都不可以迅速下结论。而常人不能审察征兆和表象，所以就不能做到先知先觉。无法做到先知先觉，就认为先知先觉者是靠神秘的力量，或者是靠侥幸。其实先知并不是靠神力也不是靠侥幸，而是事物的征兆和表象决定它不得不如此。郈成子、吴起差不多算是能先知先觉了。

注释

1 **事传**：事情，事物。
2 **毛**：有毛皮的动物。　**羽**：指飞禽。　**裸**：指裸蹄动物。　**鳞**：指龙鱼类水族。
3 **志**：记载、记录。
4 **征**：征兆。　**表**：表象。
5 **飘**：迅疾。

原文

郈成子为鲁聘于晋[1]，过卫，右宰穀臣止而觞之，陈乐而不乐[2]，酒酣而送之以璧。顾反[3]，过而弗辞。其仆曰：

译文

郈成子代表鲁国出使晋国，路过卫国的时候，卫国的右宰穀臣留下他并置酒食款待他。穀臣安排乐器奏乐，乐曲却不欢快，喝酒到痛快之际，他送给郈成子了一块璧玉。郈成子从晋国返回时，经过卫国，却没有向右

“向者右宰穀臣之觞吾子也甚欢[4]，今侯渫过而弗辞[5]？”郈成子曰：“夫止而觞我，与我欢也。陈乐而不乐，告我忧也。酒酣而送我以璧，寄之我也。(若)由是观之，卫其有乱乎？”倍卫三十里[6]，闻甯喜之难作，右宰穀臣死之。还车而临[7]，三举而归[8]。至，使人迎其妻子，隔宅而异之，分禄而食之[9]。其子长而反其璧[10]。孔子闻之曰：“夫智可以微谋、仁可以托财者[11]，其郈成子之谓乎！”郈成子之观右宰穀臣也，深矣妙矣。不观其事而观其志，可谓能观人矣。

宰穀臣辞别。他的车夫说：“以前右宰穀臣招待您的时候，您们感情很欢洽，如今又经过这里，却为何不向他告别？”郈成子说：“他留下我并置酒食招待我，是要跟我欢乐一番。可安排乐器奏出的乐曲却不欢快，这是向我表示他的忧愁啊。喝酒畅快的时候，他把璧玉送给了我，这是要寄托在我这里啊。从这些情况来看，卫国大概会有祸乱吧？”郈成子离开卫国三十里，听到发生了甯喜之难，卫君被杀，右宰穀臣以身殉了国君。他就掉转车子回去哭悼穀臣，哭了三遍后才回国。回到鲁国以后，郈成子派人去接右宰穀臣的妻子和孩子到鲁国，把住宅隔开让他们与自己分开居住，拨出自己的俸禄来供养他们。右宰穀臣的孩子长大后，郈成子把璧玉还给了他。孔子听闻这件事说：“依据人的智慧可以同他进行秘密的谋划，依据仁德可以托付给他财物的，大概就是郈成子吧！”郈成子观察右宰穀臣，可以说是深入而精妙了。不观察他做的事情，而是观察他的心志，这可以说是善于观察人了。

注释

1 **聘**：出使。

2 **陈乐**(yuè)**而不乐**(lè)：前一个乐指乐器。后一个乐指快乐。

3 **反**：同“返”，返回。

4 **向**：从前。

5 **傒**:何。

6 **倍**:通“背”,离开。

7 **临**(lìn):致哀。

8 **三举**:此处指哭了三遍。

9 **食**(sì):供养。

10 **反**:归还。

11 **微**:私下、秘密。

原文

吴起治西河之外,王错谮之于魏武侯[1],武侯使人召之。吴起至于岸门,止车而休,望西河,泣数行而下。其仆谓之曰:“窃观公之志,视舍天下若舍屣[2]。今去西河而泣,何也?”吴起雪泣而应之[3],曰:“子弗识也。君诚知我,而使我毕能,秦必可亡,而西河可以王。今君听谗人之议,而不知我,西河之为秦也不久矣,魏国从此削矣。”吴起果去卫入荆,而西河毕入秦。魏日以削,秦日益大。此吴起之所以先见而泣也。

译文

吴起去治理西河郡,王错在魏武侯面前进了谗言,武侯就派人把他召回来了。吴起到了岸门的时候,停下车子休息,望着西河,一行行的眼泪流了下来。他的车夫对他说:“我暗地里观察您的志向,您把抛弃天下看得像扔掉鞋子一样。如今只是离开了西河却要哭泣,这是为什么?”吴起擦拭眼泪回答道:“你有所不知啊。如果国君真的了解我,让我把自己的才能都施展出来,就一定可以使秦国灭亡,依凭西河就可以成就王业。现在国君听信谗言,不了解我,西河不久就会归于秦国,魏国从此就要衰弱了。”吴起最终离开魏国,去了楚国,西河全部被秦国吞并。魏国日渐被削弱,秦国则日益强大。吴起预见到了这种情况,所以才会哭泣啊。

注释

1 **谮**(zèn):诽谤。

2 **屣**(xǐ):鞋,这里代指低贱之物。

3 **雪泣**:擦拭眼泪。

原文

古之善相马者:寒风是相口齿,麻朝相颊,子女厉相目,卫忌相髭,许鄙相尻,投伐褐相胸胁,管青相膹肳,陈悲相股脚,秦牙相前,赞君相后。[1] 凡此十人者,皆天下之良工也。其所以相者不同,见马之一征也,而知节之高卑,足之滑易[2],材之坚脆,能之长短。非独相马然也,人亦有征,事与国皆有征。圣人上知千岁,下知千岁,非意之也,盖有自云也。绿图幡薄[3],从此生矣。

译文

古代有一些善于相马的人:寒风观察马的口齿,麻朝观察马的面颊,子女厉观察马的眼睛,卫忌观察马的须髭,许鄙观察马的臀部,投伐褐观察马的胸肋,管青观察马的口唇,陈悲观察马腿,秦牙观察马的前身,赞君观察马的后半身。这十个人,都是天下相马的行家。他们用来相马的方法各有不同,但他们看到马的某一处特征,就能知道马骨节的高低,腿脚的快慢,体质的强弱,才质的高低。不只是相马如此,观察人也是有征兆可循的,事物和国家也都有征兆。圣人上知千年,下知千年,这并不是靠主观的臆测,而是言之有据的。绿图和幡薄这些祥瑞符形,因此而产生了。

注释

1 **寒风、麻朝、子女厉、卫忌、许鄙、投伐褐、管青、陈悲、秦牙、赞君**:都是古代的善相马者。 **尻**(kāo):同"尻",臀部。 **膹**(fèn):当作"唇"字之误。**肳**:同"吻"。

2 **滑易**:快慢。

3 **绿图幡薄**:占卜时用以刻画预言结果的图谶。

论

吕氏春秋

察　贤

导读

本篇的主旨是强调寻求并利用贤人的重要性。君主若想建立功名，就要得到人才。如果能发现、培养、任用人才，就能把繁多的官府事务处理得很好，同时也能使四肢安逸，耳目保全，心平气和。相反，没有贤人的帮助，君主即使勤勉于政，事必躬亲，也只会损伤生命，耗费精气，弄得手足劳顿，教令烦琐。这样虽然也能够治理，但并非是最理想的治理方式。理想的方式是像宓子贱治理单父那样，整天在堂上弹琴，单父就得到治理。这是真正的无为而治。

原文

今有良医于此，治十人而起九人，所以求之万也。故贤者之致功名也，比乎良医，而君人者不知疾求，岂不过哉？今夫塞者[1]，勇力、时日、卜筮、祷祠无事焉[2]，善者必胜。立功名亦然，要在得贤。魏文侯师卜子夏，友田子方，礼段干木，国治

译文

假如这里有一个良医，给十人治病而治好了九人，求他治病的人必定会数以万计。贤人求取功名，就好比良医能治好病人一样。可是作为君主，却不知道赶快去寻找贤人，这难道不是过失吗？如今下棋的人，用不着依靠勇力、时机、占卜、祭祷，精于棋道的人就一定能获胜。建立功名也是这样，关键在于求得贤人。魏文侯以卜子夏为师，与田子方交朋友，礼遇段干木，因而国家治理得当，自身安逸。天下

身逸。天下之贤主，岂必苦形愁虑哉[3]？执其要而已矣。雪霜雨露时，则万物育矣，人民修矣，疾病妖厉去矣。故曰尧之容若委衣裘[4]，以言少事也。

的贤明君主哪里一定要苦心积虑呢？掌握治国要领就行了。霜雪雨露合乎时节，万物自然就生长发育了，人们就有秩序了，疾病和奇怪的灾异就不会出现了。所以人们谈论尧的仪表，就说他穿的衣服宽大下垂，这是说他清静无为、罕有政务啊。

注释

1 **塞**：古代的一种博弈游戏，用以赌博取乐。

2 **时日**：时与日的吉凶。　**祷祠**：求神降福。

3 **形愁虑哉**：苦心积虑。

4 **容**：仪表。　**委衣裘**：衣裘下垂，说明手足不动，意味政治上无为而治。委，下垂。

原文

宓子贱治单父[1]，弹鸣琴，身不下堂而单父治。巫马期以星出，以星入，日夜不居[2]，以身亲之，而单父亦治。巫马期问其故于宓子。宓子曰："我之谓任人[3]，子之谓任力。任力者故劳，任人者故逸。"宓子则君子矣，逸四肢，全耳目，平心气，而百官以治，义矣，任其数而已矣[4]。巫马期则不然。弊生事精[5]，劳手足，烦教诏，虽治犹未至也。

译文

宓子贱治理单父，整天在堂上弹琴，单父就得到了治理。巫马期早出晚归，昼夜不得停息，亲力亲为处理政务，单父也治理得很好。巫马期问宓子其中的缘故。宓子说："我的治理方法是用人，你的治理方法是用力。用力的人当然劳累，用人的人当然安逸。"宓子算得上是君子了，使四肢安逸，耳目保全，心平气和，而能将繁多的官府事务处理得很好，人民能够按道理行事，这只不过是遵循正确的方法而已。巫马期却不是这样。他损伤生命，耗费精气，弄得手足劳顿，教令烦琐，虽然他也能把单父治理好，但还没有实现最理想的治理。

注释

1 **宓(fú)子贱**:鲁国人,与巫马期都是孔子的弟子。 **单父**:春秋鲁国的地名。

2 **居**:停息。

3 **谓**:通"为",治理。

4 **数**:方法。

5 **事**:使用,役使。

审 为

导读

本篇与《贵生》篇的内容相近,主旨是阐明保全生命是一切行为的目的,拥有天下不过是服务于保全生命而已。世人了解了哪个是目的,哪个是凭借,就能摆正二者的轻重位置。文章批评了世人追求财利失度的情形,认为他们危害身躯,损伤生命。还有人甚至为追求财利而被砍掉了头颅,这是不懂得自己行为的目的。这种观点在今天也有发人深省的意义。

原文

身者所为也[1],天下者所以为也[2]。审所以为而轻重得矣[3]。今有人于此,断首以易冠,杀身以易衣,世必惑之[4]。

译文

保全生命是行为的目的,天下是服务于生命的凭借。了解哪个是目的,哪个是凭借,就能恰当摆正二者的轻重位置。假如有这样的人,砍掉头颅来交换帽子,残杀身躯来交换衣服,世人一定说他糊涂。这

是何也？冠所以饰首也，衣所以饰身也，杀所饰要所以饰[5]，则不知所为矣。世之走利有似于此。危身伤生、刈颈断头以徇利，则亦不知所为也。

是为什么呢？因为帽子是用来装扮头部的，衣服是用来装扮身躯的，把需要打扮的身躯残杀而求取装饰之物，这就是不懂得自己行为的目的了。世上的人追求财利跟这种情形相似。他们危害身躯，损伤生命，甚至冒着被砍掉头颅的风险去追求财利，这也是不懂得自己行为的目的。

注释

1 **所为**(wèi)：为之服务的对象。

2 **所以为**：用以达到目的的手段。

3 **得**：恰当。

4 **惑**：糊涂。

5 **要**(yāo)：求取。

原文

太王亶父居邠[1]，狄人攻之。事以皮帛而不受，事以珠玉而不肯，狄人之所求者，地也。太王亶父曰："与人之兄居而杀其弟，与人之父处而杀其子，吾不忍为也。皆勉处矣[2]，为吾臣与狄人臣，奚以异？且吾闻之，不以所以养害所养。"杖策而去[3]，民相连而从之，遂成国于岐

译文

太王亶父居住在邠地，狄人前来攻打他。太王亶父拿出皮毛丝帛献给他们，狄人不接受，又用珍珠美玉献给他们，狄人还是不肯接受，狄人想要的是土地。太王亶父说："同人家的哥哥在一起居住，却使他的弟弟被杀；同人家的父亲在一起居住，却使他的儿子被杀，我不忍心发生这样的事。你们还是在这里好好住下去吧，做我的臣民和做狄人的臣民又有什么不同呢？而且我听说，土地是用来养育民众的，不能因为土地害了民众。"于是他拄杖离开了邠地，但百姓们却成群结队地追随他，他终于在岐山下又建立

山之下。太王亶父可谓能尊生矣。能尊生，虽贵富不以养伤身，虽贫贱不以利累形。今受其先人之爵禄，则必重失之。生之所自来者久矣，而轻失之，岂不惑哉？

了国家。太王亶父可算是重视生命了。能够看重生命的人，即使富贵也不会因为供养丰足而损害生命，即使贫贱也不为了财利而拖累身体。假如人们已经继承了先人的官爵和俸禄，就会重视它们，一定舍不得失去。而生命的由来很长久了，人们却把失去生命看得很轻，这难道不糊涂吗？

注释

1 **太王亶父**(dǎn fǔ)：即古公亶父，周文王的祖父。 **邠**(bīn)：地名，在今陕西省。

2 **勉处**(chǔ)：好好住下去。

3 **杖**：拄着。

原文

韩、魏相与争侵地[1]。子华子见昭釐侯[2]，昭釐侯有忧色。子华子曰："今使天下书铭于君之前[3]，书之曰：'左手攫之则右手废[4]，右手攫之则左手废，然而攫之必有天下。'君将攫之乎？亡其不与[5]？"昭釐侯曰："寡人不攫也。"子华子曰："甚善。自是观之，两臂重于天下也，身又重于两臂。韩之轻于天下远，今之所争者，其轻于韩又远。君固愁身伤生以忧

译文

韩、魏两国互相争夺侵占来的土地。子华子拜见韩昭釐侯，看到昭釐侯满脸忧虑的神情。子华子说："假使现在天下人当面写下这样的铭文：'左手抓它就砍右手，右手抓它就砍左手，但是抓到了就一定能占有天下。'您是抓取还是不抓取呢？"昭釐侯说："我不会去抓取。"子华子说："很好。由此看来，人的两臂比天下重要，而人的身躯又比两臂重要。与天下相比，韩国又要轻得多，现在您争夺的土地，又比韩国轻得多。您失去两臂占有天下都不会去做，反而为得不到这些土地而劳

之戚不得也[6]？”昭釐侯曰：“善。教寡人者众矣，未尝得闻此言也。”子华子可谓知轻重矣。知轻重，故论不过。

神忧虑。”昭釐侯说：“好。有很多人都来教诲我，但我从未听到过这样的言语。”子华子可称得上是知道轻重了。知道轻重，在言语就不会有过失。

注释

1 **侵地**：侵占来的土地。

2 **昭釐(xī)侯**：战国时韩国国君，谥昭釐。

3 **铭**：用以记功、记事或自警的文字，书写或刻镂于器物之上。

4 **攫(jué)**：迅速抓取。

5 **不**：同“否”。

6 **固**：通“顾”，反而，却。

原文

中山公子牟谓詹子曰[1]：“身在江海之上，心居乎魏阙之下[2]，奈何？”詹子曰：“重生。重生则轻利。”中山公子牟曰：“虽知之，犹不能自胜也[3]。”詹子曰：“不能自胜则纵之，神无恶乎！不能自胜而强不纵者[4]，此之谓重伤[5]，重伤之人无寿类矣。”

译文

中山公子牟对詹子说：“我隐居在江海之滨，可心里却总是想着朝廷，该怎么办？”詹子说：“应当看重生命。看重生命，就会看轻名利。”中山公子牟说：“虽然我知道这些道理，但还是不能克制自己的欲望。”詹子说：“不能自我克制，就应该放纵自己，这样，精神就应该不会受到伤害了吧！不能克制自己又勉强自己不放纵，这叫作双重伤害，受到双重伤害的人都不会长寿。”

注释

1 **公子牟**：魏国公子，名牟，封于中山。

2 **魏阙**：宫门两侧高大的楼观，此处代称朝廷。

3 **自胜**：自我克制。

4 **强**(qiǎng)：勉强。

5 **重**(chóng)**伤**：再一次受到伤害，双重伤害。

爱 类

导读

本篇的主旨是强调"仁"的价值。文中指出："仁也者，仁乎其类者也。"这里"仁"的概念更接近墨家的"兼爱"之意，即对同类要有仁爱之心。这要求君主治国行政要有仁爱精神，指出君主要"当世之急、忧民之利、除民之害"，又说"人主有能以民为务者，则天下归之矣"，强调了君主仁爱的本质是爱民，这是君主必须具备的品德。

原文

仁于他物，不仁于人，不得为仁；不仁于他物，独仁于人，犹若为仁。仁也者，仁乎其类者也。故仁人之于民也，可以便之，无不行也。《神农之教》曰[1]："士有当年而不耕者[2]，则天下或受其饥矣；女有当年而不绩者[3]，则天下或受

译文

对其他的物类仁爱，对人类却不仁爱，这不能称之为仁；对其他的物类不仁爱，只对人类仁爱，仍然称得上是仁。所谓仁，就是以仁爱对待自己的同类。所以，仁德的人对于百姓，只要可以方便他们的生活，就没有什么是不去做的。《神农之教》的教令说："男子如果有人已经成年却不种田，那么天下就会有人忍受饥饿；女子如果有人已经成年却不绩麻，那么天

其寒矣。”故身亲耕，妻亲绩，所以见致民利也。贤人之不远海内之路，而时往来乎王公之朝，非以要利也[4]，以民为务故也。人主有能以民为务者，则天下归之矣。王也者，非必坚甲利兵选卒练士也，非必隳人之城郭、杀人之士民也[5]。上世之王者众矣，而事皆不同，其当世之急、忧民之利、除民之害同。

下就会有人忍受寒冷。”所以神农亲自耕种，他的妻子亲自绩麻，通过这些表示要为百姓谋利。贤人不以海内路途为遥远，时常穿梭于君主的朝廷，并不是为了求取私利，而是致力于为百姓谋利的缘故。国君若能致力于为百姓谋利，那么天下的人就会归附他。统一天下，并不一定要靠坚甲和精兵，并不一定非要毁坏人家的城郭、杀戮人家的臣民。上古在天下称王的人很多，他们的事迹都各不相同，但他们承担社会的危难，思虑百姓的利益，消除百姓的祸害，这些方面是相同的。

注释

1 **《神农之教》**：神农学派的典籍。

2 **当年**：已经成年。

3 **绩**：搓麻成线。

4 **要**：求取。

5 **隳**(huī)：毁坏。

原文

公输般为高云梯[1]，欲以攻宋。墨子闻之[2]，自鲁往。裂裳裹足，日夜不休，十日十夜而至于郢[3]，见荆王曰：“臣北方之鄙人也，闻大王将攻宋，信有之乎？”王曰：“然。”墨子

译文

公输般制作了一个高大的云梯，想用它来进攻宋国。墨子听说这件事后，从鲁国出发了。他撕了衣裳裹脚，日夜不停地步行到楚国去，走了十天十夜才到达楚国的郢都，拜见楚王，说：“我是北方的乡野之人，听说大王将要进攻宋国，这是真的吗？”楚王说：“是这样。”墨子

曰："必得宋乃攻之乎？亡其不得宋且不义犹攻之乎[4]？"王曰："必不得宋，且有不义，则曷为攻之？"墨子曰："甚善。臣以宋必不可得。"王曰："公输般，天下之巧工也，已为攻宋之械矣。"墨子曰："请令公输般试攻之，臣请试守之。"于是公输般设攻宋之械，墨子设守宋之备。公输般九攻之，墨子九却之，不能入，故荆辍不攻宋[5]。墨子能以术御荆免宋之难者，此之谓也。

说："您进攻宋国，是认为一定能得到它呢，还是即使得不到宋国而且落下不义的名声，仍然还要进攻它呢？"楚王说："如果一定得不到宋国，而且还落个不义的名声，那么为什么还进攻它？"墨子说："非常好。我认为您一定得不到宋国。"楚王说："公输般是闻名天下的巧匠，已经制作出攻宋的器械了。"墨子说："请您让公输般试着攻击宋国，我来试着防守宋国。"于是公输般设置攻宋的器械，墨子设置守宋的装备。公输般九次进攻，墨子把他打退了九次，公输般最终未能攻入城中，所以楚国停止攻宋。所谓墨子能够设法抵御楚国从而解救宋国的危难，说的正是这件事。

注释

1 **公输般**：即鲁班，古代著名的建筑工匠。　**云梯**：古代攻城时登城的长梯。

2 **墨子**：姓墨，名翟。

3 **郢**(yǐng)：楚国的国都。

4 **亡其**：或者，还是。

5 **辍**：停止，中止。

原文

圣王通士不出于利民者无有。昔上古龙门未开，吕梁未发，河出孟门，大溢逆流，无有丘陵

译文

圣明的君主和通达的贤士不为民谋利的行为是没有的。上古的时候，龙门山尚未开凿，吕梁山也没有挖掘，黄河漫过孟门山，大水泛滥，丘陵、沃野、平原、高山

沃衍、平原高阜，尽皆灭之，名曰鸿水。禹于是疏河决江，为彭蠡之障[1]，干东土，所活者千八百国，此禹之功也。勤劳为民，无苦乎禹者矣。

匡章谓惠子曰："公之学去尊，今又王齐王，何其到也[2]？"惠子曰："今有人于此，欲必击其爱子之头，石可以代之。"匡章曰："公取之代乎？其不与？""施取代之。子头所重也，石所轻也。击其所轻以免其所重，岂不可哉？"匡章曰："齐王之所以用兵而不休，攻击人而不止者，其故何也？"惠子曰："大者可以王，其次可以霸也。今可以王齐王而寿黔首之命，免民之死，是以石代爱子头也，何为不为？"民寒则欲火，暑则欲冰，燥则欲湿，湿则欲燥。寒暑燥湿相反，其于利民一也。利民岂一道哉？当其时而已矣。

全都淹没了，人们称其为"鸿水"。于是禹疏通江河之水，筑起彭蠡泽大堤，使东方洪水退去，使一千八百多个国家得以存活，这就是禹的功劳啊。为了民众而辛勤操劳，没有比禹更艰苦的了。

匡章对惠子说："您的学说是主张废弃尊位的，现在却尊齐王称王天下，为什么言行颠倒呢？"惠子说："假如有这样一个人，迫不得已，一定要打他爱子的头，他可以用石头来代替爱子的头。"匡章接着说："您是拿石头代替头呢？还是不这样做呢？"惠子说："我会拿石头来代替爱子的头。爱子的头很重要，石头并不重要。击打不重要的东西从而使重要的东西免受击打，为什么不这样呢？"匡章又问："齐王无休止地用兵，攻战不止，这是什么缘故呢？"惠子说："因为这样做，从大处说可以称王天下，从次处讲也可以称霸天下。现在可以用尊齐王为王的方法使他罢兵，让百姓得以寿终，免于战争的死难，这正和用石头代替爱子的头相同啊，为什么不这样做呢？"百姓如果寒冷，就希望得到火；如果炎热，就希望冰凉一些；如果干燥，就希望潮湿些；如果潮湿，就希望干燥些。寒冷和炎热、干燥和潮湿彼此相反，但它们在利于民众方面是一样的。难道为民谋利就只有一种办法吗？只是要合时宜而已。

注释

1 **彭蠡**(lǐ):古泽名,在今江西省。

2 **到**:通“倒”,颠倒。

慎行

导读

本篇的主旨是阐明为人行事应当遵循义的准则。作者说:“行不可不孰……君子计行虑义,小人计行其利。”文中通过费无忌的例子,说明做事情不讲道义,只知道害别人却不知道别人也会害自己,最终只会自取灭亡。又以崔杼与庆封狼狈为奸以致家破人亡为例,告诫世人背义求利实为不计后果的取祸之道。

原文

行不可不孰[1]。不孰,如赴深溪,虽悔无及。君子计行虑义,小人计行其利,乃不利。有知不利之利者,则可与言理矣。

荆平王有臣曰费无忌,害太子建[2],欲去之[3]。王为建取妻于秦而美,无忌劝王夺。王已夺之,而

译文

人的行为不可不深思熟虑。不深思熟虑,就如同奔向深山大谷,即使后悔也无法补救。君子计划行动时思虑道义,小人计划行动时期望利益,最终反而不利。如果有人知道不追求利益本身就是利益,那么就可以跟他言说道义了。

楚平王有个大臣叫费无忌,他妒忌太子建,打算把他除掉。平王为太子建娶了个美丽的秦国女子,费无忌就劝说平王夺

疏太子。无忌说王曰："晋之霸也，近于诸夏[4]，而荆僻也，故不能与争。不若大城城父而置太子焉[5]，以求北方，王收南方，是得天下也。"王说[6]，使太子居于城父。居一年，乃恶之曰[7]："建与连尹将以方城外反[8]。"王曰："已为我子矣，又尚奚求？"对曰："以妻事怨，且自以为犹宋也，齐、晋又辅之，将以害荆，其事已集矣。"王信之，使执连尹[9]。太子建出奔。左尹郄宛[10]，国人说之。无忌又欲杀之，谓令尹子常曰："郄宛欲饮令尹酒。"又谓郄宛曰："令尹欲饮酒于子之家。"郄宛曰："我贱人也，不足以辱令尹[11]。令尹必来辱，我且何以给待之？"无忌曰："令尹好甲兵，子出而置之门[12]，令尹至，必观之，已，因以为酬。"及飨日，惟门左右而置甲兵焉[13]。无忌因谓令尹曰：

走了她。平王强占她以后，就疏远了太子。费无忌又劝平王说："晋国之所以称霸天下，是因为它靠近华夏，而楚国处于偏远之地，所以不能同晋国相争。不如扩建城父，让太子驻扎在那里，以谋求称霸于北方各国，您自己收取南方各国，这样就能得到整个天下。"平王听了很高兴，就让太子居住在城父。太子在城父居住了一年，费无忌又诬陷太子说："太子建和连尹将凭借方城以外进行叛乱。"平王说："他已经是我的太子了，还要谋求什么？"费无忌回答说："他为当初妻子被夺的事怨恨您，而且自以为所据之地就像宋国一样是个独立小国，又有齐国和晋国帮助，他将借此来危害楚国，事情已经要得手了。"平王听信了费无忌的谗言，派人捉拿了连尹伍奢。太子建则逃亡了。左尹郄宛受到国人的爱戴。于是费无忌又想杀掉郄宛，他对令尹子常说："郄宛想请您喝酒。"又回头对郄宛说："令尹大人想到您家里饮酒。"郄宛说："我是个地位卑微的人，不值得令尹屈尊光临。假如令尹一定屈尊前来，我该如何来招待他呢？"费无忌说："令尹大人喜欢铠甲兵器，你把这些东西放置在门口，令尹来了一定会看到它们，看完之后，你就借机用这些东西酬谢他。"等到酒宴这天，郄宛用帷幔遮起大门左右，里

“吾几祸令尹。郄宛将杀令尹，甲在门矣。”令尹使人视之，信，遂攻郄宛，杀之。国人大怨，动作者莫不非令尹[14]。沈尹戍谓令尹曰：“夫无忌，荆之谗人也，亡夫太子建，杀连尹奢，屏王之耳目。今令尹又用之，杀众不辜，以兴大谤，患几及令尹。”令尹子常曰：“是吾罪也，敢不良图[15]。”乃杀费无忌，尽灭其族，以说其国。动而不论其义，知害人而不知人害己也，以灭其族，费无忌之谓乎！

面摆放着铠甲兵器。费无忌于是对令尹说：“我差一点害了大人您。郄宛谋划杀掉您，已经在大门两边藏了铠甲兵器。”令尹派人去察看，果然如此，于是进攻郄宛，杀死了他。国人非常怨恨，卿大夫都来责难令尹。沈尹戍对令尹说：“费无忌是楚国的奸佞小人，他致使太子建出亡、连尹被杀，遮蔽国君的耳目。现在大人您又启用他，杀害无辜之人，招致了诸多严厉的指责，恐怕祸害也快要连累到您身上了。”令尹子常说：“这是我的罪过，我要妥善地谋划该怎么办。”于是就杀死了费无忌，诛灭了他的整个宗族，以此来取悦国人。做事情不讲道义，只知道害别人，却不知道别人也会害自己，最终使自己宗族被灭，说的就是费无忌这种人吧！

注释

1 **孰**：同“熟”，熟虑、周详。

2 **害**：妒忌。

3 **去**：除掉、杀死。

4 **诸夏**：华夏各国，泛指中原地区。

5 **城父**：楚国的边邑城市，今河南宝丰县东。

6 **说**：通“悦”。

7 **恶**(wù)：诬陷。

8 **连尹**：楚国官名，指伍奢，伍子胥之父。

9 **执**：捉拿。

10 **左尹**：楚国官名，位在令尹之下。 **郄**(xì)**宛**：楚国大夫。

11 **辱**:使……屈尊。

12 **置**:放置、摆放。

13 **帷门**:即帷门。门内帷幔,称为帷门。

14 **动作者**:疑应为“进胙者”,指卿大夫。胙,祭祀用的肉。

15 **良图**:妥善地谋划。

原文

崔杼与庆封谋杀齐庄公。庄公死,更立景公,崔杼相之。庆封又欲杀崔杼而代之相。于是掾崔杼之子[1],令之争后[2]。崔杼之子相与私閧[3]。崔杼往见庆封而告之。庆封谓崔杼曰:“且留,吾将兴甲以杀之。”因令卢满嫳兴甲以诛之[4]。尽杀崔杼之妻子及枝属,烧其室屋,报崔杼曰:“吾已诛之矣。”崔杼归无归,因而自绞也。庆封相景公,景公苦之。庆封出猎,景公与陈无宇、公孙灶、公孙虿诛封[5]。庆封以其属斗,不胜,走如鲁[6]。齐人以为让[7]。又去鲁而如吴,王予之朱方[8]。荆灵王闻之,率诸侯以攻吴,围朱方,拔

译文

崔杼伙同庆封谋杀了齐庄公。庄公死后,两人另立景公为国君,崔杼做国相。庆封又想杀掉崔杼,取代他为国相。于是就挑拨崔杼的儿子们,让他们争夺继承人的位置。崔杼的儿子们暗地里争斗起来。崔杼去看望庆封,告诉了他这些事请。庆封对崔杼说:“你暂且留在这里,我将派兵去把他们杀掉。”于是庆封命令卢满嫳带着士兵去诛杀他们。卢满嫳把崔杼的妻儿和宗族亲属全部杀光,又烧了他的房屋,然后对崔杼说:“我已经把他们都杀掉了。”崔杼无家可归,因而上吊自尽。庆封做了齐景公的相,景公很是忧虑。趁着庆封外出打猎的时候,景公与陈无宇、公孙灶、公孙虿等人起兵讨伐庆封。庆封率领自己的家丁同景公战斗,没有取胜,逃到了鲁国。齐国为这件事而指责鲁国。庆封又离开鲁国去吴国,吴王把朱方这块地方封给了他。楚灵王听说了,就率领诸侯进攻吴国,包围并攻占了朱方,俘获了庆封,让他背着斧质,在诸侯军中游行示众,

之，得庆封，负之斧质，以徇于诸侯军[9]，因令其呼之曰："毋或如齐庆封，弑其君而弱其孤，以亡其大夫。"乃杀之。黄帝之贵而死，尧、舜之贤而死，孟贲之勇而死，人固皆死。若庆封者，可谓重死矣。身为僇[10]，支属不可以见[11]，行忮之故也[12]。凡乱人之动也，其始相助，后必相恶。为义者则不然，始而相与，久而相信，卒而相亲，后世以为法程[13]。

命令他大声喊道："不要像齐国的庆封那样，残害他的君主，欺凌丧父的新君，还杀死了大夫。"然后就杀死了他。黄帝那样尊贵的人最后也要死亡，尧、舜那样贤明的人最后也要死亡，孟贲那样勇武的人最后也要死亡，人本来都要死亡。但像庆封这样的人受辱而死，可以说是死了两次了。自己被杀，亲属也不能保全，这是残害他人的缘故。大凡邪恶之人做事情，开始的时候互为帮凶，而到后来一定互相嫉恨。遵行道义的人却不是这样，他们开始时互相交往，时间长了便互相信任，最后是互相亲近，后世的人以此为准则。

注释

1 **椓**(zhuó)：挑拨。

2 **后**：继承人的地位。

3 **閧**(hòng)：同"鬨"，争斗。

4 **卢满嫳**(piè)：齐国大夫。

5 **陈无宇**、**公孙灶**、**公孙虿**(chài)：三人均为齐国大夫。

6 **走如鲁**：逃亡到鲁国。如，同"入"。

7 **让**：责备。

8 **朱方**：地名，位于今江苏镇江市。

9 **徇**：游行示众。

10 **僇**：通"戮"，杀。

11 **支属**：同"枝属"，亲属，宗支。

12 **忮**(zhì)：忌恨，残害。

13 **法程**：法则、准则。

疑似

导读

本篇告诫世人不要被表面相似的东西迷惑。文章说外表相似的事物，是使愚蠢的人深感疑惑的，是圣人也要反复思虑的。因此一定要分清真假。文中通过举黎丘老者因分辨不清真假而杀死自己亲生儿子的故事，说明“使人大迷惑者，必物之相似也”。由此引申到君主治国，强调君主要能够辨别人言的善恶和臣子的忠奸。

原文

使人大迷惑者，必物之相似也。玉人之所患，患石之似玉者；相剑者之所患，患剑之似吴干者[1]；贤主之所患，患人之博闻辩言而似通者。亡国之主似智，亡国之臣似忠。相似之物，此愚者之所大惑，而圣人之所加虑也。故墨子见歧道而哭之[2]。

译文

令人深感迷惑的，一定是事物中那些相似的东西。玉匠所困扰的，是像玉一样的石头；相剑的人所困扰的，是像吴国干将一样的剑；贤明的君主所困扰的，是那些见闻广博且能言善辩，看起来好像通达事理的人。亡国的君主看似很聪明，亡国的臣子看似很忠诚。外表相似的事物，是使愚蠢的人深感疑惑的，是圣人也要反复思虑的。所以墨子看到歧路而为之哭泣，因为它通向南方，也通向北方。

注释

1 **吴干**：吴国人干将所铸的宝剑的名称。

2 **歧道**：岔路，歧路。

原文

周宅酆、镐，近戎人[1]。与诸侯约，为高葆祷于王路[2]，置鼓其上，远近相闻。即戎寇至，传鼓相告，诸侯之兵皆至救天子。戎寇当至，幽王击鼓，诸侯之兵皆至，褒姒大说，喜之。[3]幽王欲褒姒之笑也，因数击鼓，诸侯之兵数至而无寇。至于后戎寇真至，幽王击鼓，诸侯兵不至。幽王之身乃死于丽山之下，为天下笑。此夫以无寇失真寇者也。贤者有小恶以致大恶。褒姒之败，乃令幽王好小说以致大灭。故形骸相离，三公九卿出走，此褒姒之所用死，而平王所以东徙也[4]，秦襄、晋文之所以劳王劳而赐地也[5]。

译文

周建都城于酆、镐，接近戎人。于是和诸侯约定，在大路上修建高的土台，台上设置大鼓，使远近都能听到鼓声。如果戎兵来袭，就由近及远地击鼓相告，各诸侯的军队都会来援救周天子。戎兵曾经来袭，幽王击鼓，诸侯听到鼓声，都带着军队前来救援，褒姒看到后非常高兴，喜笑颜开。幽王想要看到褒姒的笑容，因而多次击鼓，诸侯的军队多次驰援，但并没有敌患。后来戎兵真的来袭，幽王击鼓，而诸侯的军队却不再到来。幽王于是被杀死在骊山之下，成为天下人的笑柄。这是因没有敌寇时屡屡击鼓，以致敌寇真的入侵时却误了大事。贤明的人稍有缺点尚且会招致大祸，又何况不肖的人呢？褒姒败坏国事，是让幽王喜好小的欢乐而导致亡国。所以幽王身首异处，三公九卿出逃，这也是褒姒自己所以身死、平王所以东迁的缘故，也是秦襄公、晋文侯所以出兵勤王、被赐以土地的缘故。

注释

1 **酆**(fēng)：古地名，在今陕西省户县东。 **镐**(hào)：古地名，在今天的陕西西安西南。周朝曾经建都在这两个地方。 **戎**:古代西北的一个民族。

2 **葆祷**:土台。 **王**:大。王路即大路。

3 **幽王**:即周幽王。 **褒姒**(bāo sì):周幽王的宠妃。

4 **平王**:周平王,幽王的太子,迁都雒邑,是为东周。

5 **劳王**:勤王。

原文

梁北有黎丘部,有奇鬼焉,喜效人之子侄昆弟之状。邑丈人有之市而醉归者,黎丘之鬼效其子之状,扶而道苦之。丈人归,酒醒,而诮其子[1],曰:"吾为汝父也,岂谓不慈哉?我醉,汝道苦我,何故?"其子泣而触地曰:"孽矣!无此事也。昔也往责于东邑,人可问也[2]。"其父信之,曰:"嘻!是必夫奇鬼也,我固尝闻之矣。"明日端复饮于市[3],欲遇而刺杀之。明旦之市而醉[4],其真子恐其父之不能反也,遂逝迎之。丈人望其真子,拔剑而刺之。丈人智惑于似其子者,而杀于真子。夫惑于似士者而失于真士,此黎

译文

梁国北部有个黎丘部落,那里有一个奇鬼,善于模仿别人子孙兄弟的容貌。乡里有个老者到集市上去,喝醉了酒后回家,黎丘奇鬼就模仿他儿子的样子,搀扶他回家,在路上对他倍加折磨。老者回到家,酒醒以后,责备他的儿子说:"我是你的父亲,难道对你不慈爱吗?我喝醉了酒,你却在路上折磨我,这是什么缘故?"他的儿子哭着磕头说:"作孽呀!根本就没有这回事呀。昨天我去东乡讨债了,您可以问问别人。"父亲相信了儿子的话,说:"嘻!这一定是遇到奇鬼了,我先前就听人说起过它。"第二天老人又特意到市上饮酒,希望再次遇见奇鬼而杀死它。老人天刚亮就到市上去,又喝醉了,他的儿子担心父亲回不来,就去市上接他。老者看到自己的儿子,拔剑就刺。老者的心智被像他儿子的奇鬼所迷惑,因而杀死了自己的儿子。那些被貌似贤士的人所迷惑,而错过了真正的贤士,这正像黎丘老者的心智一样啊。对于可疑的相似事物,不能

丘丈人之智也。疑似之迹，不可不察。察之必于其人也。舜为御，尧为左，禹为右，入于泽而问牧童，入于水而问渔师[5]。奚故也？其知之审也。夫孪子之相似者，其母常识之，知之审也。

不详加审察。审察这种现象，就一定要有适当的人。即使舜来驾车，尧做主人，禹做车右，进入沼泽之地也要询问牧童，到了河边也要请教有经验的渔夫。这是为什么呢？因为他们对情况知道得很清楚。孪生兄弟长得很相似，但他们的母亲总是能辨认出来，就是因为他们的母亲对他们很了解的缘故。

注释

1 **诮**：责备。
2 **责**：同“债”，讨债。
3 **端**：特意。
4 **明旦**：天亮。
5 **渔师**：有经验的渔夫。

察传

导读

本篇告诫君主不要轻易听信传言，一定要明辨是非。作者指出，言辞很多看似错误其实是正确的，也有很多看似正确其实是错误的。正确和错误的界限，不可以不分辨清楚。因此，“闻而审，则为福矣；闻而不审，不若无闻矣”。审言之术，就是要以己推人，将心比心，用常理来验证别人的话，这样才能了解实际的情况。

原文

夫得言不可以不察，数传而白为黑，黑为白。故狗似玃[1]，玃似母猴，母猴似人，人之与狗则远矣。此愚者之所以大过也。闻而审，则为福矣；闻而不审，不若无闻矣。齐桓公闻管子于鲍叔，楚庄闻孙叔敖于沈尹筮，审之也，故国霸诸侯也。吴王闻越王句践于太宰嚭[2]，智伯闻赵襄子于张武，不审也，故国亡身死也。

译文

听到传闻不可不详加考察，多次口耳相传，白的就变成了黑的，黑的就变成了白的。所以狗像玃，玃像母猴，母猴像人，但是人和狗就相差太远了。这是愚蠢的人会酿成大错的原因。听到传闻而详加考察，就会带来好处；听到传闻而不详加考察，还不如没有听到。齐桓公从鲍叔那里听说了管仲，楚庄王从沈尹筮那里听说了孙叔敖，听说后能详加考察，所以他们能称霸诸侯。吴王夫差从太宰嚭那里听说了关于句践的言论，智伯从张武那里听说了关于赵襄子的言论，听说后没有详加考察，所以夫差和智伯国亡身死。

注释

1 **玃**(jué)：猕猴之大者。

2 **太宰嚭**(pǐ)：吴王夫差的太宰，名嚭。

原文

凡闻言必熟论[1]，其于人必验之以理。鲁哀公问于孔子曰："乐正夔一足[2]，信乎？"孔子曰："昔者舜欲以乐传教于天下，乃令重黎举夔于草莽之中而进之[3]，舜以为乐正。夔于是正六律[4]，和五声，以通

译文

凡是听到传闻一定要仔细考察，关于人的传闻一定要用常理加以验证。鲁哀公问孔子说："听说乐正夔只有一只脚，是真的吗？"孔子说："从前舜想运用音乐把教化传布到天下，于是让重黎从民间把夔选拔出来，并把他推荐给君主。舜任用他为乐正。于是夔正定六律，和谐五声，以调和八风，因而天下完

八风，而天下大服。重黎又欲益求人，舜曰：'夫乐，天地之精也，得失之节也，故唯圣人为能和。乐之本也。夔能和之，以平天下。若夔者，一而足矣。'故曰'夔一足'，非'一足'也。"宋之丁氏，家无井而出溉汲[5]，常一人居外。及其家穿井，告人曰："吾穿井得一人。"有闻而传之者曰："丁氏穿井得一人。"国人道之，闻之于宋君，宋君令人问之于丁氏。丁氏对曰："得一人之使，非得一人于井中也。"求能之若此，不若无闻也。子夏之晋[6]，过卫，有读史记者，曰："晋师三豕涉河[7]。"子夏曰："非也，是己亥也。夫'己'与'三'相近，'豕'与'亥'相似。"至于晋而问之，则曰"晋师己亥涉河"也。

辞多类非而是，多类是而非。是非之经，不可不分。此圣人之所慎也。然则何以慎[8]？缘物之情

全归服。重黎还想多找些像夔这样的人，舜说：'音乐是天地之精华，是治理得失的关键，所以只有圣人才能使音乐和谐。和谐是音乐的根本。夔能使音乐和谐，使天下太平。像夔这样的人，有一个就足够了。'所以说'夔一足'，不是说夔只有一只脚啊。"宋国的丁氏，因为家里没有井，要外出打水浇田，所以经常有一个专门负责打水的人在外面。等到他家挖了井，他就告诉别人说："我家挖井得到一个人。"有人听到了，传言说："丁家挖井时挖出了一个人。"国人都在谈论这件异事，宋国国君听到后，就派人去问丁氏。丁氏说："我是说得到一个人可以使用，而不是从井里挖出一个人。"对传闻如果像这样不加详察，还不如没有听到。子夏到晋国去，经过卫国，听到有人读史书，说："晋国军队三豕渡过黄河。"子夏说："不对啊，三豕应该是己亥。'己'和'三'相似，'豕'和'亥'相似。"到了晋国询问，果然说是"晋国军队己亥这天渡过了黄河"。

传闻还有很多看似错误其实是正确的，也有很多看似正确其实是错误的。正确和错误的界限，不可以不分辨清楚。这是圣人所慎重对待的事情。然而，应该怎样慎重对待呢？就是要顺着事物和

及人之情以为所闻，则得之矣。	人事的情理，来考察所听到的传闻，这样才能掌握实际的情况。

注释

1 **熟论**：仔细考察。

2 **乐正**：主管音乐的官名。　**夔**(kuí)：乐师名。

3 **重黎**：传说中舜帝的臣子。

4 **六律**：乐律有十二，阴阳各六，阳为律，阴为吕，六律即黄钟、太簇、姑洗、蕤宾、夷则、无射。

5 **溉**：灌溉田地。　**汲**：打水。

6 **子夏**：孔子的学生，精通文献。

7 **豕**：猪。

8 **慎**：谨慎，慎重。

贵　直

导读

本篇讲述的是君主要重士纳谏。贤明的君主之所以敬重士人，是因为他们能够直言劝谏。能够直言劝谏，邪曲就会显现出来。文中列举了“能意拜见齐宣王”“狐援劝说齐湣王”和“赵简子亲自率军进攻卫国”三个例子，来说明直谏之士对于国家的重要性，反过来也说明君主的祸患，就在于喜好邪僻的言论而厌恶正直的言论，这会导致国家的败亡。

原文

贤主所贵莫如士。所以贵士，为其直言也。言直则枉者见矣[1]。人主之患，欲闻枉而恶直言，是障其源而欲其水也，水奚自至？是贱其所欲而贵其所恶也，所欲奚自来？

能意见齐宣王。宣王曰："寡人闻子好直，有之乎？"对曰："意恶能直？意闻好直之士，家不处乱国，身不见污君。身今得见王，而家宅乎齐，意恶能直？"宣王怒曰："野士也！"将罪之。能意曰："臣少而好事[2]，长而行之，王胡不能与野士乎[3]，将以彰其所好耶？"王乃舍之。若能意者，使谨乎论于主之侧，亦必不阿主。不阿主之所得岂少哉？此贤主之所求，而不肖主之所恶也。

译文

贤明君主所敬重的莫过于士人。之所以敬重士人，是因为他们能够直言劝谏。能够直言劝谏，邪曲就会显现出来。君主的祸患，就在于喜好邪僻的言论而厌恶正直的言论，这好比阻塞了水源又想得到水，水又从哪里来？这又好比轻贱自己想要的而崇尚自己厌恶的，所要得到的东西又从哪里来？

能意拜见齐宣王。宣王说："我听说您喜好正直，是这样吗？"能意回答说："我哪里能做到正直？我听说喜好正直的士人，不在混乱的国家安家居住，不见品行污浊的君主。如今我来见您，又安家在齐国，怎么能算得上正直？"宣王恼怒地说："真是个粗野的人！"打算将他治罪。能意说："我年轻时喜好直言进谏，成年后也这样，您为什么就不能听从粗野之人的言论，让他们表明自己的喜好呢？"于是宣王赦免了他。像能意这种人，如果让他在君主身边谨慎议事，他一定不会对君主阿谀奉承。不阿谀奉承君主，君主得到的教益难道会少吗？这正是贤明的君主所追求的，不肖的君主所厌恶的。

注释

1 **枉**：邪曲、奸邪。

2 **好事**:喜欢直言进谏之事。

3 **与**:听从、采纳。

原文

狐援说齐湣王曰:“殷之鼎陈于周之廷,其社盖于周之屏[1],其干戚之音[2]在人之游。亡国之音不得至于庙,亡国之社不得见于天,亡国之器陈于廷[3],所以为戒。王必勉之!其无使齐之大吕陈之廷,无使太公之社盖之屏,无使齐音充人之游。”齐王不受。狐援出而哭国三日,其辞曰:“先出也,衣絺纻[4];后出也,满囹圄。吾今见民之洋洋然东走而不知所处[5]。”齐王问吏曰:“哭国之法若何?”吏曰:“斫[6]。”王曰:“行法。”吏陈斧质于东闾,不欲杀之,而欲去之。狐援闻而蹶往过之[7]。吏曰:“哭国之法斫,先生之老欤?昏欤?”狐援曰:“曷为昏哉?”于是乃言曰:“有人自南方来,鲋入而鲵

译文

狐援劝说齐湣王:“殷商的大鼎摆放在周的朝廷,它的神社被盖上周的屏障之物,它的宫廷音乐被用在游乐中。亡国的音乐不许进入宗庙,亡国的神社不许见到天日,它的大鼎被摆放在朝廷,这些都是用来警戒后人的。您一定要自我努力啊!千万不要让齐国的大吕摆放在他国的朝廷,也不要让太公建起的神社上盖起庐棚,更不要让齐国的音乐泛滥于别人的游乐之中。”齐王没有接受他的劝谏。狐援从朝廷出来,为国家的危难哭了三天,他哭道:“先离开齐国的,尚能温饱;后离开齐国的,将会挤满监狱。我即将看到百姓一脸忧思仓皇逃向东方不知在何处安居。”齐王问狱官说:“太平无事却为国哭丧,按法令该治何罪?”狱官回答道:“应当斩首。”齐王说:“依法行事。”狱官把刑具陈列在国都东门,他不愿杀死狐援,只想让他逃走。狐援听说后,急速去见狱官。狱官说:“为国事哭丧依法当斩,您这样做,是老糊涂了吧?是昏头了吧?”狐援说:“怎么是昏头了呢?”于是进一步说道:“有人从南方来,刚来时像小鱼一样谦卑,

居[8]，使人之朝为草而国为墟。殷有比干，吴有子胥，齐有狐援。已不用若言，又斫之东闾，每斫者以吾参夫二子者乎！”狐援非乐斫也，国已乱矣，上已悖矣，哀社稷与民人，故出若言。出若言非平论也[9]，将以救败也，固嫌于危[10]。此触子之所以去之也[11]，达子之所以死之也[12]。

住下以后却像大鱼那样凶残，使他国的朝廷变为草莽，国都变为废墟。殷商有比干，吴国有伍子胥，齐国有狐援。不接受我的忠言，又要在东门把我砍头，这是要把我和比干、伍子胥两人并列吧！”狐援并非乐于被杀，国家已经混乱了，君主已经悖谬了，他哀怜国家和人民，所以才讲出这样的话。这些话当然不是平常之论，因为他想以此挽救国家的败亡，所以一定会说得近乎危言耸听。这正是触子离开国家的原因，也正是达子为之而死的原因。

注释

1 **社**：祭祀土神的场所。　**屏**：屏障之物。

2 **干戚之音**：武舞之音乐。此处指商代的宫廷音乐。

3 **陈**：陈列。　**廷**：通“庭”。

4 **衣絺(chī)纻(zhù)**：形容生活尚可维持。絺，用草纤织成的布。纻，麻织成的粗布。

5 **洋洋然**：忧思貌。

6 **斫**：斩。

7 **蹶**：急遽貌。

8 **鲋(fù)**：小鱼。　**鲵**：大鱼。

9 **平论**：寻常的言论。

10 **嫌**：近似，近于。

11 **触子**：齐湣王之臣。

12 **达子**：齐湣王之臣。

原文

赵简子攻卫，附郭[1]。自将兵。及战，且远立，又居于屏蔽犀橹之下[2]。鼓之而士不起。简子投桴而叹曰[3]："呜呼！士之速弊一若此乎！"行人烛过免胄横戈而进曰[4]："亦有君不能耳，士何弊之有？"简子艴然作色曰[5]："寡人之无使，而身自将是众也，子亲谓寡人之无能，有说则可，无说则死。"对曰："昔吾先君献公即位五年，兼国十九，用此士也。惠公即位二年，淫色暴慢，身好玉女，秦人袭我，逊去绛七十[6]，用此士也。文公即位二年，底之以勇[7]，故三年而士尽果敢；城濮之战，五败荆人，围卫取曹，拔石社[8]，定天子之位，成尊名于天下，用此士也。亦有君不能耳，士何弊之有？"简子乃去屏蔽犀橹，而立于矢石之所及[9]，一鼓而士毕乘之[10]。简子曰："与吾得革车千乘也，不如闻行人

译文

赵简子率军进攻卫国，逼近了外城。他亲自统率军队，但到了交战的时候，却站得远远的，躲在屏障和盾牌后面。简子击鼓，士兵却一动不动。简子扔下鼓槌感叹道："哎！士卒这么快就颓败到这种地步！"这时，行人烛过摘下头盔，横拿着戈走到他面前说："这是因为您有不能做到的地方罢了，士卒有什么不好呢？"简子勃然大怒说："我没有委派他人，亲自带兵上阵，你却当面说我无能，你讲得有理便罢，无理就是死罪。"烛过回答说："从前我们的先君献公即位五年，就兼并了十九个国家，用的也是这些士卒。惠公即位两年，沉湎女色又残暴傲慢，喜好美女，秦国人袭击我国，晋军逃到离绛都七十里的地方，用的也是这些士卒。文公即位二年，以勇武磨练士卒，三年之后士卒都勇毅果敢；城濮之战，五次打败楚军，围攻卫国，占领曹国，攻占石社，安定天子的王位，在天下成就了显赫的名声，用的还是这些士卒。现在是您有未能做到的地方罢了，士卒有什么不好？"简子于是离开屏障和盾牌，站立于对方弓箭流石能达到的地方，只击鼓一次，士卒就全部登上了城墙。简子说："与其让我获得兵车千辆，还不如

烛过之一言。”行人烛过可谓能谏其君矣。战斗之上，桴鼓方用，赏不加厚，罚不加重，一言而士皆乐为其上死。	听到行人烛过一句话。”行人烛过可算得上善于劝谏国君了。在战斗之时，战鼓响起，赏赐不用增多，刑罚不用加重，一句话就能够使士卒乐于为国君效死。

注释

1 **附**：迫近，逼近。

2 **屏蔽犀橹**：屏蔽，防御或掩蔽的屏障。犀橹，用犀牛皮蒙制的盾牌。

3 **桴**：鼓槌。

4 **行人烛过免胄**：行人，负责外交事务的官名。免胄，摘下头盔。

5 **艴(fú)然**：盛怒的样子。

6 **绛**：地名，晋国国都。

7 **厎**：通“砥”，磨砺，磨练。

8 **石社**：地名。

9 **石**：流石。

10 **乘**：登，指登上敌城。

知　化

导读

本篇旨在强调君主要具备了解事物发展趋势的能力，即“知化”。只有“知化”，才能未雨绸缪，防患于未然。作者说“凡智之贵也，贵知化也”。文中援引吴王夫差国亡身死的例子，说明：“危困之道，身死国亡，在于不先知化也。”夫差不能“知化”的原因，在于他刚愎自用，不能纳谏。“谏而不听，故吴为丘墟，祸及阖庐。”由此再一次强调了君主纳谏的重要性。

原文

夫以勇事人者，以死也。未死而言死，不论[1]。以虽知之与勿知同。凡智之贵也，贵知化也。人主之惑者则不然。化未至则不知，化已至，虽知之，与勿知一贯也。事有可以过者，有不可以过者。而身死国亡，则胡可以过[2]？此贤主之所重，惑主之所轻也。所轻，国恶得不危？身恶得不困？危困之道，身死国亡，在于不先知化也。吴王夫差是也。子胥非不先知化也，谏而不听，故吴为丘墟，祸及阖庐[3]。

译文

以勇武侍奉别人的人，就是以死侍奉别人。这样的人还没到死的时候，谈论如何以死报答恩主，别人就不会了解。在这种情况下，了解和不了解都是一样的。大凡智慧的可贵，就贵在能理解事物的变化。糊涂的君主却不是这样。变化没有到来时不能预先了解，变化已经出现后，虽然知道了，却又和不知道是一样的。有些事情是可以有失误的，有些事情是不可以有失误的。对于会导致身死国亡的大事，怎么能有失误呢？这是贤明的君主所重视的，糊涂的君主所轻视的。轻视这个道理，国家怎么能不危险？自身怎么能不穷困？陷于危险穷困的道路，以致身死国亡，就在于不能预先了解事物的发展变化。吴王夫差就是这样。伍子胥并非没能预先了解形势的变化，但他劝谏而夫差不听，所以吴国亡国而沦为废墟，灾祸殃及先君阖庐。

注释

1 **论**：审察，了解。

2 **过**：过失、错误。

3 **阖庐**：吴国国君，夫差之父。

原文

吴王夫差将伐齐，子胥曰：“不可。夫齐之与吴也，习俗不同，言语不通，我得其地不能处，得其民不得使。夫吴之与越也，接土邻境，壤交通属[1]，习俗同，言语通，我得其地能处之，得其民能使之。越于我亦然。夫吴、越之势不两立，越之于吴也，譬若心腹之疾也，虽无作，其伤深而在内也。夫齐之于吴也，疥癣之病也，不苦其已也，且其无伤也。今释越而伐齐，譬之犹惧虎而刺猬[2]，虽胜之，其后患无央。”太宰嚭曰：“不可。君王之令所以不行于上国者，齐、晋也。君王若伐齐而胜之，徙其兵以临晋，晋必听命矣。是君王一举而服两国也。君王之令必行于上国。”夫差以为然，不听子胥之言，而用太宰嚭之谋。子胥曰：“天将亡吴矣，则使君王战而胜。天将不亡吴矣，则使君王

译文

吴王夫差将要讨伐齐国，伍子胥说：“不可以。齐国和吴国习俗不同，言语不通，我们得到齐国的土地也没有办法居住，得到齐国的百姓也没有办法役使。而吴国和越国疆土相连，田地交错，道路互通，习俗相同，言语相通，我们得到越国的土地后能够居住，得到越国的百姓能够役使。越国对于我国也是这样。吴、越两国势不两立，越国对于吴国，譬如心腹之疾，即使暂时没有发作，但它造成的伤害深于体内。而齐国对于吴国，只是皮肤的癣疥之病，不愁不能治愈，而且也不会造成多大伤害。现在舍弃越国而去攻伐齐国，就像担心老虎却去猎杀野猪一样，即使能够获胜，终将后患无穷。”太宰嚭说：“不可以这样。君王的命令之所以在中原各国无法推行，正是由于齐国和晋国的缘故。君王如果攻伐齐国而且战胜它，然后挥师逼向晋国，晋国一定会听命于您。这样君王就能一举而降服两个国家。如此，君王的命令就一定可以在中原各国推行。”夫差认为太宰嚭说得对，没有采纳子胥的意见，而采纳了太宰嚭的计谋。伍子胥说：“上天如果要灭亡吴国，就让君王战胜齐国。上天如果不想灭亡吴国，就让君王不能战胜。”

战而不胜。”夫差不听。子胥两袪高蹶而出于廷[3]，曰：“嗟乎！吴朝必生荆棘矣。”夫差兴师伐齐，战于艾陵，大败齐师，反而诛子胥。子胥将死曰：“与！吾安得一目以视越人之入吴也？”乃自杀。夫差乃取其身而流之江，抉其目[4]，著之东门，曰：“女胡视越人之入我也？”居数年，越报吴，残其国，绝其世，灭其社稷，夷其宗庙，夫差身为擒。夫差将死曰：“死者如有知也，吾何面以见子胥于地下？”乃为幎以冒面死[5]。夫患未至，则不可告也；患既至，虽知之无及矣。故夫差之知惭于子胥也，不若勿知。

夫差不听。伍子胥拎衣阔步从朝廷中出来，说：“唉！吴国的朝廷必定要荆棘丛生了。”夫差兴兵伐齐，和齐军大战于艾陵，大败齐军，回来以后就要诛杀伍子胥。伍子胥临死之前说：“啊！我怎么才能留只眼睛看着越军进入吴国呢？”然后就自杀了。夫差把他的尸体投入江中，并挖出他的眼睛挂在吴都东门，说：“你怎么能看到越军进入我的吴国？”几年以后，越人报复吴国，攻破了吴国都城，断绝了吴国的传承，毁灭了吴国的社稷，削平了吴国的宗庙，活捉了夫差。夫差临死时说：“死去的人如果有知的话，我还有什么脸面见子胥于地下呢？”于是用块布蒙面自杀了。像夫差这样的君主，祸患未到来时无法使他了解；祸患到来以后，他即便知道也来不及了。所以夫差最终明白了自己愧对伍子胥，这种明白还不如不明白。

注释

1 **属**(zhǔ)：接连。

2 **豜**(jiān)：同“豣”，泛指大猪，文中指野猪。

3 **袪**(qū)：举起，这里指提起衣服。　**高蹶**：把脚抬得高高地走路。

4 **抉**(jué)：挑(tiǎo)出，挖出。

5 **幎**(mì)：覆盖。此处指盖于死者面部的布。

原　乱

导读

原乱，就是考察祸乱的根源。本篇旨在论述如何知祸乱之源而远之。文章首段说："《诗》曰'毋过乱门'，所以远之也。"又说："虑福未及，虑祸过之。"又以晋国之乱为例，说明引发祸乱的人的弊病就在于他们都错误地认为祸乱一次就会止息。结果凡是引发祸乱的人，灾祸很少不殃及自身。

原文

乱必有弟[1]。大乱五，小乱三，訒乱三[2]。故《诗》曰"毋过乱门"，所以远之也。虑福未及，虑祸之，所以皃之也[3]。武王以武得之，以文持之，倒戈弛弓，示天下不用兵，所以守之也。

译文

祸乱的降临一定有其次序。发生多次大乱后，小乱还会有数次，然后再数次讨伐叛乱，祸乱才能平息。所以《诗》中说"不要从混乱之家的门前经过"，这是远离祸乱的方法。对福祉宁可思虑不足，对灾祸宁可思虑过度，这是免除祸乱的办法。武王以武力夺取天下，以文德保有天下，倒置干戈，松开弓弦，昭示天下不再用兵，用这种办法保有天下。

注释

1 **弟**：次序、先后。

2 **訒**：疑为"讨"字之误，意为讨伐。

3 **皃**：疑为"免"字之误，保全。

原文

晋献公立骊姬以为夫人[1]，以奚齐为太子。里克率国人以攻杀之。荀息立其弟公子卓。已葬，里克又率国人攻杀之。于是晋无君。公子夷吾重赂秦以地而求入，秦缪公率师以纳之。晋人立以为君，是为惠公。惠公既定于晋，背秦德而不予地。秦缪公率师攻晋，晋惠公逆之，与秦人战于韩原。晋师大败，秦获惠公以归，囚之于灵台。十月，乃与晋成，归惠公而质太子圉[2]。太子圉逃归也。惠公死，圉立为君，是为怀公。秦缪公怒其逃归也，起奉公子重耳以攻怀公，杀之于高梁，而立重耳，是为文公。文公施舍，振废滞[3]，匡乏困，救灾患，禁淫慝[4]，薄赋敛，宥罪戾，节器用，用民以时，败荆人于城濮，定襄王，释宋，出穀戍[5]，外内皆服，而后晋乱止。故

译文

晋献公去世前立骊姬为夫人，以奚齐为太子。里克率领国人攻杀了奚齐。荀息把奚齐的弟弟公子卓立为国君。献公安葬后，里克又率领国人攻杀了公子卓。于是晋国没有了君主。公子夷吾以土地为厚礼贿赂秦国，以求回国为君，秦穆公带领军队把他送回晋国。晋人立夷吾为国君，这就是惠公。惠公在晋国安定下来以后，背弃了秦国，不兑现承诺秦国的土地。秦穆公率领军队进攻晋国，晋惠公率军迎击，与秦军战于韩原。晋军大败，秦国俘虏了晋惠公，将他囚禁在灵台。到了十月，秦国终于同晋国达成合约，释放惠公回国，而把太子圉当作人质。太子圉后来逃回了晋国。惠公死后，圉立为国君，这就是怀公。秦穆公对圉的逃跑很是恼怒，就扶植公子重耳，利用他进攻怀公，在高梁杀死了怀公，于是又立重耳为国君，这就是文公。文公广施恩德，起用被废黜的旧臣和不得志的士人，匡扶钱财匮乏生活困难的人，救济遭受灾荒祸患的人，禁绝邪恶行径，减轻赋税，赦免罪犯，简省器物，按时令役使百姓从而不耽误农耕，在城濮打败楚国，安定周襄王的王位，为宋国解除围困，使戍守穀邑的楚军撤离，国外国内对他都很敬服，而后晋国祸乱才终

献公听骊姬，近梁五、优施，杀太子申生，而大难随之者五，三君死[6]，一君虏，大臣卿士之死者以百数，离咎二十年[7]。

于止息。所以献公宠信骊姬，亲近梁五、优施，杀害太子申生，随之而来的大乱就有五次，三个国君被杀死，一个国君被俘虏，大臣卿士死去的有上百人，晋国遭受混乱长达二十年。

自上世以来，乱未尝一。而乱人之患也，皆曰一而已，此事虑不同情也。事虑不同情者，心异也。故凡作乱之人，祸希不及身[8]。

从上古以来，祸乱没有只发生一次就停息的。而引发祸乱的人的弊病，就在于他们都认为祸乱一次就会止息，这就是想法和实际情况不一致。想法和实际情况不一致，都是思想不合常情的缘故。所以凡是作乱的人，灾祸很少不殃及自身。

注释

1 **骊姬**：骊戎国君的女儿，晋献公的夫人，谗害太子，祸乱晋国。

2 **圉**(yǔ)：人名，晋惠公的太子。

3 **废**：废而不用的人。　**滞**：沉滞于下不得升迁的人。

4 **淫慝**(tè)：邪恶。

5 **出榖戍**：使驻守榖邑的楚军撤离。

6 **三君**：指奚齐、卓子、怀公。

7 **离**：通“罹(lí)”，遭受。

8 **希**：少。

不苟

导读

本篇讲述的是作为人臣应当具有的操守。文章援引了四个例子来说明忠臣的操守：通过周武王伐纣的事例，说明臣子谄媚于上是一种耻辱；通过蹇叔不言的例子，说明人臣应当有做事的底线，应有所不为；通过百里奚为相的例子，说明确定名分职守来治理百官的重要性；通过晋文公赏赐郤子虎的例子，说明臣子应当依据自己的功过来接受赏罚。通过这些事例，作者把忠臣应具备的品行归纳为："虽贵不苟为，虽听不自阿，必中理然后动，必当义然后举。"

原文

贤者之事也，虽贵不苟为，虽听不自阿，必中理然后动[1]，必当义然后举，此忠臣之行也。贤主之所说，而不肖主虽不说，非恶其声也。人主虽不肖，其说忠臣之声与贤主同，行其实则与贤主有异。异，故其功名祸福亦异。异，故子胥见说于阖

译文

贤明的人做事，虽然尊贵也不会苟且妄为，虽然言论被君主听信采纳也不会以此谋私，必定要合于事理然后才行动，必定要合乎道义才去做，这就是忠臣的行为方式。这是贤明的君主所欣赏的，而不肖的君主即使厌恶，也不是厌恶贤人。君主即使不肖，也与贤明君主一样喜欢忠臣，但实际行动却与贤君不同。实际行动不同，所以他们的功名祸福也就不同。实际行动不同，所以阖闾赏识伍子胥，夫差却厌恶他；

闾而恶乎夫差；比干生而恶于商，死而见说乎周。

商纣王在比干活着时厌恶他，周朝却在他死后赞赏他。

武王至殷郊，系堕。五人御于前[2]，莫肯之为，曰："吾所以事君者，非系也。"武王左释白羽，右释黄钺，[3]勉而自为系。孔子闻之曰："此五人者之所以为王者佐也，不肖主之所弗安也。"故天子有不胜细民者，天下有不胜千乘者。

周武王伐纣，大军行进到殷都郊外，武王的鞋带松了。他的五个大臣都在左右陪侍，却没有一个人帮他系上鞋带，他们说："我们辅佐君主，并不是来替他系鞋带的。"武王左手放下白羽，右手放下黄钺，自己费力地系上鞋带。孔子听了这件事，说："这正是这五个人成为王者辅佐之臣的原因，这也正是不肖的君主所不能容忍的。"所以天子也有不能胜过小民的，占有天下的人也有不能胜过一个普通诸侯之处。

注释

1 **中(zhòng)理**：符合事理。

2 **五人**：指周武王的五个大臣。

3 **白羽、黄钺**：都是古代的仪仗物品。

原文

秦缪公见戎由余[1]，说而欲留之，由余不肯。缪公以告蹇叔。蹇叔曰："君以告内史廖。"内史廖对曰："戎人不达于五音与五味[2]，君不若遗之。"缪公以女乐二八人与良宰遗之[3]。戎王喜，迷惑大乱，饮酒昼夜不休。由余骤谏而不听，

译文

秦穆公见到戎国的由余，对他很欣赏，想把他留下，由余却不肯答应。穆公把这件事告诉了蹇叔。蹇叔说："您去对内史廖说说这事情。"内史廖回答说："戎人不懂得音乐和美味，您不如送给他们这些东西。"于是，穆公就把一些女乐和优秀的厨师送给了戎人。戎王大喜，心神迷乱，昼夜饮酒作乐不止。由余多次劝谏，戎王不听，他因此而很生气，就回

因怒而归缪公也。蹇叔非不能为内史廖之所为也，其义不行也。缪公能令人臣时立其正义，故雪殽之耻[4]，而西至河雍也。

头归附了秦穆公。蹇叔并非不会做内史廖做的事，而是他心中的道义不允许他这样做。秦穆公能让臣下时时遵循道义，所以能洗刷殽之战的耻辱，把疆土向西拓展到河雍一带。

注释

1 **由余**：秦穆公辅臣。

2 **达**：通晓。

3 **二八**：古舞乐分为两列，每列八人，共十六人。

4 **雪殽之耻**：指秦穆公三十六年（前 624 年），秦攻伐并打败晋国，从而洗刷先前秦晋殽之战中秦国的耻辱。

原文

秦缪公相百里奚。晋使叔虎、齐使东郭蹇如秦[1]，公孙枝请见之。公曰："请见客，子之事欤？"对曰："非也。""相国使子乎？"对曰："不也。"公曰："然则子事非子之事也。秦国僻陋戎夷，事服其任[2]，人事其事，犹惧为诸侯笑。今子为非子之事，退！将论而罪。"公孙枝出，自敷于百里氏[3]。百里奚请之。公曰："此所闻于相国欤？枝

译文

秦穆公任用百里奚为相。晋国派叔虎，齐国派东郭蹇到秦国来，公孙枝请求会见他们。穆公说："请求会见客人，这是你的职责吗？"公孙枝回答说："不是。"穆公说："是相国让你这样做的吗？"公孙枝说："不是。"秦穆公说："这样，你就是在做不属于你的事了。秦国偏僻荒远，邻近戎夷之地，即使能够事有其任，人有专责，仍然不免为诸侯耻笑。现今你竟然要做不属于你的事，你退下吧！我将要处置你的罪过。"公孙枝出朝，到百里奚那里诉说。百里奚替他向穆公求情。穆公说："这是相国该过问的吗？如果公孙枝无罪，何必替他求情？如果真的有罪，又为什么要替

无罪，奚请？有罪，奚请焉？”百里奚归，辞公孙枝。公孙枝徙[4]，自敷于街。百里奚令吏行其罪[5]。定分官，此古人之所以为法也。今缪公乡之矣，其霸西戎，岂不宜哉？

他求情？”于是百里奚回来，回绝了公孙枝的请求。公孙枝离开，转到集市上去陈诉。百里奚就命令官吏对公孙枝定罪惩罚。确定名分职守来治理百官，这是古人推行法治的方法。秦穆公已经这样做了，那么他称霸西戎，不正是合情合理的事吗？

注释

1 **叔虎**：晋国大夫。　**东郭蹇**：齐国大夫。

2 **其任**：指适于各种职位的人选。

3 **敷**：陈述、诉说。

4 **徙**：离开。

5 **罪**：此处作动词，惩罚。

原文

晋文公将伐邺，赵衰言所以胜邺之术[1]。文公用之，果胜。还，将行赏。衰曰：“君将赏其本乎？赏其末乎[2]？赏其末，则骑乘者存；赏其本，则臣闻之郤子虎。”文公召郤子虎曰：“衰言所以胜邺，邺既胜，将赏之，曰：‘盖闻之于子虎，请赏子虎。’”子虎曰：“言之易，行之难。臣言之者也。”

译文

晋文公将要讨伐邺国，赵衰向文公陈说战胜邺的策略。文公采纳了他的建议，果然胜利了。大军回来后，文公准备赏赐他。赵衰说：“您是要赏赐根本呢，还是要赏赐末节呢？要是赏赐末节，那么有参战的将士在；要是赏赐根本，那么我给您的建议，都是从郤子虎那里听来的。”于是文公召见郤子虎，说：“我凭借赵衰的建议战胜了邺国，我要赏赐他，他说：‘我是从子虎那里听来的，请赏赐子虎。’”郤子虎说：“事情说起来容易，实行起来却很难。而我只不过是说说而已。”文公说：“你就不要推

公曰："子无辞。"郤子虎不敢固辞，乃受矣。凡行赏欲其博也，博则多助。今虎非亲言者也，而赏犹及之，此疏远者之所以尽能竭智者也。晋文公亡久矣，归而因大乱之余，犹能以霸，其由此欤？

辞了。"郤子虎不敢坚决推辞，于是接受了赏赐。凡是行赏，应该是范围越大越好，范围越大，赏赐的功效就越大。如今郤子虎并不是直接进言的人，而仍然要赏赐他，这就是离君主很远的人也能竭尽才智的原因。晋文公长期流亡国外，回国后接手的又是大乱以后的残局，但他仍能在这样的基础上成就霸业，不正是这个原因吗？

注释

1 **赵衰**：晋国大夫。

2 **末**：末节。

赞　能

导读

"赞能"即举贤任能。文章指出能否任用贤人是国家治乱的关键，即"主贤世治，则贤者在上；主不肖世乱，则贤者在下"。贤人是衡量君主好坏的尺度和标准，也是君主能不能建立功业的前提："舜得皋陶而舜受之，汤得伊尹而有夏民，文王得吕望而服殷商。"文中又举桓公得到管仲、楚庄王得到孙叔敖的例子，说明只要能举贤任能，国家就能王霸天下。

原文

贤者善人以人[1]，中人以事，不肖者以财。得十良马，不若得一伯乐；得十良剑，不若得一欧冶[2]；得地千里，不若得一圣人。舜得皋陶而舜受之，汤得伊尹而有夏民，文王得吕望而服殷商。夫得圣人，岂有里数哉？

译文

贤明的人与人亲近是依据此人的品德，普通的人与人交好是依据此人的事迹，不肖的人与人交好是依据此人的财富。得到十匹好马，不如得到一个伯乐；得到十把宝剑，不如得到一个欧冶；得到方圆千里的土地，不如得到一个圣人。舜得到皋陶，就任用他而治理好了天下；商汤得到伊尹，就拥有了夏的民众；周文王得到吕望，就征服了殷商。得到圣人，能够获得的土地岂能以里来衡量呢？

注释

1 **善**：亲近。　**以人**：依据仁德。人，通“仁”。

2 **欧冶**：春秋时有名铁匠，擅长铸剑。

原文

管子束缚在鲁，桓公欲相鲍叔。鲍叔曰：“吾君欲霸王[1]，则管夷吾在彼，臣弗若也。”桓公曰：“夷吾，寡人之贼也，射我者也，不可。”鲍叔曰：“夷吾，为其君射人者也。君若得而臣之，则彼亦将为君射人。”桓公不听，强相鲍叔。固辞让而相，桓公果听之[2]。于是乎使人告鲁曰：“管夷吾，

译文

管仲被囚禁在鲁国，这时候，齐桓公想让鲍叔做国相。鲍叔说：“您如果想成就王霸天下的大业，那么在鲁国有个管夷吾可以帮您，我不如他。”桓公说：“管夷吾是要谋害我的凶手，他曾用箭射过我，不可以用他。”鲍叔说：“夷吾用箭射您，是为他的君主。您如果得到他并任用他为臣，他也会为您射别人。”桓公不听，一定要任用鲍叔为相。鲍叔坚决推辞，桓公只得听从了他的意见。桓公于是派遣使者对鲁国说：“管夷吾是我的仇

寡人之仇也，愿得之而亲加手焉。”鲁君许诺，乃使吏鞹其拳[3]，胶其目，盛之以鸱夷[4]，置之车中。至齐境，桓公使人以朝车迎之[5]，祓以爟火[6]，衅以牺猳焉[7]，生与之如国。命有司除庙筵几而荐之[8]，曰：“自孤之闻夷吾之言也，目益明，耳益聪。孤弗敢专，敢以告于先君。”因顾而命管子曰：“夷吾佐予。”管仲还走[9]，再拜稽首，受令而出。管子治齐国，举事有功，桓公必先赏鲍叔，曰：“使齐国得管子者，鲍叔也。”桓公可谓知行赏矣。凡行赏欲其本也，本则过无由生矣。

敌，我想得到他，亲手杀了他。”鲁国国君答应了，派官吏用皮革包住管仲的双手，用胶粘住他的双眼，装在一个大口袋里，放在车中给齐国送去。到了齐国边境，齐桓公派人用朝车来迎接，点起火把驱邪，用公猪来举行血祭，使他恢复自由，然后同他一起回到国都。桓公命令主管官吏清扫宗庙，陈列筵几，把管仲进献给祖先，说：“自从我听了夷吾的言论，越发耳聪目明。我要重用他，不敢擅自决定，所以特向先君报告。”说完，回头命令管仲说：“夷吾辅佐我。”管仲惶恐不已，退了几步，向桓公再拜叩头，接受了命令后离开了宗庙。后来，管仲治理齐国，只要做事有功，桓公就一定先赏鲍叔，说：“使齐国得到管子的，正是鲍叔啊。”桓公可称得上知道怎么行赏了。凡是行赏，应该赏赐根本；能够赏赐根本，那么就不会发生过失了。

注释

1 **霸王**：成就霸王天下的功业。

2 **相**：应为衍文，不译。

3 **鞹**(kuò)：皮革，此处为动词，用皮革包裹住。

4 **鸱**(chī)**夷**：大口袋。

5 **朝车**：重臣朝见君主所乘的车。

6 **祓**(fú)：一种除灾求福的仪式。　**爟**(guàn)**火**：祛除不祥所举的火把。

7 **衅**：歃血、血祭。　**牺猳**(jiā)：祭祀用的纯色的公猪。猳，同“豭”，公猪。

8 **荐**：进献，献上。

9 **还(xuán)走**：为表示惶恐而退避。

原文

孙叔敖、沈尹茎相与友。叔敖游于郢三年，声问不知，修行不闻。沈尹茎谓孙叔敖曰："说义以听，方术信行，能令人主上至于王，下至于霸，我不若子也。耦世接俗[1]，说义调均[2]，以适主心，子不若我也。子何以不归耕乎？吾将为子游。"沈尹茎游于郢五年，荆王欲以为令尹，沈尹茎辞曰："期思之鄙人有孙叔敖者，圣人也。王必用之，臣不若也。"荆王于是使人以王舆迎叔敖[3]，以为令尹，十二年而庄王霸。此沈尹茎之力也。功无大乎进贤。

译文

孙叔敖和沈尹茎两人很友好。孙叔敖到楚国郢都旅居了三年，名声不为世人所知，德行不为世人了解。沈尹茎对孙叔敖说："陈说义理能使人听从，所主张的策略必定能够实行，能使君主上至于成就王业，下至于称霸诸侯，这些方面我不如你。适应世俗接人待物，陈说道理上下调和，以投合君主的心意，这些方面你不如我。你为什么不先回去耕种隐居呢？我将为您去奔走。"沈尹茎在郢都奔走了五年，楚王想任用他为楚国令尹，洗尹茎推辞说："在期思那个地方，有个叫孙叔敖的乡民，是个圣人。大王一定要任用他，我不如他。"于是楚王派人把孙叔敖用王车接来，任用他为令尹，过了十二年，楚庄王成就了霸业。这就是沈尹茎的力量。没有什么比举荐贤人的功劳更大了。

注释

1 **耦世**：适应世俗。

2 **调均**：调和。

3 **王舆**：君主所乘的车。

自　知

导读

本篇主要阐明君主善于纳谏，自知过失的重要性。作者指出，国家存亡安危的关键，不在于外在的事物，而在于君主能否了解自己。文中通过楚成王、齐庄公因不知自己的过失而被杀的事例，说明君主“败莫大于不自知”；通过掩耳盗铃的例子来说明君主自欺欺人的可笑；通过魏文侯纳谏的例子，说明臣子进谏也要讲究方法，这样才能事半功倍。

原文

欲知平直，则必准绳[1]；欲知方圆，则必规矩；人主欲自知，则必直士。故天子立辅弼，设师保，所以举过也。夫人故不能自知，人主犹其[2]。存亡安危，勿求于外，务在自知。

尧有欲谏之鼓[3]，舜有诽谤之木[4]，汤有司过之士，武王有戒慎之鼗[5]，犹恐不能自知。今

译文

想知道是否达到平直，一定要依靠水准和墨线；想知道是否合乎方圆，一定要依靠圆规和矩尺；君主要想知道自己的过失，就一定要依靠直谏之士。所以天子设立辅弼，设置师保，用来指出天子的过失。人本来就不能知道自己的过失，天子更是这样。国家的存亡安危，关键不在于外在的事物，而在于君主是否能够了解自己。

尧设置了供直谏之士敲击的鼓，舜设置了供书写批评意见的木柱，商汤有专门纠正自己过失的官吏，武王有促使自己戒慎恐惧所用的鼓，即便如此，他们仍担心不能知晓

贤非尧、舜、汤、武也，而有掩蔽之道，奚繇自知哉[6]？

自己的过失。当今的君主，论贤德比不上尧、舜、汤、武，却采取掩耳蔽目的做法，这还能从哪里了解到自己的过失呢？

注释

1 **准绳**：水准和墨线，用以测量、确定水平和直线。

2 **犹其**：应为“独甚”之讹。

3 **欲谏之鼓**：尧帝时设立的供想进谏的人敲击的鼓。

4 **诽谤之木**：舜帝时设立的用来书写批评意见所立的木柱。

5 **鼗**(táo)：有柄的小鼓。

6 **繇**(yóu)：通“由”，从，自。

原文

荆成、齐庄不自知而杀，吴王、智伯不自知而亡，宋、中山不自知而灭，晋惠公、赵括不自知而虏，钻荼、庞涓、太子申不自知而死[1]。败莫大于不自知。

范氏之亡也，百姓有得钟者，欲负而走，则钟大不可负。以椎毁之[2]，钟况然有音[3]。恐人闻之而夺己也，遽掩其耳。恶人闻之，可也；恶己自闻之，悖矣。为人主而恶闻其过，非犹此也？恶人闻其过尚犹可。

译文

楚成王、齐庄公因为不知道自己的过失而被杀，吴王、智伯因为不知道自己的过失而败亡，宋、中山因为不知道自己的过失而灭亡，晋惠公、赵括因为不知道自己的过失而被俘虏，钻荼、庞涓、太子申因为不知道自己的过失而死去。因此，没有什么比不了解自己的过失更能招致失败了。

范氏逃亡的时候，有个百姓得到了他的一口钟，想背着钟跑掉，可是钟太大没法背。于是他就想用木槌把钟打碎，但当他拿木槌敲击时，钟发出很大的声响。他怕别人听见钟声而夺走大钟，就急忙把耳朵掩了起来。不愿别人听到钟声是可以的，不愿自己听到就是悖谬了。做君主却不愿听到自己的过失，不是与这种情况相同吗？不愿别人听到自己的过失，倒还可以。

注释

1 **钴荼、庞涓**：都是魏惠王的将。

2 **椎**(chuí)：木槌。

3 **况然**：钟声很响的样子。

原文

魏文侯燕饮，皆令诸大夫论己。或言君之智也。至于任座[1]，任座曰："君，不肖君也。得中山不以封君之弟，而以封君之子，是以知君之不肖也。"文侯不说，知于颜色。任座趋而出。次及翟黄，翟黄曰："君，贤君也。臣闻其主贤者，其臣之言直。今者任座之言直，是以知君之贤也。"文侯喜曰："可反欤？"翟黄对曰："奚为不可？臣闻忠臣毕其忠，而不敢远其死[2]。座殆尚在于门。"翟黄往视之，任座在于门，以君令召之。任座入，文侯下阶而迎之，终座以为上客。文侯微翟黄[3]，则几失忠臣矣。上顺乎主心以显贤者，其唯翟黄乎？

译文

魏文侯宴饮群臣，让他们评论自己。有的人说君主很英明。轮到任座发言，任座说："您是个不肖君主。得到中山国，不把它封给您的弟弟，却把它封给儿子，从这件事可以知道您的不肖。"文侯听了很不高兴，可以从脸色上看出来。任座快步走了出去。接着轮到翟黄，翟黄说："您是个贤明的君主。我听说君主贤明，他的臣子就会言语直率。现在任座的言语直率，由此我知道您是个贤明的君主。"文侯听了很高兴，说："还能让他回来吗？"翟黄回答说："怎么不能？我听说忠臣竭力奉献自己的忠心，即使因此而死也不敢避开。任座恐怕还在门口呢。"翟黄出去查看，任座果然还在门口，他就以君主的命令召任座进去。任座进来了，文侯走下台阶来迎接他，自此一直把任座待为上宾。如果不是翟黄，文侯就差点儿失掉了忠臣。能够顺应君主的心意来使贤者显耀，说的不正是翟黄吗？

注释

1 **任座**:魏文侯的大臣。

2 **远**(yuàn):离开,避开。

3 **微**:假如不是。

别类

导读

本篇阐明事物都是不断运动变化的,不能以过去的成见来认识现在的事物。文中列举了许多例子,说明人的认识能力是有限的,眼睛本来就有看不到的东西,智慧本来就有弄不明白的道理,道术本来就有解决不了的问题。因此,人如果能知道自己的无知就是高明了。犯错之人的缺陷就在于无知而自以为知。许多事物貌似如此而其实并非如此。所以国家灭亡、百姓涂炭的事情不断发生。

原文

知不知,上矣[1]。过者之患,不知而自以为知。物多类然而不然,故亡国僇民无已[2]。夫草有莘有藟[3],独食之则杀人,合而食之则益寿;万堇不杀[4]。漆淖水淖,

译文

能知道自己的无知就是高明了。犯错之人的缺陷就在于不知而自以为知。事物大多看似如此而实则并不如此,所以国家灭亡、百姓涂炭的事情不断发生。莘和藟都是药草,如果单独服用会致人死亡,但混在一起服用却会延年益寿;蝎子和紫堇都是毒药,如果单独服用就会夺人性命,但混

合两淖则为蹇[5]，湿之则为干；金柔锡柔，合两柔则为刚，燔之则为淖[6]。或湿而干，或燔而淖，类固不必，可推知也。小方，大方之类也；小马，大马之类也；小智，非大智之类也。

鲁人有公孙绰者，告人曰："我能起死人[7]。"人问其故，对曰："我固能治偏枯，今吾倍所以为偏枯之药[8]，则可以起死人矣。"物固有可以为小，不可以为大，可以为半，不可以为全者也。

在一起服用反倒毒不死人。漆是液体，水也是液体，漆与水相遇却变得非常坚固，漆越潮湿反而会变得越干；铜很柔软，锡也很柔软，二者熔合起来却会刚硬，而用火烧后又会变成液体。有的东西弄湿反倒变得干燥，有的东西焚烧反倒变成流体，事物并没有固定可循的规律，由此可以推知。小方形跟大方形是同类，小马跟大马是同类，小聪明跟大聪明却不是同类的。

鲁国有个叫公孙绰的人，他告诉别人说："我能让死人复活。"别人问他原因，他回答说："我本来就能治疗偏瘫，如果我把治疗偏瘫的药加倍运用，就可以让死人复活了。"其实，有的事物本来就只能用在小的方面，而不能用在大的方面；有的事物只能用于局部，而不能用于整体。

注释

1 **上**：高明。

2 **僇**：通"戮"，被杀害。

3 **莘**(xīn)、**藟**(lěi)：都是毒药草的名字。

4 **万**：同"虿(chài)"，蝎子，可作药物。　**堇**(jǐn)：一种有毒的药草。

5 **蹇**(jiǎn)：强，坚固。

6 **燔**(fán)：烧。　**淖**：烂泥，这里指融化为液体。

7 **起**：使动用法，救活。

8 **倍**：加倍。　**为**：治。

原文

相剑者曰："白所以为坚也，黄所以为牣也[1]，黄白杂则坚且牣，良剑也。"难者曰："白所以为不牣也，黄所以为不坚也，黄白杂则不坚且不牣也。又柔则锩[2]，坚则折。剑折且锩，焉得为利剑？"剑之情未革，而或以为良，或以为恶，说使之也。故有以聪明听说，则妄说者止；无以聪明听说，则尧、桀无别矣。此忠臣之所患也，贤者之所以废也。

义，小为之则小有福，大为之则大有福。于祸则不然，小有之不若其亡也。射招者欲其中小也[3]，射兽者欲其中大也。物固不必，安可推也？

译文

相剑的人说："剑色白说明其是坚硬的，剑色黄说明其是柔韧的，黄白相杂，就会既坚硬又柔韧，这就是好剑。"反对的人说："剑色白说明其是不柔韧的，剑色黄说明其是不坚硬的，黄白相杂，就会既不坚硬又不柔韧。而且柔韧就会卷曲，坚硬就会折断。剑既容易折断又容易卷曲，这怎么能算利剑？"剑本身并没有发生变化，而有人认为好，有人认为不好，这是人的解说造成的。所以，如果能凭耳聪目明来听取议论，那么胡说妄议的人就会停止；不能凭耳聪目明听取议论，就会连尧和桀都分不清楚。这正是忠臣感到忧虑的地方，也是贤士被弃而不用的原因。

道义之事，做得少就得小福，做得多就得大福。灾祸则不是这样，轻微的灾祸也不如没有好。射箭靶的人希望射中中间最小的目标，射野兽的人则希望射中大的野兽。事物本来就没有固定不变的道理，又怎么能够推测预知呢？

注释

1 **黄**：铜的颜色。　**牣**：通"韧"，柔韧。

2 **锩**(juǎn)：刀剑的刃卷曲。

3 **招**：射箭的箭靶。

原文

高阳应将为室家，匠对曰："未可也。木尚生[1]，加涂其上，必将挠。以生为室，今虽善，后将必败。"高阳应曰："缘子之言，则室不败也。木益枯则劲，涂益干则轻，以益劲任益轻[2]，则不败。"匠人无辞而对，受令而为之。室之始成也善，其后果败。高阳应好小察，而不通乎大理也。

骥、骜、绿耳背日而西走[3]，至乎夕则日在其前矣。目固有不见也，智固有不知也，数固有不及也。不知其说所以然而然，圣人因而兴制，不事心焉[4]。

译文

高阳应准备修建房子，匠人对他说："现在还不可以。木料还未干，泥加在上面，一定会被压弯。用未干的木料盖房子，当时虽然很好，日后一定要坏掉。"高阳应说："如果依照你的说法，房子应该是不会倒坍。木料越干越结实，泥越干越轻，用越来越结实的东西负载越来越轻的东西，应该不会坏掉。"木匠无言以对，只好奉命修建房子。房子刚落成时很好，后来果然坏掉了。高阳应喜好要小聪明，却不通晓大道理。

骥、骜、绿耳等良马背向太阳往西奔跑，到了傍晚，太阳还是在它们的前方。眼睛本来就有看不到的东西，智慧本来就有弄不明白的道理，道术本来就有解决不了的问题。人们不知道一些事物的所以然，但它们就是这样存在的，圣人因而就创立制度，让人们在弄不明白的地方避免主观认识。

注释

1 **生**：指木材未经风干。

2 **任**：承担，负载。

3 **骥**、**骜**(ào)：都是千里马的名字。　**绿耳**：亦作"騄駬"，马名，周穆王八骏之一。

4 **事心**：主观认识。

有 度

导读

本篇的主旨是说明君主察人听言要有度，指出“贤主有度而听，故不过”。为君之道要抓住根本，即所谓的“执一”：“先王不能尽知，执一而万物治。”君主所要做的就是去私心，守虚静，这是认识问题的总原则和先决条件。只有如此才能通晓生命的本性，才能推行仁义之道。

原文

贤主有度而听[1]，故不过。有度而以听，则不可欺矣，不可惶矣[2]，不可恐矣，不可喜矣。以凡人之知，不昏乎其所已知，而昏乎其所未知，则人之易欺矣，可惶矣，可恐矣，可喜矣，知之不审也。

客有问季子曰[3]：“奚以知舜之能也？”季子曰：“尧固已治天下矣，舜言治天下而合己之符[4]，是

译文

贤明的君主听取议论时遵循法度，所以不会有过失。遵循法度来听取议论，就不可以使其受骗，不可以使其疑惑，不可以使其恐惧，不可以使其盲目欢喜。大凡人的智慧，不会在自己已经明白的事情上犯糊涂，但对自己还没有明白的东西却是糊涂的，这样，就容易被别人欺骗，就会恐惧，就会害怕，就会盲目欢喜，这是不认真去考察的结果。

有客人问季子说：“尧帝凭借什么了解舜的才能？”季子说：“尧本来已经将天下治理得很好了，舜谈论治理天下符合尧的治国之道，因此尧知道了他的才能。”客人

以知其能也。”“若虽知之，奚道知其不为私？”季子曰：“诸能治天下者，固必通乎性命之情者，当无私矣。”夏不衣裘，非爱裘也，暖有余也。冬不用簺[5]，非爱簺也[6]，清有余也。圣人之不为私也，非爱费也，节乎己也。节己，虽贪污之心犹若止，又况乎圣人？

问：“尧即使知道舜有才能，又通过什么办法知道他不会谋求私利呢？”季子说：“那些能治理天下的人，本来就必然能够通晓生命的本性；能够通晓生命本性的人，应当是没有私心的人。”夏天不穿貂皮大衣，并不是爱惜貂皮大衣，而是因为太热了。冬天不用扇子，并不是爱惜扇子，而是因为太冷了。圣人不谋求私利，并不是爱惜钱财，而是因为能够自我节制。如能节制自己，即使心中仍有贪污的想法，也能够自我克制，更何况圣人呢？

注释

1 **有度**：有法度，就是摒弃私心而遵循法度。
2 **惶**：惶恐，恐惧。
3 **季子**：尧时的诸侯。
4 **符**：治国之道。
5 **簺**(shà)：扇子。
6 **爱**：吝惜。

原文

许由非强也，有所乎通也[1]。有所通则贪污之利外矣。

孔、墨之弟子徒属充满天下，皆以仁义之术教导于天下，然而无所行。教者术犹不能行，

译文

许由推辞做天子并非勉强而为，而是因为他通晓生命的本性。通晓生命的本性，贪污腐败所带来的利益就都是身外之物了。

孔丘和墨翟的弟子门徒遍布天下，他们都用仁义之道教导天下百姓，但是他们的主张无法得到推行。教导的人尚且不能推行自己的主张，又何况这些被教导的

又况乎所教？是何也？仁义之术外也。夫以外胜内，匹夫徒步不能行[2]，又况乎人主？唯通乎性命之情，而仁义之术自行矣。

人？这是为什么呢？因为仁义之道是外在的。用外在的因素来战胜内在的因素，平民百姓都还做不到，更何况是昏庸的君主呢？只要通晓了生命的本性，自然就能推行仁义之道了。

先王不能尽知，执一而万物治。使人不能执一者，物感之也。故曰通意之悖，解心之缪[3]，去德之累，通道之塞。贵、富、显、严、名、利六者，悖意者也。容、动、色、理、气、意六者，缪心者也。恶、欲、喜、怒、哀、乐六者，累德者也。智、能、去、就、取、舍六者[4]，塞道者也。此四六者不荡乎胸中则正。正则静，静则清明，清明则虚，虚则无为而无不为也。

先王也不可能什么都知道，他们坚守根本之道就能治理万物。使人不能坚守根本之道的原因，来自于外物的影响。所以说，要理顺意识中的悖乱，解除心里的谬误，去掉德行上的拖累，打通大道上的阻塞。尊贵、富有、显赫、威严、名声、利益，此六者都是使意识惑乱的东西。相貌、姿态、美色、辞理、气质，情意，此六者都是扰乱心智的东西。厌恶、欲求、欢喜、恼怒、悲伤、快乐，此六者都是拖累德行的东西。智慧、能力、离开、靠近、择取、舍弃，此六者都是阻塞道路的东西。这四类中的六种东西不扰乱内心，人的思想就纯正了。人的思想纯正就会安静，安静就会清澈明朗，清澈明朗就会虚无，虚无就会无为，做到无为就能够无所不为了。

注释

1 **通**：通晓。

2 **徒步**：徒步行走的人，指平民。

3 **缪**：通“谬”，错误。

4 **去**：离开。　**就**：靠近。

士容

导读

“士容”即国士的外在仪容。文章为士人绘制了一幅画像，表明士应该具备的容止和品质，包括不偏私不结党，不巧言令色，不屑于小事而目标远大，外形柔弱却又不可恐吓，坚定勇敢而不可羞辱等。士人尊重理义而羞于巧诈，宽以待人而志向高远，不折节于名利，很难被外物打动。

原文

士不偏不党[1]，柔而坚，虚而实。其状朖然不儇[2]，若失其一。傲小物而志属于大[3]，似无勇而未可恐狼[4]，执固横敢而不可辱害。临患涉难而处义不越，南面称寡而不以侈大[5]。今日君民而欲服海外，节物甚高而细利弗赖[6]，耳目遗俗而可与定世，富贵弗就而贫贱弗朅[7]。德行尊理而羞用巧卫，宽裕不訾而中心甚厉[8]，难动以物而必不妄折。此国士之容也。

译文

士人不偏私不结党，就会柔韧而又坚强，虚无而又充实。他们看上去光明而不狡猾，好像忘掉了自身。他们不屑于小事而目标远大，看上去没有胆量却又不可恐吓，坚定勇敢而不可加以羞辱。遭遇忧患困难而能坚守道义，南面称王也不放纵自大。一旦做了百姓的君主，就准备降服海外，行事目标远大而不贪占小利，耳目视听超越世俗而能安定社会，不追逐富贵，不离弃贫贱。德行尊重理义而羞于巧诈，宽以待人、不诋毁他人而志向高远，很难用外物打动而不折节于名利。这些就是国士的外在仪容。

注释

1 **偏**:偏私。 **党**:结党。

2 **朖**(lǎng):同"朗",光明。 **儇**(xuān):机巧。

3 **小物**:小事。

4 **恐狼**:恐吓。

5 **侈大**:放纵自大,骄横。

6 **赖**:赢利,利益。

7 **朅**(qiè):离弃。

8 **訾**(zǐ):指责、诋毁。

原文

齐有善相狗者,其邻假以买取鼠之狗。期年乃得之,曰:"是良狗也。"其邻畜之数年而不取鼠,以告相者。相者曰:"此良狗也。其志在獐麋豕鹿,不在鼠。欲其取鼠也则桎之[1]。"其邻桎其后足,狗乃取鼠。夫骥骜之气,鸿鹄之志,有谕乎人心者,诚也。人亦然。诚有之则神应乎人矣[2],言岂足以谕之哉?此谓不言之言也。

译文

齐国有个善于相狗的人,邻居委托他买只狗来捉老鼠。他用了整整一年才买到,对邻居说:"这是一只很好的狗啊。"他的邻居喂养了几年,狗却不会捉老鼠,邻居就告诉了相狗的人。相狗的人说:"这是一条很好的狗。它志在猎取獐麋猪鹿,而不在于捉老鼠这等小事。想让它捕鼠,就要把它的后腿绑起来。"于是邻居绑住了狗的后腿,狗才去捕捉老鼠。骥骜的气质,鸿鹄的志向,确实存在,所以能够使人们知晓。人也是如此。精神确实具备了,别人就能感应到,仅仅是言语怎么能完全让人了解?这就是不言之言。

注释

1 **桎**:束缚。

2 **应**:互动、感应。

原文

客有见田骈者，被服中法[1]，进退中度，趋翔闲雅[2]，辞令逊敏。田骈听之毕而辞之。客出，田骈送之以目。弟子谓田骈曰："客，士欤？"田骈曰："殆乎非士也。今者客所弇敛[3]，士所术施也；士所弇敛，客所术施也。客殆乎非士也。"故火烛一隅，则室偏无光；骨节蚤成[4]，空窍哭历[5]，身必不长；众无谋方，乞谨视见，多故不良；志必不公，不能立功；好得恶予，国虽大，不为王，祸灾日至。故君子之容，纯乎其若钟山之玉[6]，桔乎其若陵上之木；淳淳乎慎谨畏化，而不肯自足；乾乾乎取舍不悦[7]，而心甚素朴。

译文

有个客人来拜见田骈，他的穿戴合于法度，进退合于礼仪，步履有节奏而沉静文雅，言辞恭顺敏捷。田骈听他说完后就谢绝了他。客人离去的时候，田骈仅以目光送客。弟子们对田骈说："这位客人是位士人吗？"田骈说："恐怕不是士人。刚才这位客人收敛的地方，正是士人施行的地方；而士人收敛的地方，也正是这位客人施行的地方。所以我说来客恐怕不是士人啊。"因此，火光只照一个角落，房屋里的一半地方就没有光亮；骨骼长成太早，就会质地疏松，身材也必定不会高大；众人不谋求道义，只是谨慎于外貌仪容，许多方面就会不完善；心志如果不公正，就不能建立功业；贪得无厌又吝啬施舍，即使国土广大也不能称王天下，灾祸会天天发生。所以，君子的仪容，像昆仑山的玉石一样纯净，像高山上的大树一样朴茂；敦厚而谨言慎行，敬畏教令，而不敢自满；辛勤不辍，取舍不苟且轻忽，内心非常朴素纯洁。

注释

1 **被服**：穿戴。被，通"披"。

2 **趋翔**：步履有节奏。

3 **弇(yǎn)敛**：隐藏，收敛。

4 **蚤**:通“早”。

5 **哭历**:空疏。

6 **钟山**:昆仑山。

7 **倪**:简易轻忽。

原文

唐尚敌年为史[1],其故人谓唐尚愿之,以谓唐尚。唐尚曰:“吾非不得为史也,羞而不为也。”其故人不信也。及魏围邯郸,唐尚说惠王而解之围,以与伯阳,其故人乃信其羞为史也。居有间,其故人为其兄请。唐尚曰:“卫君死,吾将汝兄以代之。”其故人反兴再拜而信之[2]。夫可信而不信,不可信而信,此愚者之患也。知人情,不能自遗,以此为君,虽有天下何益?故败莫大于愚。愚之患,在必自用,自用则戆陋之人从而贺之。有国若此,不若无有。古之与贤[3],从此生矣。非恶其子孙也,非徼而矜其名也,反其实也。

译文

唐尚到了能做史官的年龄,他的朋友认为他也希望做史官,就对唐尚说了。唐尚说:“我并不是不能做史官,只是羞而不为罢了。”他的朋友并不相信。等到了魏国围困邯郸的时候,唐尚游说魏惠王而救了邯郸,赵国就把伯阳邑赏赐予唐尚,他的朋友这才相信他是真的羞做史官。过了一段时间,这个朋友又为自己的兄长谋求官职。唐尚说:“等卫国国君死了,我让你哥哥代替他。”他的朋友起身离席,退后拜了两拜,对唐尚的话信以为真。对可信的话不相信,对不可信的话反而相信,这就是蠢人的毛病。这个朋友知道人不可能随便就成为君主,这是人世的常情,但放在自己身上就会忘记,这样的人即使做了君主,又有什么益处?所以没有比愚蠢更大的失败了。愚蠢之人的弊病在于刚愎自用,一旦他刚愎自用,那么憨厚鄙陋的人就会前来祝贺他。这样的人拥有国家,还不如没有。古代君主禅让贤人的事情就是这样产生的。让贤的人并非不爱自己的子孙,也并非是追求和炫耀名声,只是遵循实际情况才这样做的。

注释

1 **敌年**:年龄相当。 **史**:起草文书的官吏。

2 **反兴**:应为"反身",转身退避。

3 **与贤**:让贤。

务大

导读

本篇讨论治国之术与为君之道,阐明"定贱小在于贵大",即成功之道,首先在于目光远大,志向不凡。文中列举舜、禹、商汤、周武的例子,表明追求大事即便不能成功,最终还是会有所成就,所以要致力于大事。"夫大义之不成,既有成已"。文中又以燕雀之事,说明人们做出决策时不能目光短浅,只顾眼前利益,而应考虑长远的利益。

原文

尝试观于上志[1],三王之佐,其名无不荣者,其实无不安者,功大故也。俗主之佐,其欲名实也与三王之佐同,其名无不辱者,其实无不危者,无功故也。皆患其身不贵于其国也,而不患其主

译文

试看古代的文献,三王的辅佐之臣,他们的名声没有不显荣的,地位没有不稳固的,都是因为功德大的缘故。平庸君主的辅佐之臣,他们对显荣和地位的欲望,与三王的辅臣是相同的,但他们的名声没有不蒙受耻辱的,地位没有不危险的,都是因为没有功德的缘故。他们都忧虑自己不能在国内显贵,但对他们的国君不能

之不贵于天下也，此所以欲荣而逾辱也[2]，欲安而逾危也。

显贵于天下却并不忧虑，这就是为什么他们想要显荣却更加耻辱，想要稳固却更加危险的原因。

注释

1 **上志**：记载古代事迹的文献。

2 **逾**：更加。

原文

孔子曰："燕爵争善处于一屋之下[1]，母子相哺也，区区焉相乐也，自以为安矣。灶突决[2]，上栋焚，燕爵颜色不变，是何也？不知祸之将及之也，不亦愚乎！为人臣而免于燕爵之智者寡矣。夫为人臣者，进其爵禄富贵，父子兄弟相与比周于一国[3]，区区焉相乐也，而以危其社稷。其为灶突近矣，而终不知也，其与燕爵之智不异。"故曰：天下大乱，无有安国；一国尽乱，无有安家；一家尽乱，无有安身。此之谓也。故细之安[4]必待大，大之安必待小。细大贱贵，交相为赞[5]，然后皆得其所乐。

译文

孔子说："燕雀争相筑巢于屋檐下，母鸟哺育着小鸟，怡然相乐，自认为很安全。即便灶上的烟囱破裂了，大火烧到房梁上，燕雀仍旧安然自若，为什么呢？因为它们不知道大祸已经临头，这难道不是很愚蠢吗？做臣子的，很少人能够避免燕雀的这种浅智。那些做臣子的，只顾增进他们的爵禄富贵，父子兄弟在国内结党营私，怡然自得，以此对国家造成危害。他们离灶上的烟囱很近了，但始终不能明白，这与燕雀的见识没什么不同。"所以说：天下大乱了，就没有安定的国家；整个国家都乱了，就没有安定的家庭；整个家庭都乱了，就没有平安的个人。说的就是这种情况。所以，小的获得安定必定要依赖大的，大的获得安定必定要依赖小的。小和大，贵和贱，彼此互相帮助，然后才能都得到安乐。

注释

1 **爵**:通“雀”。

2 **突**:烟囱。 **决**:裂开,破裂。

3 **比周**:结党营私。比,勾结。

4 **细**:小。

5 **赞**:帮助,辅佐。

原文

薄疑说卫嗣君以王术[1]。嗣君应之曰:“所有者千乘也,愿以受教。”薄疑对曰:“乌获举千钧,又况一斤?”杜赫以安天下说周昭文君[2]。昭文君谓杜赫曰:“愿学所以安周。”杜赫对曰:“臣之所言者不可,则不能安周矣;臣之所言者可,则周自安矣。”此所谓以弗安而安者也。

郑君问于被瞻曰[3]:“闻先生之义,不死君,不亡君,[4]信有之乎?”被瞻对曰:“有之。夫言不听,道不行,则固不事君也。若言听道行,又何死亡哉?”故被瞻之不死亡也,贤乎其死亡者也。

译文

薄疑向卫嗣君陈述称王天下的方法。卫嗣君对他说:“我只是个拥有千辆兵车的小国诸侯,愿听您的指教。”薄疑回答说:“乌获能力举千钧,又何况是一斤呢?”杜赫用安定天下的道理游说周昭文君。昭文君对杜赫说:“我希望向您讨教安定周国的方法。”杜赫回答说:“您不能实行我所说的话,那么就不能安定周国;您能实行我所说的话,那么周国自然就安定了。”这就是所说的不去安定周国而使周国自然安定啊。

郑君向被瞻问道:“听说您的大义是不为君主去死,不为君主流亡,真的是这样吗?”被瞻说:“是这样。如果劝谏不被听从,主张不被实行,就不算侍奉君主。如果劝谏被听从,主张被实行,哪里又会用得着去死、去流亡呢?”所以,被瞻不为君主去死、去流亡,比那些为君主去死、去流亡的人更贤明。

注释

1 **薄疑**:战国时期赵国人。 **卫嗣君**:卫国国君。

2 **杜赫**:战国时善于游说的谋士。 **昭文君**:战国时东周国君。

3 **被瞻**:郑国大夫。

4 **死君**:为君主而死。 **亡君**:为君主流亡。

原文

昔有舜欲服海外而不成,既足以成帝矣。禹欲帝而不成,既足以王海内矣。汤、武欲继禹而不成,既足以王通达矣[1]。五伯欲继汤、武而不成,既足以为诸侯长矣。孔、墨欲行大道于世而不成,既足以成显荣矣。夫大义之不成,既有成已,故务事大。

译文

从前舜想收复海外而没有成功,但已足以称帝于天下了。禹想称帝于天下而没有成功,但已足以在天下成就王业了。商汤、周武想继承禹的功业而不能成功,但已足以统一交通所及的地方。五霸想继承商汤、周武的事业而不能成功,但已足以统领诸侯了。孔丘、墨翟想在世上推行他们的主张而不能成功,但已足以成为显耀的人物了。追求大事不能成功,最终还是会有所成就,所以要致力于大事。

注释

1 **通达**:交通所及的地方。

图书在版编目(CIP)数据

吕氏春秋/杨红伟注译.—长沙:岳麓书社,2019.9
(古典名著普及文库)
ISBN 978-7-5538-1005-8

Ⅰ.①吕…　Ⅱ.①杨…　Ⅲ.①杂家②《吕氏春秋》—注释③《吕氏春秋》—译文　Ⅳ.①B229.2

中国版本图书馆 CIP 数据核字(2018)第 109736 号

LUSHI CHUNQIU
吕氏春秋
注　　译:杨红伟
责任编辑:张丽琴
责任校对:舒　舍
封面设计:罗志义

岳麓书社出版发行
地址:湖南省长沙市爱民路 47 号
直销电话:0731-88804152　0731-88885616
邮编:410006
岳麓书社网址:www.yueluhistory.com

2019 年 9 月第 1 版第 1 次印刷
开本:890mm×1240mm　1/32
印张:10.625
字数:316 千字
ISBN 978-7-5538-1005-8
定价:30.00 元

承印:长沙鸿发印务实业有限公司

如有印装质量问题,请与本社印务部联系
电话:0731-88884129